全国高等院校物流专业课程改革规划教材

第三方物流管理

主　编　吴　彪　陈　宁
副主编　陈　茜　白　竹　胡　媛　宋成举
主　审　魏金柱

中国财富出版社

图书在版编目（CIP）数据

第三方物流管理/吴彪，陈宁主编．—北京：中国财富出版社，2014.1

（全国高等院校物流专业课程改革规划教材）

ISBN 978－7－5047－3455－6

Ⅰ.①第…　Ⅱ.①吴…②陈…　Ⅲ.①物流—物资管理—高等学校—教材　Ⅳ.①F252

中国版本图书馆 CIP 数据核字（2010）第 105468 号

策划编辑　马　军　　　**责任印制**　方朋远
责任编辑　邢有涛　葛晓雯　　　**责任校对**　饶莉莉

出版发行　中国财富出版社（原中国物资出版社）
社　　址　北京市丰台区南四环西路 188 号 5 区 20 楼　　**邮政编码**　100070
电　　话　010－52227568（发行部）　　010－52227588 转 307（总编室）
　　　　　　010－68589540（读者服务部）　　010－52227588 转 305（质检部）
网　　址　http：//www. cfpress. com. cn
经　　销　新华书店
印　　刷　三河市西华印务有限公司
书　　号　ISBN 978－7－5047－3455－6/F·2057
开　　本　787mm×1092mm　1/16　　**版　　次**　2014 年 1 月第 1 版
印　　张　14　　**印　　次**　2014 年 1 月第 1 次印刷
字　　数　323 千字　　**定　　价**　28.00 元

前 言

物流业是整合运输、仓储、货代和信息等多种行业于一体的复合型服务产业，是国民经济的重要组成部分，在转变经济发展方式、促进产业结构调整升级和增强国民经济竞争力等方面发挥着重要作用。

随着信息技术的发展和经济全球化趋势，越来越多的产品在世界范围内生产、流通、销售和消费，物流活动日益庞大和复杂，而第一方、第二方物流的组织和经营方式已不能完全满足社会需求；与此同时，为参与世界性竞争，企业必须确立核心竞争力，加强供应链管理，降低物流成本，把不属于核心业务的物流活动外包出去。第三方物流（Third - Party Logistics，3PL）思想应运而生。

本书主要面向应用型本科教育及高等职业教育的物流专业，通过岗位工作任务和职业能力分析，确定教材结构体系，设计教材编写内容。基于面向对象，本书将学习目标主要定位于物流现场管理，在掌握第三方物流基本理论的基础上，以项目教学的形式突出物流的实践操作技能，通过实施项目中有针对性地引入案例、导入任务，以案例和任务为中心开展模块知识的链接，使学生快速掌握和应用所学理论。

本书的编写分工如下：黑龙江工程学院吴彪和辽宁中医药大学经济管理学院陈宁负责编制大纲，编写前言；黑龙江工程学院白竹编写模块一；苏州建设交通高等职业技术学院胡媛编写模块二；黑龙江工程学院宋成举编写模块三和模块七；成都市工业职业技术学校陈茜编写模块四和模块六；陈宁编写模块五；吴彪编写模块八。全书由吴彪和陈宁负责统稿和最后审定。哈尔滨龙运物流园区有限责任公司魏金柱审阅全稿并提出很好的修改意见，在此表示衷心感谢。

本书在编写过程中，参考和借鉴了很多国内外学者的研究成果，在此对相关作者致以特别的感谢！

希望本书能为我国第三方物流教育的发展和深化作出一分贡献，由于我国物流专业基于任务导向的教材模式尚属探索中，加之编者水平有限，书中疏漏和不妥之处在所难免，敬请广大读者批评指正。

编　者

2013 年 11 月

目 录

模块一 第三方物流认知

知识目标

1. 了解第三方物流的基本概念及国内外对第三方物流的认识；
2. 从不同角度了解第三方物流的特征；
3. 从宏观和微观层面了解第三方物流的价值和作用。

能力目标

1. 能够了解第三方物流的基础知识和国内外发展现状；
2. 能够分析符合第三方物流的具体特征；
3. 能够进行第三方物流企业的价值分析并能够设计提升价值的途径。

任务导入

通用汽车在美国的14个州中，大约有400个供应商负责把各自的产品送到30个装配工厂进行组装，由于卡车满载率很低，使得库存和配送成本急剧上升，为了降低成本，改进内部物流管理，提高信息处理能力，委托Penske专业物流公司为它提供第三方物流服务。调查了解半成品的配送路线之后，Penske公司建议通用汽车公司在Cleveland使用一家有战略意义的配送中心，配送中心负责接受、处理、组配半成品，由Penske派员工管理，同时Penske还提供60辆卡车和72辆拖车，除此之外，还通过EOI系统帮助通用汽车公司调度供应商的运输车辆以便实现JIT送货，为此，Penske设计了一套最优送货路线，增加供应商的送货频率，减少库存水平，改进外部物流活动，运用全球卫星定位技术，使供应商随时了解行驶中的送货车辆的方位。与此同时，Penske通过在配送中心组配半成品后，对装配工厂实施共同配送的方式，既降低卡车空载率，也减少通用汽车公司的运输车辆，只保留了一些对Penske所提供的车队有必要补充作用的车辆，这样也减少了通用汽车公司的运输单据处理费用。另外，美国通用汽车公司选择目前国际上最大的第三方物流公司 Ryder 负责其土星和凯迪拉克两个事业部的全部物流业务，选择 Allied Holdings 负责北美陆上车辆运输任务，选择 APL 公司、WWL 公司负责产品的洲际运输。

目前，我国不少大城市都明确把第三方物流产业作为新兴产业或者新的经济增长点。同时对第三方物流管理理论的研究、实践的探索也不断深入。由此，对第三方物流认识的提高至关重要，所以，本模块的任务如下：

任务一：第三方物流基本概念；

任务二：第三方物流特征；

任务三：第三方物流价值分析。

任务一　第三方物流基本概念

第三方物流是指生产经营企业为集中精力搞好主业，把原本属于自己处理的物流活动，以合同方式委托给专业物流服务企业，同时通过信息系统与物流服务企业保持密切联系，以达到对物流全程管理控制的一种物流运作与管理方式。通过对传统物流业和第三方物流企业的全面对比分析，使学生能够更加充分地理解第三方物流的基本概念并能够掌握第三方物流发展的本质。

知识准备

“第三方物流”一词是从国外引进的，其英文表达为 Third Party Logistics，TPL 或 3PL 或 3rdPL，是 20 世纪 80 年代中后期才在欧美发达国家出现的概念，源自业务外包（Outsourcing）。将业务外包引入物流管理领域，就产生了第三方物流的概念。作为一种新型的物流形态，第三方物流使物流从一般制造业和商业等活动中脱离出来，形成能开辟新的利润源泉的新兴商务活动，受到了产业界和理论界的广泛关注。经过十多年的迅速发展，第三方物流已具有多种多样的形式，“第三方物流”这一术语也更广泛地被使用，但至今还没有一个明确的、权威的、被普遍接受和认可的定义。

一、国外关于第三方物流的定义

在 1988 年美国物流管理委员会的一项顾客服务调查中，首次提出“第三方服务提供者”的说法。在 1989 年发表的后续研究成果中，对用户服务活动进行了新的探讨，这一说法得到了重视和普遍应用。但直至现在，国际上关于“第三方物流”和“第三方服务提供者”也没有一个明确统一的定义。从字面上来看，第三方物流是相对于“第一方”发货人和“第二方”收货人而言的。它是指由与货物有关的发货人和收货人之外的专业企业，即第三方来承担企业物流活动的一种物流形态。

有的论著从服务提供者的角度将第三方物流定义为“拥有一定技术和专业知识，提供如交通、运输管理、承运人管理、仓储、配送等物流活动中部分或全部环节的服务，以满足客户需求的第三方公司”。也有学者认为第三方物流是一种关系，如在 J. M. Arick 和 C. S. Calkins 的相关著作中，第三方物流是“货主和第三方公司之间的一种关系，与传统的基础服务相比，提供更加广泛的、为客户定制的服务，其特点表现为一种长期的、互利的关系”。

根据以上定义，Magnus Berglund 等在 1999 年提出，第三方物流超越了传统基础物流一单对一单的服务内容，增加了一些新的特点，如长期性——一年以上的稳定关系，正规性——通过合同确定合约双方关系，密切性——第三方从货主的角度管理物流业务，以及服务的增值性——至少应该包括运输和仓储业务的管理和运作，并且涵盖相关的有管理性、分析性和设计性特点的增值服务内容。

在美国的有关专业著作中，将第三方物流提供者定义为“通过合同的方式确定回报，承担货主企业全部或一部分物流活动的企业”。所提供的服务形态可以分为与运营相关的服务，与管理相关的服务以及两者兼而有之的服务三种类型。无论哪种形态都必须高于过去的公共运输业者（common carrier）和契约运输业者（contract carrier）所提供的服务。

美国供应链管理协会 2002 年 10 月 1 日公布的《物流术语词条 2002 升级版》的解释是：第三方物流是将企业全部或部分物流运作任务外包给专业公司管理经营，而这些能为顾客提供多元化物流服务的专业公司称之为第三方物流提供商。它们的存在加速了原材料和零部件从供应商向制造商的顺畅流动，更为产成品从制造商向零售商的转移搭建了良好平台。它们提供的集成服务包括运输、仓储、码头装卸、库存管理、包装及货运代理在内的诸多业务。

在日本的物流书籍中，与第三方的两种理解相对应，第三方物流也有两种解释：一种解释是，第三方物流是指为第一方生产企业和第二方消费企业提供物流服务的中间服务商组织的物流运作；另一种解释是，第三方物流是指为客户提供包括物流系统设计规划、解决方案以及具体物流业务运作等全部物流服务的专业物流企业运作的物流业务。

此外，还有一些别的术语也基本能表达与第三方物流相同或相近的概念。第三方物流的概念源自于管理学中的外包，意指企业动态地配置自身和其他企业的功能和服务，利用外部的资源为企业内部的生产经营服务。将管理领域的“外包”应用于物流企业，就产生了“物流外包”的概念，即生产或销售等企业为集中精力增强核心竞争能力，而将其物流业务以合同的方式委托于专业的物流服务公司（即第三方）运作，同时通过信息系统与物流服务公司保持密切联系，以达到对物流全程的管理和控制的一种物流运作与管理方式。

二、我国对第三方物流概念的理解

“第三方物流”这一术语于20世纪90年代中期传到我国，国内学术界和实务界对这一概念的理解也不尽相同。

一种观点认为这个定义中的供需双方是以商品交易为参照，即供方是指商品的卖方或提供者，而需方是指商品的买方或需求者。因此这里的第三方物流是指由专业的物流企业对商品交易双方提供部分或全部的物流功能的服务，它是相对于商品生产商或经销商自营物流而言的。

另一种观点认为上述定义中的供需方是指物流服务的供需方而言，第一方是物流服务的需求方即客户；第二方是物流服务能力的提供者，即运输、仓储、流通加工等基础物流服务的提供者；而第三方物流则通过整合第二方的资源和能力为第一方提供服务。按照这个定义，可以认为第三方物流企业本质的职能是管理和整合基础的物流资源，为客户完成特定的服务。

国内也有学者从对外委托的角度来分析第三方物流，进而明确分析第三方物流的概念，认为第三方物流形态与目前我们所了解的物流形态是有区别的，而且区别的关键点在于以什么方式提供物流服务，提供什么样的物流服务。“第三方物流”取决于企业物流的对外委托形态，即由货主企业以外的专业企业代替其进行物流系统设计并对系统运营承担责任的物流形态才是真正意义上的“第三方物流”。这种观点认为，第三方物流与传统的对外委托有着重要的不同之处。传统的对外委托形态只是将企业物流活动的一部分，如货物运输、货物保管交由外部的物流企业去做，而库存管理、物流系统设计等物流管理活动以及一部分企业内物流活动仍然保留在本企业。同时，物流企业是站在自己物流业务经营的角度，接受货主企业的业务委托，以费用加利润的方式定价，收取服务费。那些能够提供系统的物流企业，也是以使用本企业的物流设施、推销本企业的经营业务为前提，而并非是以货主企业物流合理化为目的设计的物流系统。而第三方物流则是站在货主的立场上，以货主企业的物流合理化为设计物流系统和系统运营管理的目标，而且，第三方物流企业不一定要确保有物流作业能力，也就是说可以没有物流设施和运输工具，不直接从事运输、保管等物流作业活动，只是负责物流系统设计并对物流系统运营承担责任。具体的物流作业活动可以采取对外委托的方式由专业的运输、仓储企业等去完成。第三方物流企业的经营效益是直接同货主企业的物流效率、物流服务水平以及物流系统效果紧密联系在一起的。

中国国家标准《物流术语》中，将第三方物流定义为："由供方与需方以外的物流企业提供物流服务的业务模式"。这一定义明确了"第三方"的内涵，即物流服务提供者作为发货人（甲方）和收货人（乙方）之间的第三方，代表甲方或乙方来执行物流功能。其中，广义的第三方物流概念是相对于自营物流而言的，即凡是由社会化的专业物流企业按照货主的要求，所从事的物流活动都可以包含在第三方物流范围之内，至于第三方物流是从事哪一阶段的物流、物流服务的内容和服务水平，这与货主的要求有密切关系。而狭义的第三方物流主要是指能够提供现代化的、系统的物流服务的第三方的物流活动。狭义的第三方物流具体标志是：

（1）有提供现代化的、系统的物流服务的企业素质；

（2）可以向货主提供包括供应链物流在内的全程物流服务和特定的、定制化服务的物流活动；

（3）不是货主与物流服务提供商偶然的、一次性的物流服务活动，而是采取委托—承包形式的长期业务外包形式的物流活动；

（4）不是向货主提供一般性物流服务，而是提供增值物流服务的现代化物流活动。

2001 年 4 月 17 日由国家质量技术监督局发布、2001 年 8 月 1 日实施的国家标准《GB/T 18354—2001 物流术语》对第三方物流给出的定义是：第三方物流是由供方与需方以外的物流企业提供物流服务的业务模式。为适应我国物流发展的新的形势，《GB/T 18354—2006 物流术语》国家标准于 2006 年 12 月获国家标准化管理委员会批准发布并于 2007 年 5 月起正式实施。《GB/T 18354—2006 物流术语》对第三方物流给出的定义是：独立于供需双方为客户提供专项或全面的物流系统设计或系统运营的物流服务模式。这主要是指在物流渠道中，由中间商以合同的形式在一定期限内向供需企业提供所需要的全部或部分物流服务。第三方物流企业在货物的实际供应链中并不是一个独立的参与者，而是代表发货人或收货人，通过提供一整套物流活动来服务于供应链。第三方物流企业本身不拥有货物，而是为其外部客户的物流作业提供管理、控制和专业化服务的企业。由此可见，这两个国家标准给出的是广义的第三方物流定义，是以商品交易为参照的。

从现代物流的整体状况和发展趋势来看，第三方物流提供的服务正在从简单的仓储、运输等单项活动转为更广泛、更全面的物流服务，如物流活动的组织、协调和管理、设计、建议最优物流方案、物流全程的信息搜集、管理等，这种服务的特点更趋个性化、系列化、管理化，需要物流提供商和工商企业双方高级管理层的紧密协调。

因此，在实际应用中第三方物流包含了如下几层含义：

首先，第三方物流是合同导向的。第三方物流有别于传统的一单对一单的物流服务，如运输公司提供运输服务、仓储公司提供仓储服务，第三方物流是根据合同条款规定的要求，而不是临时需求，提供多功能的物流服务。由于存在确定的合同关系，物流服务变得更加稳定、更加正规。

其次，第三方物流是一种联盟关系。物流服务提供商作为甲乙双方之间的第三方，并不是一个独立的参与者，而是代表甲方或乙方来执行物流职能，他们之间充分共享信息，协作解决一些具体问题，通过合同确定共担风险、共享收益的关系。因此这种关系也可以说是一种物流联盟关系。

最后，第三方物流是个性化的物流服务。工商企业之所以将物流业务外包是为了集中精力增强核心竞争力，这就要求第三方所提供的服务必须能够确保客户达到这一目的，因而第三方物流服务应该根据客户特定的业务流程和需求来设计定制，同时这种服务也应该更加广泛，更加注重客户业务的系统性。

一、实施工具

在充分理解第三方物流概念的基础上，利用互联网检索与物流企业实际调查相结合的方式，撰写一份关于传统物流业向第三方物流业转型的调研报告。信息检索的媒介可以选择物流服务企业官方网站、相关物流专业网站以及物流论坛等，获取相关信息和资料并进行归纳和总结。

二、实施方法

撰写实训报告，并填写相应的调研表格，回答所给出的思考题，最后以小组为单位上交所要求数量的实训报告。

三、实施步骤

步骤一：传统物流业与第三方物流业的区别。

表1－1　传统物流业与第三方物流业的区别

项目	传统物流业	第三方物流业
服务内容	1. 干线运输 2. 仓储 3. 仓储＋配送 4. 货代 其中之一	从物流方案设计到全程物流的组织与实施（方案设计、代理采购、装卸、搬运、运输、仓储、库存管理、流通加工、配送、报关、商检、合同管理、信息管理、物流金融等）综合性服务

续　表

项目	传统物流业	第三方物流业
服务特点	1. 各种物流功能相对独立 2. 服务覆盖区域小 3. 被动 4. 短期合约 5. 价格竞争 6. 提供标准服务	1. 强调物流功能的整合 2. 采用物流中心 3. 跨区域的物流服务 4. 主动 5. 长期战略伙伴关系，致力于降低总物流成本 6. 提供增值物流服务、定制物流服务
信息技术	1. 不能整合外部系统 2. 无卫星定位系统 3. 有限的或无 EDI 联系	1. 互联网 2. 地理信息系统、全球卫星定位系统 3. 广泛应用 EDI，条码技术等
信息传递方式	1. 单向流动，逐级传递 2. 需求信息扭曲	物流网络，信息共享，物流、信息流、资金流、商流合一
管理方式	手工操作，分散管理，经验管理	信息化管理，系统管理，全面质量管理
管理水平	粗放式管理，无服务规范和管理规程	集约化管理，统一的服务标准、规范的操作流程
企业组织形式	散户经营，竞争力弱	整合社会资源，竞争力强
利润来源	运费、仓储费等直接收入	与客户共享在物流领域创造的新价值
与客户关系	承托/代理关系，短期合约，缺乏合作	战略合作伙伴关系，长期合作
满足客户方式	价格竞争，标准化服务	降低成本，提供增值服务和定制化服务

步骤二：传统物流业向第三方物流业转型的途径。

1. 确定转型战略

（1）评估市场现状

（2）确定目标市场

（3）确定服务内容

2. 整合内部资源，改善物流基础设施，建立物流管理信息系统

（1）业务流程重组，整合内容资源

（2）改善物流基础设施

（3）开发物流管理信息系统，建立公共信息平台

3. 整合社会资源，提升核心竞争力

（1）与拓展业务需要相关的功能性物流企业合作

（2）与成功的第三方物流企业合作

（3）与客户联合，扩大服务网络

4. 引进、培养物流管理人才

（1）对现有员工进行现代物流管理理论的培训。

（2）建立物流从业人员持证上岗制度，鼓励员工报考物流师和高级物流师。

（3）有计划地引进从大专到研究生多学历层次、复合型的物流人才。

（4）强化机制改革，营造竞争上岗、优胜劣汰的环境，促进人才发展。

5. 利用地区优势及相关优惠政策

本任务围绕国内外对第三方物流的认识展开介绍，重点讲述了第三方物流的基本定义和基本定义的内在含义。

任务二　第三方物流特征

第三方物流是在物流渠道中由中间商提供的服务，中间商以合同的形式在一定期限内提供企业所需的全部或部分物流服务。因此，第三方物流在逐步发展过程中逐渐形成了区别于传统物流的鲜明特征。在典型物流企业案例的调研与分析过程中，学生能够从不同角度充分理解第三方物流具有的鲜明特征，做到理论与实践切实结合。

一、第三方物流服务的特征

第三方物流服务的特征主要表现为：整合一个以上的物流功能；本身并不拥有货物；运输设备、仓库等由第三方物流服务经营者控制；按需提供全部的劳动力与管理服务；按客户的要求提供特殊服务，如存货管理、生产准备、组装/集运等。

通常，第三方物流服务可以划分为拥有资产基础和不拥有资产基础两种类型。其中，拥有资产基础的第三方物流服务提供者，有自己的代理人，有自己的运输设备和仓库，在现实中他们实际控制物流作业的操作。而不拥有资产基础的第三方物流服务提供者是一种物流管理公司，不拥有或租赁资产，他们提供人力资源和系统，专业管理和实现客户的各种物流功能。

从发达国家物流业的状况看，第三方物流服务在发展过程中逐渐形成鲜明特征，突出表现在以下几个方面：

（一）关系契约化

首先，第三方物流是通过契约形式来规范物流经营者与物流消费者之间关系的。物流经营者根据契约规定的要求，提供多功能直至全方位一体化物流服务，并以契约来管理所有提供的物流服务活动及过程。其次，第三方物流发展物流联盟也是通过契约的形式来明确各物流联盟参加者之间权责利三者相互关系的。第三方物流服务的用户与经营者之间的战略联盟要求彼此公开更多信息，打破传统的业务束缚，从"业务关系"转变为"伙伴关系"。这种关系可达到双赢，是系统可靠性提高、服务改善以及更高效运作的保证。物流经营者根据合同的要求提供多功能直至全方位一体化的物流服务，并用合同规范所有服务活动及过程。

（二）服务个性化

首先，不同的物流消费者存在不同的物流服务要求，第三方物流需要根据不同物流消费者在企业形象、业务流程、产品特征、顾客需求特征、竞争需要等方面的不同要求，提供针对性强的个性化物流服务和增值服务。其次，从事第三方物流的物流经营者也因为市场竞争、物流资源、物流能力的影响需要形成核心业务，不断强化所提供物流服务的个性化和特色化，以增强物流市场竞争能力。因此，从服务的内容上看，个性化的物流服务是指物流企业从客户的具体需求出发，选择和整合仓储、运输、包装、配送、信息处理、流通加工等物流基本活动和增值活动；从技术层面上看，物流服务的个性化体现在根据物品在价值、密度、形状、易腐性、危险性等方面的性状，选择适宜的运输工具、运输路线、堆放方式和包装方法等。个性化物流服务的实质是物流企业在合理的利润水平条件下，实现客户"满意度"最大化。与传统物流活动相比，现代物流的最大革新不在于服务内容的拓展，而在于物流管理理念的确立以及物流运作方式的变化。

（三）功能专业化

第三方物流所提供的是专业的物流服务。从物流设计、物流操作过程、物流技术工具、物流设施到物流管理必须体现专门化和专业水平，这既是物流消费者的需要，也是第三方物流自身发展的基本要求。第三方物流功能专业化主要体现在建立门对门的服务方式、以市场需求为导向提供专业化物流服务、建立先进的物流信息系统和运作网络、建立高素质的专业人才队伍。

（四）管理系统化

第三方物流应具有系统的物流功能，是第三方物流产生和发展的基本要求，第三方物流需要建立现代管理系统才能满足运行和发展的基本要求。从系统的角度看，物流系统的组成要素包括软件要素、硬件要素、人员要素以及信息技术要素等。

（五）信息网络化

信息技术是第三方物流发展的基础，具体表现为物流信息的商品化、物流信息收集的数据化和代码化、物流信息处理的电子化和自动化、物流信息传递的标准化和实时化、物流信息储存的数字化等。信息化能更好地协调生产与销售、运输、储存等各环节的联系。常用的技术有EDI技术、实现资金快速支付的EFT技术、条码技术、电子商务技术及全球卫星定位系统等。在物流服务过程中，信息技术的发展实现了信息实时共享，促进了物流管理的科学化，极大地提高了物流效率和物流效益。第三方物流信息网络化的具体内容包括加强通用数据的利用、加强信息发布的主动性以及加强信息的时效性管理。

二、第三方物流的合同特征

（一）第三方物流已经不仅仅是传统意义上的劳务合同，而更多地代表着物流企业向他人提供物流服务为标的的合同

提供劳务只是第三方物流企业经营范围的一部分，包括：仓储、运输、装卸等。由于第三方物流是一个战略联盟关系，不仅仅是为他人提供劳务，而且还要为客户选择供应商，采购并应用信息管理系统等。因此第三方物流还综合委托、代理以及信托等功能。

（二）第三方物流合同是双务有偿合同

双方当事人互负给付义务：一方提供物流服务，另一方给付报酬和费用。另外，客户一方应表明需要物流企业处理的标的物的真实有效性、合法性及安全性。因为第三方物流企业处理的标的物是为减少成本，通常会采取整合包装或者拆另包装，这就要求客户真实说明货物的性质（易燃、易爆、易腐蚀、有毒等），并提供相关资料，以防止在整合包装或拆另包装过程中对其他标的物造成可能影响。同时第三方物流企业要求客户对其委托的标的物提供相应合法凭证：发票、仓单等有效原始证据。在整合包装或拆另包装中会混同原标的物性质，将非法性转化为合法性，使之变成合法有效的商品。因此，在实际操作过程中物流企业对客户送交的标的物也应尽到如下义务：

（1）验收义务。物流企业对其处理的货物进行检验、核查，如果是危险物则要求客户提供有关资料。

（2）处理义务。物流企业作为经营企业应当具备相应的处理条件，包括硬件和软件，如专门处理危险物的堆场、分拣设备、有特定功能的打包机，有专门的条码识别器、处理危险物的滑槽等。当然，在计算机系统处理上也应有有关软件支持。同时，物流企业应配备有专业知识，包括化工、生物、装卸等专业人士。如果某物流企业不具备上述条

件，这就要求其尽到添置和完善的义务。

（3）审查义务。物流企业在处理客户的标的物时，应对该物的来源、性质进行审查，要求客户提供原始凭证，并且办理必要的备案入户手续。

（三）合同一方是特定主体

第三方物流合同中处理标的物的一方必须是投资建立的第三方物流企业，专为提供服务收取报酬而经营的法人。不可否认，物流的确由仓储、运输、加工、信息处理等流程组成，但其中每个过程最低化机械相加并不等于利润最低化。因此物流企业是一个统筹和综合处理上述过程的专营企业。

（四）物流合同应为诺成性合同

在客户交付标的物之前，物流企业可能已经履行合同支出了一些成本，如腾空仓位、整理仓库、安排车辆，并且还可能因为物流企业自身规模原因而拒绝潜在的客户要约。所以，只要经过客户要约和物流企业的承诺即宣告合同成立。这样，不仅对物流企业有利，对客户也有利，维护了双方交易的安全。因为如果该合同是实践性合同，那么在客户未交付标的物之前，合同是不成立的。这就意味着客户只要不实际交付标的物就可以任意改变其先前许诺，不受合同约束，这样物流企业受损风险大大增加。即使追究客户缔约过失，其诉讼成本使得物流企业无精力过问，事实上往往息事宁人。同样，实践性合同也使得客户的风险增加。客户和物流企业经过要约和承诺之后，客户费了较大成本将易耗物收购到手，根据原来计划由物流企业为其提供包括设计方案等服务，经核算分销后是赢利的。但物流企业在客户准备交付标的物时，自行毁约，可以说对客户造成两方面的损失：易耗物不断地摊销其价值而且产品不及时上市的话使得客户血本无归。综上所述，为减少风险，有利于交易安全，诺成性合同较为实际和安全。

（五）物流合同应为要式合同

为了维护行业标准，并且防止一定企业的行业垄断，物流行业也应该遵循一定的格式。这不仅有利于整个物流行业的市场规范，防止限制性竞争行为发生，而且从保护客户的角度上也是有利的。

三、第三方物流管理的特征

（一）第三方物流管理是第三方物流企业与生产经营企业的战略联盟，而非一般意义上的买卖关系

第三方物流企业是生产经营企业物流领域的战略同盟者。在服务内容上，它为生产经营企业提供的不仅仅是一次性的运输或配送服务，而是一种具有长期契约性质的综合物流服务，最终职能是保证生产经营企业物流体系的高效运作和不断优化供应链管理。与其说第三方物流企业是一个专业物流公司，不如说是生产经营企业的一个专职物流部门，只是这个“物流部门”更具有专业优势和管理经验。与传统运输企业相比，第三方物流的服务范围不局限于运输、仓储业务，它更加注重生产经营企业物流体系的整体运作效率与效益，供应链的管理与不断优化是它的核心服务内容，它的业务触及到生产经营企业销售计划、库存管理、订货计划、生产计划等整个生产经营过程，远远超越了与生产经营企业一般意义上的买卖关系，而是形成了一种战略合作伙伴关系。从长远看，第三方物流的服务领域还将进一步扩展，甚至会成为生产经营企业销售体系的一部分，它的生存与发展必将与生产经营企业的命运联系紧密。一个企业的迅速发展光靠自身的资源、力量是远远不够的，必须寻找战略合作伙伴，通过同盟的力量获得竞争优势。而第三方物流扮演的就是这种同盟者的职能，与生产经营企业形成的是相互依赖的市场共生关系。

（二）第三方物流管理的第三方物流企业是生产经营企业的战略投资人，也是风险承担者

第三方物流企业追求的不是短期的经济效益，它以一种投资人的身份为生产经营企业服务，这是其身为战略同盟者的一个典型特点。比如，为了适应生产经营企业的需要，第三方物流企业往往自行投资或合资为生产经营企业建造现代化的专用仓库，个性化的信息系统以及特种运输设备等，这种投资少则几百万元，多则上亿元，直接为生产经营企业节省了大量的建设费用，而这种投资的风险必然也由自身承担。所以，第三方物流服务本身就是一种长期投资，这种投资的收益很大程度上取决于生产经营企业业务量的增长，这就形成了双方利益一体化的基础。同时，随着我国资本市场的发展，法人企业作为战略投资人已经成为一类重要的资本市场投资主体，在业务关系上的紧密性为第三方物流企业与生产经营企业在资本市场上的合作创造了难得的条件，可以预见，双方在股权和资本上的融合将更加紧密，第三方物流战略投资人的性质将更加明显。

（三）利益一体化是第三方物流管理的利润基础

从本质上讲，第三方物流管理的利润来源于现代物流管理科学的推广所产生的新价值，也就是我们经常提到的第三利润的源泉。比如库存成本的节约，就是物流科学创造的新价值，这种新价值是第三方物流企业与生产经营企业共同分享的，这就是利益一体化，就是我们强调的“双赢”。所以，与传统的运输服务相比，第三方物流企业的利润来源与生产经营企业的利益是一致的。与运输企业相比，第三方物流服务的利润来源不是来自运费、仓储费用等直接收入，不是以生产经营企业的成本性支出为代价的，而是来源于与生产经营企业一起在物流领域创造的新价值，为生产经营企业节约的物流成本越多，利润率就越高，这与传统的经营方式有本质不同。

（四）第三方物流管理是建立在现代电子信息技术基础上的电子物流

第三方物流管理利用电子化的手段，尤其是利用互联网技术来完成物流整个过程的协调、控制和管理，实现从网络前端到终端客户的所有中间过程服务，最显著的特点是各种软件技术与物流服务的融合应用。同时，通过运用客户关系管理、商业智能、计算机电话集成、地理信息系统、全球定位系统、Internet、无线互联技术等先进的信息技术手段，以及配送优化调度、动态监控、智能交通、仓储优化配置等物流管理技术和物流

模式，第三方物流管理信息系统可以为生产经营企业建立敏捷的供应链系统提供强大的技术支持。信息技术实现了数据的快速、准确传递，提高了仓库管理、装卸运输、采购、订货、配送发运、订单处理的自动化水平，使包装、保管、运输、流通、加工实现一体化，生产经营企业可以更方便地使用信息技术与第三方物流企业进行交流与协作，企业间的协调和合作有可能在短时间内迅速完成；同时，物流管理信息系统的迅速发展，使混杂在其他业务中的物流活动的成本能被精确地计算出来，还能有效管理生产经营企业物流渠道中的商流。

一、实施工具

在充分理解第三方物流特征的基础上，利用互联网检索与物流企业实际调研相结合的方式，撰写一份关于某大型物流企业具备第三方物流特征的案例分析报告。信息检索的媒介可以选择物流服务企业官方网站、相关物流专业网站以及物流论坛等获取所需要的信息和资料并进行归纳和总结。

二、实施方法

撰写实训报告，并填写相应的调研表格，回答所给出的问题，最后以小组为单位上交实训报告。

三、实施步骤

中国物资储运总公司是一家大型物流公司，既有传统物流公司的优势项目，又有第三方物流的各种增值服务，并在经营中充分运用现代物流技术实现了企业的跨越式发展。

（一）现货交易及市场行情即时发布

中储的20多个仓库根据区域经济的需要，成为前店后库式的商品交易市场。包括金属材料、汽车、建材、木材、塑料、机电产品、纸制品、农副产品、蔬菜水果等市场，并在中储网站上发布全国各大生产资料市场的实时行情。

（二）物流的中间加工

中储的各大金属材料配送中心都配有剪切加工设备，如在天津与上海宝钢、日本三菱商社合资兴建的天津宝钢储菱物资配送有限公司，总投资1.3亿元人民币，从日本引进具有国际先进水平的钢材横剪、纵剪生产线，年加工能力10万~12万吨。

（三）全过程物流组织

中储凭借40年的储运经验和专业的物流管理队伍，运用现代信息技术，为用户设计经济、合理的物流方案，整合内外部资源，包括不同运输方式的整合、仓储资源和运输资源的整合、跨地区资源整合等，组织全程代理和门到门服务，实现全过程物流的总成本最低。

（四）形式多样的配送服务

中储的配送服务主要有生产配送、销售配送、连锁店配送和加工配送等。中储的许多物流中心为用户提供交易、仓储、加工、配送以及信息服务的一条龙服务。

（五）现代物流技术的应用

面对物流市场发展的巨大潜力，具备现代物流组织管理和实现内部信息化管理的新兴物流企业将成为行业的中坚力量。为此，中储总公司加快了系统信息化建设，投资成立“中储物流在线有限公司”，将虚拟的电子网络和有形的物流网络有机结合，整合国内外资源，提升业务质量。实现以电子化配送中心、仓库、运输网络为基础，以数码仓库完备的现代物流组织为纽带，以中储电子商务物流平台为核心，横向联合运输网络系统、纵向连接行业分销系统，建立布局合理、运转高效的现代物流配送和分销电子商务网络体系，从而实现向现代物流的成功跨越。

本任务围绕第三方物流的基本特征展开，分别从服务层面、合同层面和管理层面阐述了第三方物流所具有的特征。

任务三　第三方物流价值分析

第三方物流是在物流演变过程中为了适应新的经济环境及需求而出现的一种新的物流形态。这种物流形态的存在能够充分发挥自身价值，有着重要的现实意义。通过物流业务外包为企业生产经营各方面创造了巨大价值的典型案例分析，使学生进一步了解第三方物流存在的现实意义。

一、第三方物流价值的宏观分析

第三方物流是一种专业化的物流组织，具有很强的经济效益和社会效益，第三方物流的发展给社会和企业带来了巨大价值。随着第三方物流的发展，它的价值会发挥得更加充分。

（一）节省费用，减少资本积压和库存，降低成本，提高企业利润率，实现成本价值优势，第三方物流成为企业挖掘的第三利润源

在竞争激烈的市场上，降低成本、提高利润率是企业追求的首选目标。物流成本通常被认为是企业经营中较高的成本之一，控制了物流成本，就控制了企业总成本。

企业以支付服务费用的形式获得第三方物流服务，专业的第三方物流利用规模生产的专业优势和成本优势，提高各环节的利用率，节省费用，使企业能从分离费用结构中获益；第三方物流精心策划物流计划，提高运送手段，最大限度的盘活库存，改善企业现金流量，减少企业资本积压和库存。第三方物流是企业挖掘的第三利润源，随着信息化的发展及电子商务的应用，最终的结果是企业在降低物流成本中实现根本性的突破。

例如，第三方物流企业利用专业物流设施和先进的信息系统，发挥专业化物流运作的管理经验，取得整体最优效果，使企业减少投资和运营物流的成本；削减直接从事物流人员工资支出；加强库存管理，降低存货水平，削减存货成本，减少库存，实现成本优势。在第三方物流中，资本的作用主要表现在物流的商业信用基础、支付工具以及构建产生供应链的推动作用上。

第三方物流企业的利润是从工贸企业降低物流成本，提高利润率中得到的，或是物流增值服务中产生的，这样既可以在不增加资本投入的情况下，提高物流业的效益，又可以为协作企业创造“第三利润源”。

（二）增加企业竞争优势，提高顾客价值，提升企业形象，第三方物流将成为新的经济增长点

在专业化分工越来越细的时代，企业自身资源有限，只有利用第三方物流，扬长避短，专注于提高核心竞争力，才有助于企业的长远发展。企业采用第三方物流后，更多精力投入到生产经营中。第三方物流企业，站在比单一企业更高的角度上处理物流问题，通过物流系统开发设计和信息技术能力，将供应链上下游的各相关企业的物流活动有机衔接起来，增加了企业的竞争优势。

此外，企业利用第三方物流信息网络和节点网络，能够加快对顾客订货的反应能力，

加快订单处理，缩短订货到交货时间，实现货物的快速交付，提高顾客满意度。第三方物流通过其先进的信息和通信技术，加强在途货物监控，及时发现、处理配送过程中的意外事故，尽可能实现对顾客的承诺，保证企业为顾客提供稳定、可靠的高水平服务，提高了顾客价值，提升了企业形象。

因此，第三方物流本身具有强大的市场需求和合理的产出机制，对其他相关产业具有明显的带动作用，第三方物流将成为新的经济增长点。

（三）降低企业资金风险，第三方物流具有风险分散价值

企业自己运作物流，面临两大风险。一是投资的风险，二是存货的风险。一方面企业自营物流需物流设施、设备及运作等的巨大投资，企业物流管理能力相对较弱，易造成企业内部物流资源的闲置浪费，致使物流效率低下，这部分在物流固定资产上的投资将面临无法收回的风险。另一方面，企业由于自身配送、管理能力有限，为了能对顾客订货及时做出反应，防止缺货，快速交货，往往采取高水平库存的策略。在市场需求高度变化的情况下，安全库存量占到企业平均库存的一半以上，对于企业来说就存在着很大的资金风险。而且存货要占用大量资金，随时间的推移，变现能力会减弱，将造成巨大的资金风险。

如果企业利用第三方物流的运输、配送网络，通过其管理控制能力，可以提高顾客响应速度，加快存货的流动周转，从而减少内部的安全库存量，降低企业的资金风险，或者把这种风险分散一部分给第三方物流企业来共同承担。

（四）整合利用资源，缓解交通压力，第三方物流具有强大的社会价值

在经济发展速度日益加快的今天，第三方物流除了其独特的经济效益外，其社会价值越来越引起社会的重视。

首先，第三方物流将社会上众多的闲散物流资源有效整合、利用起来。第三方物流专业的管理控制能力和强大的信息系统，对企业原有物流资源进行统一管理运营，组织共同存储、共同配送，将企业物流系统社会化，实现信息资源共享，促进社会物流资源的整合和综合利用，提高整体物流效率。

其次，第三方物流有助于缓解城市交通压力。通过第三方物流的专业技能，加强运输控制，通过制定合理的运输路线，采用合理的运输方式，组织共同配送、货物配载，减少城市车辆运行数量，减少车辆空驶迂回运输等现象，解决由于货车运输的无序化造成的城市交通混乱堵塞问题，缓解城市交通压力。城市车辆运输效率的提高，减少能源消耗，减少废气排放量和噪声污染等，有利于环境的保护与改善，促进经济的可持续发展。

二、第三方物流价值的微观分析

现代物流的实质是在既定的客户服务政策下，以最低的费用完成产品价值的实现。因此，必须从现代物流的本质出发，分析第三方物流的价值。客户服务水平对第三方物

流而言，实际上是一个能力指标，而最低的费用就是成本指标。所谓第三方物流的价值，是指第三方物流在能力指标和成本指标上，在特定的情况下，具备比较优势。

（一）管理技术能力

管理技术能力是第三方物流区别于第二方物流最重要的特征，是相对第二方物流而言最重要的优势。管理技术能力具体体现在以下几个方面：

1. 系统策划能力

随着经济的发展和竞争的加剧，生产和服务的模式发生了很大的变化：从大规模标准化生产到个性化柔性化小批量生产，从产品导向到客户服务导向。与这种变化相适应，物流的复杂性日益凸显。而经济全球化的进程大大延伸了供应链在空间的分布，全球采购、多基地协同生产、全球销售、全球服务等，将供应链延伸到全球范围，相应的物流配套也要在全球展开，物流在空间上的复杂性也日益增加。由此可见，物流系统不论在深度上还是广度上，都大大地延伸了，物流系统策划的复杂性使其成为一个只有专家才能涉足的领域。一般的生产制造企业依靠内部的力量完成系统策划变得越来越困难。

第三方物流企业的物流系统策划能力是最能体现其专业水平的能力，是第三方物流作为专业的物流整体方案提供者最重要的能力。

2. 个性服务能力

由于不同的客户，其产品特性、采购策略、生产计划、市场策略和客户服务水平、发展阶段等都不相同，物流体系呈现出很强的个性化特征，从服务内容到服务方式，从实物流动到信息传递等，都各不相同，第三方物流企业一般在系统策划的基础上，为客户定制个性化的物流服务方案。

个性化服务能力也是第三方物流区别于第二方物流的重要特点，第二方物流一般以大规模标准化服务为特色，针对客户的个性化能力不强，尤其在服务内容的弹性上不足，不能满足客户的需求。而作为方案提供者的第三方物流服务，提供的是度身定做的个性化服务。

3. 信息系统

信息化既是现代物流的重要趋势，更是现代物流赖以存在的基础。在企业的信息管理系统中，物流系统是最为核心的内容之一。目前，大多数比较大的企业，都有自己的企业管理信息系统。第三方物流企业，必须有相应的系统同客户系统进行数据交换，才能保证物流管理的效率性和准确性。物流企业在信息系统方面的投入，可以降低客户企业对物流信息系统的投入压力。现在，大型的第三方物流公司，都将信息系统的建设作为保持行业领先地位的手段。

4. 持续改进能力

第三方物流企业为了维持自己在市场上的竞争优势，会不断地引进新的技术手段、设备，并不断地改进自己的管理和运作模式，以提高服务并降低成本，这种持续改进能力是第三方物流的一个显著特点。使用第三方物流服务，可以在自己不投入的情况下，享受来自第三方物流服务商的技术更新换代和管理提升。

不难看出，管理技术能力是第三方物流的核心价值。企业物流现代化的最大意义就是将物流成本大幅降低，而物流成本的降低就要靠物流系统的科学规划，物流信息系统的合理使用和在发展过程中根据实际情况不断改进。第三方物流以自身在物流方面的专业优势，可以帮助客户企业有效地挖掘第三利润源，而这是第三方物流企业最大的价值所在。

（二）网络能力

网络化是现代物流的另一个趋势。随着企业物流所需要的网络越来越细致，如门到门的服务，或者网络覆盖的范围越来越广，大型跨国公司的物流网络可能在世界范围内分布，生产、制造或零售业发现自己越来越难以驾驭自己的物流网络，在这种情况下，第三方物流的网络就成为他们的必然选择。

大型的第三方物流公司，一般通过自建或整合社会物流资源，形成一定范围内的物流服务网络。而这些网络在提供一般性服务的同时，一般都可以根据客户的特殊需要进行个性化的服务，比较好地满足客户要求。

（三）客户整合

管理技术能力和网络能力都是从能力方面看第三方物流的价值，而客户整合能力和供应商整合能力则体现第三方物流在降低成本方面的价值。

第三方物流企业一般会同时为一定数量的客户提供物流服务，在服务过程中，对客户的物流业务进行整合，通过降低成本来创造价值。在客户整合过程中，可以体现如下两个方面的效益：

1. 规模效益

第三方物流通过为多家企业服务，实现管理和运作的规模效益。与企业自营物流相比时，具有明显的优势。尤其是企业在自营物流时，人力资源、设施能力、信息系统能力等可能得不到充分的利用，管理成本相对比较高，而第三方物流企业通过多个客户业务的整合，达到规模经济，有效地降低成本。

2. 互补效益

第三方物流企业在选择客户时，一般会考虑业务类型的搭配，如货物密度、物流活动区域分布、物流活动的季节性等，通过轻重搭配，均衡货流以及季节互补等手段，实现物流的互补效益。这些手段具体如下：

（1）轻重货的互补效益。在运输过程中，有些货是重货，一般情况下车辆大部分容积得不到利用，而有些货是泡货，由于车辆容积限制，很难有效利用车辆的载重能力。如果将同一路线上的重货和泡货在不影响配载规定的情况下进行合理搭配，则可以显著提高运输的经济效益。

（2）均衡货流的效益。均衡货流也有降低成本的效果。企业自营物流，很难实现货流的均衡，车辆空载率高，成本高，但第三方物流企业可以通过在客户开发过程中对货流的考虑，实现不同客户的组合，达到货流的相对均衡，从而降低车辆的空载率，降低

运输成本。

（3）季节互补效益。一般企业在运作过程中，随着市场需求的波动，生产计划也出现相应的波动，由此引起物流作业的波动，这种波动对自营物流而言，一般表现为旺季的能力不足，客户服务跟不上，而淡季的能力闲置，造成浪费。第三方物流企业在营销的过程中，一般会有意识地选择在季节上互补的客户，通过客户业务量在季节上的互补，保证物流作业能力的充分利用，从而降低成本。

（四）供应商整合

第三方物流为客户提供综合物流服务，在供应商整合环节，第三方物流仍然存在降低成本的空间。在供应商整合方面的价值体现在如下两个方面：

1. 议价能力

一般第三方物流企业同时拥有多家客户，其在对业务进行外包的过程中，同客户直接寻找第二方物流服务相比，一般有更大的议价能力，可以获得更加优惠的价格。

2. 整合效益

第三方物流一般通过将业务进行分类，然后分别发包给不同的第二方物流服务商，以取得整合效益。下面以运输和仓储供应商的整合为例说明第三方物流的整合效益。

（1）运输供应商的整合。运输业务的整合可以有以下几种形式，一种是按线路整合，如不同的运输服务商，有不同的优势线路，在优势线路上，不仅价位比较低，而且运输的时效性也比较容易得到保证。按线路整合，就是将第三方物流公司的运输业务，按照不同的线路，分别发包给在线路上有优势的运输服务商，以实现整合效益。按线路整合，不仅可以用于陆上运输，对海上运输同样适用。另一种整合是按照环节整合。如一个完整的运输过程，可能包含国际海运、内陆长途运输和市区配送。因此，在运输环节上，同样存在不同环节上选择相应的有优势的服务商，以实现整合效益。

（2）仓储供应商的整合。仓储供应商的整合同运输服务商的整合类似，可以按地域整合，也可以按产品种类整合。所谓按地域整合，即是在不同的区域选择在当地有价格优势的服务商提供服务。按产品种类整合，主要考虑仓库的专业性，有些仓库在化工产品方面形成了规模和作业优势，可能成本相对较低，而另一些仓库可能在电子产品方面有独特的设施，能够显著地提高作业效率并降低成本，按产品种类整合即是找到适合不同产品特点的价位有优势的仓库。在整合供应商过程中，第三方物流企业通过整合第二方物流市场实现整合效益，是其增值的重要途径。

以上从能力和成本的角度对第三方物流的价值进行分析，并不是所有的第三方物流企业都有全部的优势或价值，一般会有所侧重，对于只为少数客户提供服务的第三方物流企业，一般会体现其管理和技术能力，而对同时为很多客户提供服务的第三方物流企业而言，其成本优势将得以体现。

在我国，第三方物流企业的价值之所以还未得到充分的认识，甚至还被认为是“增价不增值”，主要原因在于我国第三方物流企业自身发展的历程比较短，还没有形成自己的能力优势，同时由于大多数物流企业还没有达到规模经济，在降低成本方面的优势也很难体现。因此，我国的物流企业，如何通过能力的培养和市场拓展，尽快体现其能力和成本优势，是实现物流行业健康发展的重要前提。

一、实施工具

利用互联网检索与物流企业实际调查相结合的方式，撰写一份关于第三方物流实际应用的案例调研分析报告。信息检索的媒介可以选择物流服务企业官方网站、相关物流专业网站以及物流论坛等，获取所需要的信息和资料并进行归纳和总结。

二、实施方法

撰写实训报告，并填写相应的调研表格，回答所给出的问题，最后以小组为单位上交实训报告。

三、实施步骤

步骤一：案例介绍。

冠生园集团是国内唯一一家拥有“冠生园”、“大白兔”两个中国驰名商标的老字号食品集团。集团生产大白兔奶糖、蜂制品系列、酒、冷冻微波食品、面制品等食品，总计达到了2000多个品种，其中糖果销售额近4亿元人民币。近几年市场需求增大了，但运输配送跟不上。集团拥有的货运车辆近100辆，要承担上海市3000多家大小超市和门店的配送，还有北京、太原、深圳等地的货物运输。淡季运力空放，旺季忙不过来，每年维持车队运行的成本费用就达上百万元。

产品规格品种多、市场辐射面大，靠自己配送运输成本高、浪费大。为此，2002年年初，冠生园集团下属合资企业达能饼干公司率先做出探索，将公司产品配送运输全部交给第三方物流。物流外包以后，不仅配送准时准点，而且费用要比自己做节省许多。达能公司把节约下来的资金投入到开发新产品与改进包装上，使企业又上了一个新台阶。为此，集团销售部门专门组织各企业到达能公司去学习，决定在集团系统推广它们的做法。经过选择比较，集团委托上海虹鑫物流有限公司作为第三方物流机构，搞“门对门”物流配送。

虹鑫物流与冠生园签约后，通过集约化配送，极大地提高了效率。每天一早，他们在电脑上输入冠生园的相关配送数据，制定出货最佳搭配装车作业图，安排准时、合理的车流路线。货物不管多少，就是两三箱也送。此外按照签约要求，遇到货物损坏，按规定赔偿。一次，整整一车糖果在运往河北途中翻入河中，物流公司掏出5万元，将掉入河中损耗的糖果全部“买下”做赔。

据统计，冠生园集团自委托第三方物流以来，产品的流通速度加快，原来铁路运输

发往北京的商品途中需要 7 天，现在虹鑫物流运输只需 2 ~ 3 天，而且实行的是门对门的配送服务。由于第三方物流配送及时周到、保质保量，使商品的流通速度加快，集团的销售额有了较大增长。此外，更重要的是能使企业从非生产性的后道工序，即包装、运输中解脱出来，集中精力开发新产品、提高产品质量、改进包装。

步骤二：案例分析。

冠生园集团自从委托虹鑫物流以来，产品的流通速度加快，实行的是门对门的配送服务，销售额有了较大增长，更重要的是能使企业从非生产性的后道工序，即包装、运输中解脱出来，集中精力开发新产品、提高产品质量、改进包装。充分说明，第三方物流的服务外包有利于工商企业集中核心业务，培育核心竞争力；有利于企业充分利用外部资源，提升企业形象，提高整体竞争实力；有利于企业节省物流费用，降低成本，取得成本竞争优势；有利于企业分散企业经营风险，提高市场反应能力。

本任务围绕第三方物流的价值分析展开介绍，分别从宏观层面和微观层面解析了第三方物流在实践中体现的价值和存在的意义。

任务拓展

1. 通过广泛搜集资料，阐述我国对第三方物流概念理解的现状。

2. 试分析第三方物流与传统物流之间的联系和区别。

3. 以某第三方物流企业为例，简述该企业的服务方面、合同方面和管理方面等多方面特征。

4. 结合第三方物流企业的实际情况，分别从宏观和微观两个层面分析第三方物流的价值和意义所在。

模块二　第三方物流人力资源管理

1. 了解第三方物流从业人员职业道德的含义和特性；
2. 掌握招聘决策的原则和招聘渠道；
3. 了解第三方物流企业人才需求；
4. 掌握第三方物流企业培训费用预算方法；
5. 了解人力资源管理评价。

能力目标

1. 能够正确认识职业道德与自身工作的关系；
2. 掌握招聘的具体程序；
3. 能够确定第三方物流的岗位要求及岗位职责，并能分析各岗位职责和能力；
4. 掌握第三方物流企业培训内容；
5. 掌握人力资源管理评价方法及各种方法的优缺点。

任务一　第三方物流从业人员职业道德

随着经济全球化和市场竞争的加剧，越来越多的生产制造型企业选择将物流业务外包给专业的第三方物流公司。但在第三方物流飞速发展过程中也出现了许多问题，其中

部分物流企业由于职业道德缺乏导致了严重的诚信危机。

某物流运输企业知晓客户要求承运的是禁运品，但还向客户承诺可以托运只是运费很贵，最终赚了小钱却丢失了宝贵的企业信誉，如2007年轰动全国的尸块邮包案。有的物流公司对不了解物流运作的客户漫天要价；部分第三方物流企业还存在着实际服务水平和客户承诺之间存在相当大的差异；有的物流企业延迟交付为客户代收的货款，甚至出现卷款逃跑的恶性事件，如2008年广州鑫远新物流公司卷走客户200多万元，2010年DDS（东道）物流公司卷走客户款项，导致客户哄抢货物、员工上街堵路追讨欠薪，造成了恶劣的社会影响；有的第三方物流公司将客户的货物随意转包，导致货物"蒸发"，给客户带来巨额的经济损失，如2010年10月21日，应生产商的要求，安徽省安庆市通海船舶航运公司委托淮南籍"江海货1819"货轮和"皖江淮货666"货轮承运散装化肥磷酸二铵2566.64吨，但在11月2日，两艘货轮抵达江苏镇江后，却发现两货轮运输的货物少了200余吨，总价值为96万余元。这也是长江中上游地带首发的一件价值近百万元的特大物流案件。这些物流服务人员职业道德缺失的现象在实际的操作中屡见不鲜。此类案件的发生，使得第三方物流陷入诚信危机，严重影响了我国物流业的健康、快速发展。

为避免此类事件再次发生，急需培养第三方物流从业人员高尚的职业道德情感，使他们以此为准绳规范自身行为，对高尚的职业行为倾心向往努力效仿，对不道德的职业行为避免发生。而高尚的职业道德情感需要在遵循道德准则的基础上培养，需要通过职业道德培训来强化。

试确定第三方物流从业人员职业道德包括的具体内容，并在此基础上编制第三方物流从业人员职业道德准则，确定企业职业道德的培训内容。

一、第三方物流从业人员职业道德的含义

（一）道德和法律的关系

道德，就是一定社会、一定阶级向人们提供的处理人和人、个人和社会、个人与自然之间各种关系的一定特殊的行为规范。道德和法律的内容有相互重叠的部分，两者间是相互转换、相互作用的。但道德要比法律产生早得多。

法律是由国家强制执行的，道德是通过社会舆论对一个人的品行产生约束作用。针对部分第三方物流从业人员职业道德缺失的现象，法律能起到一定的作用，但法律只干涉人们的违法行为，而道德对人们行为所干涉的范围要广泛、深入得多。

（二）第三方物流从业人员职业道德的含义

第三方物流从业人员职业道德，就是从事第三方物流的公司员工在处理日常工作的过程中所应遵循的道德准则、道德情操与道德品质的总和，体现为特定的行为规范，它是职业素养的重要组成部分，它既是对员工在物流职业活动中行为的要求，同时又是第三方物流这一职业对社会所负的道德责任与义务。

第三方物流从业人员职业道德的含义包括以下八个方面：

（1）第三方物流从业人员职业道德是一种职业规范，受社会普遍的认可。

（2）第三方物流从业人员职业道德是长期以来自然形成的。

（3）第三方物流从业人员职业道德没有确定形式，通常体现为观念、习惯、信念等。

（4）第三方物流从业人员职业道德依靠文化、内心信念和习惯，通过员工的自律实现。

（5）第三方物流从业人员职业道德大多没有实质的约束力和强制力。

（6）第三方物流从业人员职业道德的主要内容是对员工义务的要求。

（7）第三方物流从业人员职业道德标准多元化，代表了不同的第三方物流企业可能具有不同的价值观。

（8）第三方物流从业人员职业道德承载着第三方物流企业文化和凝聚力，影响深远。

二、第三方物流从业人员职业道德准则

（一）爱岗敬业、忠于职守

这是各行各业共同的职业道德要求。爱岗就是热爱自己的工作岗位，热爱本职工作，以正确的态度对待职业劳动，努力培养热爱自己所从事的工作的幸福感、荣誉感，将身心融合在职业工作中。敬业就是用一种严肃的态度对待自己的工作，勤勤恳恳，兢兢业业，忠于职守，尽职尽责。物流业的产品是服务，物流生产不可能在封闭式场所进行，爱岗敬业、忠于职守，在物流业界尤为重要。如果每个员工都有良好的敬业精神，那无论在何时何地，都能正确树立企业形象，宣扬企业品牌，将企业文化延伸到服务对象。因此要将员工训练成为精通技术，熟悉业务的专家，热心周到地、不厌其烦地为客户提供优质的服务。

（二）遵章守法、服从指令

遵章守法在物流行业的道德含义就是所有从业人员的工作、劳动，都要遵守国家的法律法规和政策，执行物流业的职业纪律和规程、制度。服从指令，就是要求每个员工都必须严格按照管理系统的指挥调度，不得自以为是、自作主张、各行其道，要真正做到令行禁止。缺乏这种职业道德意识的人，在物流业不会有他的立足之地；同样，缺少严格的规范，缺乏指挥权威的企业，也不可能在物流业中生存下去。因为物流业最初是从军队的后勤保障中发展而成的，本身就带有准军事化的性质。

（三）钻研业务，维持持续的竞争力

业务技能是物流从业人员从事职业活动所必须具备的知识和经验，应用这些知识和经验解决实际问题，既是改善和提高工作质量和工作效率的关键，也是实现自身价值和

服务社会的前提。物流业人才，特别是技能型人才，要认真学习和掌握从事职业活动所需的业务知识和专业技能，才能技术精湛、业务熟练、本领过硬，成为本职业岗位上的行家里手。虽然每个员工都只是在某个具体岗位上工作，不可能都接触物流全过程，但是，了解物流供应链的各个环节及其主要内容，既可发挥合作精神，同心协力服务客户，又可拓宽知识面，达到多技能、宽专业，一专多能，有利于员工在职业活动中有更大的作为。而要做到这些，就要求物流技术人员不断地更新自己的知识，维持持续的竞争力。

（四）诚实守信、以客户服务为中心

诚实守信的职业操守要求第三方物流从业人员严格按照物流法律法规执行物流作业，忠诚客户利益：以运单合同为根据，保障客户利益，维护企业市场地位；维护运价变动时的客户利益。物流服务的对象是客户，昨天客户满意你的服务，仅仅是对你以往职业活动的价值肯定。对于服务的优劣，每天都是新的开始，周到服务必须始终如一，直到永远，一切工作开始于客户提出的要求，结束于客户的满足。只有真诚待客，礼貌待客，尊重客户，时时刻刻为客户着想，急客户所急，忧客户所忧，在工作中始终“围着客户转”，为客户提供无微不至的服务，物流企业才能与客户达到互惠互利的完美。

（五）及时准确、良好的行为规范

需要物流服务的客户，目前大多是有相当规模的三资企业、民营企业，这些企业经营理念较为先进，但要求相当高，有的甚至近乎苛刻，稍有差错，哪怕是一车货物送错地方、一个数据错漏、一条信息传递有误，都会导致物流企业的损失。因而及时准确是物流企业的基本承诺。所谓及时准确，对于物流企业来说，就是按照客户所要求的货物送达时间如期准时地送到，就是保障按照客户的指令准确无误地将货物送到指定的任何地方。所谓良好的行为规范，包括语言规范和文件规范。文明礼貌，是为人处世的一种美德，是每一个行业树立形象的根本。通过企业一系列的管理制度以及诸如操作规程、工序图、工艺流程图、服务指南、服务程序、规范用语等工作指引，规范员工的工作，消灭违章操作，确保安全生产，消除无功、无效劳动，保证服务水平和服务质量。

（六）高效的团队精神、讲求效率

团结协作是物流服务的内在要求，在复杂的物流供应链中，各个环节、工序、岗位应该在各自分工的基础上合作，相互配合、协同工作。明争暗斗、钩心斗角、相互倾轧、耗费资源、降低效率、牺牲效益，这些都是与市场经济和职业精神相悖的，必定为每个以赢利为目的的企业所不齿。效益源于效率，物流业是资源密集型行业，又是一个微利的行业，其服务要得到客户的接受和社会的认同，必须既要有完美的服务，还要有低廉的费用。对于物流企业，没有效率就没有效益。因此，从业人员的职业义务、职业责任就是工作要有高的效率，要为企业微中取利，尽可能创造更大的效益。企业赢利，员工的个人价值才得以实现，这样，企业和员工都可以得到发展。

职业道德培训的一般内容通常包括职业道德意识和职业道德实践行为两个方面。

1. 职业道德意识

职业道德意识方面包括职业道德认识、职业道德情感、职业道德意志、职业道德信念四个部分。职业道德的培养，应当首先从明确认识开始，这是培养职业道德情感、意志、信念等问题的基础。

（1）职业道德认识。包括对各行各业在社会中的地位、性质、作用、服务对象、服务手段等方面的认识。

（2）职业道德情感。情感亦称“感情”，是指人的喜、怒、哀、乐等心理表现。职业道德情感指人们在处理自己和职业的关系及评价职业行为过程中形成的荣、辱、好、恶等情绪和态度。职业道德情感一经形成，就会成为一种稳定而强大的力量，积极影响人们职业道德行为的形成和发展。

（3）职业道德意志。物流管理职业道德意志是人们在履行职业义务过程中所表现出来的自觉地克服一切困难和障碍，作出抉择的力量和坚持精神。有没有这种坚毅的职业道德意志，是衡量每个物流从业人员道德素质高低的重要标志。

（4）职业道德信念。职业道德信念是物流从业人员应具备的道德观念、道德准则和道德理想，是发自内心的真诚信仰和强烈责任感，是深刻的职业道德认识、炽烈的职业道德情感和顽强的职业道德意志的有机统一。

2. 职业道德实践行为

职业道德实践行为包括职业道德实践、职业道德行为、职业道德行为习惯三个方面的内容。职业道德行为习惯的养成不是一蹴而就，必须经历一个反复磨炼的过程，要靠好的行为的积累。职业道德意识是人们进行有目的的实践活动的一种强大精神动力。实践则是主观见之客观的东西。

三、第三方物流从业人员职业道德的特性

（一）职业道德具有发展的历史继承性

第三方物流提供的是专业的物流服务，是由仓储业、运输业、批发业、连锁零售业、进出口贸易、信息业等多个行业组成的综合的服务性产业，是一个跨行业、跨部门的新兴产业。其职业道德准则的形成必然包括上述各行业的道德传统和道德习惯，表现出从事这些职业的人们所特有的道德心理和道德品质。不仅在其技术上延续，而且其管理员工的方法、与服务对象打交道的方法，也有一定的历史继承性。但这种继承并非是简单的叠加，而是在融合中发展，并形成其特有的规范。

（二）职业道德具有为客户服务的时效性

依时准点这一法则也是由这个行业的特殊性所决定的。这就要求物流系统内的各个环节都要按照管理系统的指令依时运作，每位员工在工作过程中都要有很强的时间观念，具有灵活便捷、快速高效的职业道德意识。

（三）职业道德具有对工作负责的准确性

如何依靠完美的服务获得客户的青睐，准确无误是第三方物流从业人员恪守的又一基本职业道德。如果货物种类、品种规格、单品数量与客户的要求不符，或者送货地址出现差错，客户都会按章处罚，甚至因此而取消合作关系，追索损失。这就要求团队的每一个员工都要具有服务到位、准确无误的职业道德意识，具备很强的责任感和业务能力，尽可能做到零差错。

（四）职业道德兼具纪律的约束性

人们的职业活动都是在群体中进行的，各行各业的从业人员在自己的工作岗位上都承担着相应的责任和义务，职业道德有时又以制度、章程、条例的形式表达，让从业人员认识到职业道德又具有纪律的规范性。因此必须调整好个人在集体中的位置，使个人利益的目标同职业利益和社会利益的目标尽量保持一致，必须按照相应的职业道德来规范和约束自己的行为。第三方物流行业由于其自身的内在要求，其职业道德带有强制性，并成为物流企业制定各项规程、制度的基本原则，从职业义务、职业责任以及职业行为上保障供应链服务优质、高效。

四、第三方物流从业人员具有良好职业道德的重要性

（一）调节第三方物流公司从业人员之间以及从业人员与客户之间的关系

职业道德的基本职能是调节职能。它一方面可以调节从业人员内部的关系，即运用职业道德规范约束职业内部人员行为，促进职业内部人员的团结与合作，另一方面，它也用来调节从业人员与客户之间的关系，用来塑造第三方物流从业人员的形象，提升企业的品牌价值。

（二）有助于维护和提高物流行业的信誉

一个行业的信誉，是指行业内各企业及其产品与服务在社会公众中的信任程度。提高行业的信誉主要靠企业产品的质量和服务质量。第三方物流业的进入门槛不高，行业内企业所提供的产品主要是对客户的服务，此时，从业人员的职业道德水平是服务质量的有效保证。只有物流业的每位员工都建立高标准的道德准绳，才能稳固和加强物流行业的信誉。

（三）促进物流企业的发展，创造企业品牌

企业的发展有赖于高的经济效益，而高的经济效益源于高的员工素质。员工素质主要包含知识、能力、责任心三个方面，其中责任心是最重要的，而职业道德水平高的从业人员其责任心是极强的。只有企业里的每位员工都爱岗敬业忠于职守，用高尚的职业道德来规范个人的言行，才能促进物流企业整体大局的发展，为企业品牌价值加分。

（四）有助于提高全社会的道德水平

职业道德是整个社会道德的主要内容。职业道德一方面涉及每个从业者如何对待职

业，如何对待工作，同时也是一个从业人员生活态度、价值观念的表现；是一个人的道德意识，道德行为发展的成熟阶段，具有较强的稳定性和连续性。另一方面，职业道德也是一个职业集体，甚至一个行业全体人员的行为表现，如果每个行业，每个职业集体都具备优良的道德，对整个社会道德水平的提高会起到重要作用。

一、实施工具

多媒体 PPT。

二、实施方法

小组讨论。

三、实施步骤

步骤一：明确第三方物流从业人员良好职业道德的重要性，知晓第三方物流从业人员职业道德的含义及其特性，并查阅相关的资料。

步骤二：以小组为单位，对搜集到的相关资料进行归纳总结。

步骤三：对组内成员进行分工，分别阐述相关知识点。先在组内加以讨论，确定：第三方物流从业人员职业道德准则的内容和职业道德培训的一般内容。

步骤四：形成发言稿，并制作 PPT，以组为单位进行演讲。

步骤五：教师组织进行各组间的评价。

步骤六：教师评价各组的优缺点，并总结相关知识点。

评价：对于各小组收集资料、分组讨论阶段的评价，可参照如表 2－1 所示的评分标准（各 10 分）：

表 2－1　　资料收集和小组讨论评分标准

	小组评分	评价
1. 能够快速领会任务并进入角色		
2. 合理分工合作		
3. 能够发现问题并修正		
4. 团队合作程度		
总计		

对于各小组发言稿的内容和 PPT 的演说表现的评价，可参照如表 2－2 所示的评分标

准（各10分）：

表2－2　　小组汇报内容及表现评分标准

	小组评分	评价
1. 资料收集充分适用		
2. PPT演说内容翔实程度		
3. 知识归纳总结完整程度		
4. 知识归纳总结正确程度		
总计		

第三方物流从业人员职业道德的高低直接影响着物流服务的质量，应当知晓第三方物流从业人员职业道德的含义、特性，编制确立第三方物流企业内部的从业人员职业道德准则，明确具有良好职业道德的重要性，为企业员工的职业道德意识和职业道德实践行为订立准绳。

任务二　第三方物流企业员工招聘

目前，全国开设物流专业的高职高专院校超过500所，在校生也超过15万人。然而，一方面是高职毕业生纷纷反映工作越来越难找；另一方面很多企业感到职业技术人才越来越难招聘到。这种现实矛盾充分说明，高职教育和市场要求还有一定的差距，没有真正适应市场需要。

另外，就2008年湖南省高校毕业生的就业情况调查数据显示：物流服务行业成为大学生毕业就业的最大包容者。除了物流管理及相关专业有近90%的学生在物流行业就业以外，电子商务专业就有 25% 的学生进入了物流行业工作，工商管理、市场营销、国际贸易等专业也有部分学生进入了物流行业，甚至连国际金融、会计、计算机软件等专业性很强的毕业生也融入了物流这个大家庭。在现今大学生数量众多的就业形势下，要想在激烈的市场竞争中取胜，就必须了解第三方物流企业的岗位要求和职责，只有这样才能做到有的放矢，利用在校时间，按照企业所需提升自身素质，增加就业机会。试确定第三方物流的岗位要求以及对应的岗位职责，并对各岗位职责和能力进行分析。

一、招聘决策的原则

（一）因事择人原则

所谓因事择人，就是第三方物流企业的员工选聘应以实际工作需要和岗位的空缺情况为出发点，根据岗位对任职者的资格要求选用人员。

（二）公开、公平、公正原则

公开就是要公示招聘信息、招聘方法；公平公正就是确保招聘制度给予合格应征者平等的获选机会。

（三）择优录取原则

择优录取原则是指在第三方物流企业的员工招聘中引入竞争机制，在全面考察应聘者的思想素质、道德品质、业务能力等方面的基础上，按照考察的成绩择优选拔录用员工。

（四）效率优先原则

效率优先原则就是用尽可能低的招聘成本录用到合适的最佳人选。

二、招聘程序的制定

（一）制订招聘计划

招聘计划是第三方物流企业根据发展目标和岗位需求对某一阶段的招聘工作所做的安排，具体来讲，员工招聘计划包括以下内容：

（1）招聘的岗位、要求及其所需人员数量。

（2）招聘信息发布的时间与渠道。

（3）招聘员工的类型及数量。

（4）招聘方法、甄选方案及时间安排。

（5）招聘预算。

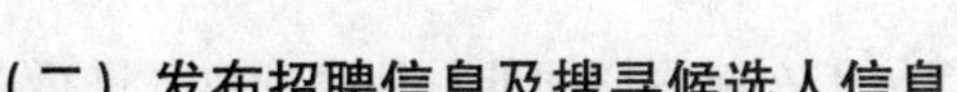

（二）发布招聘信息及搜寻候选人信息

第三方物流企业要将招聘信息通过多种渠道向社会发布，向社会公众告知用人计划和要求，确保有更多符合要求的人员前来应聘。

第三方物流企业可以通过以下方式搜寻候选人信息：

（1）应聘者自己所填的求职表，内容包括性别、年龄、学历、专业、工作经历及业绩等；

（2）推荐材料，即有关组织或个人就某人向本单位写的推荐材料；

（3）调查材料，指对某些岗位人员的招聘，还需要亲自到应聘人员工作过或学习过的单位或向其接触过的有关人员进行调查，以掌握第一手材料。

招聘者发布的信息和求职者提供的信息是一个双向信息的传递过程，如表 2－3 所示。

表 2－3　　发布信息——双向信号传递

申请者 ⟵		⟶	公司
期望的信息	传达的信号 ⟷	传达的信号	期望的信息
职业责任 职业安全 工作条件 管理人员 同事 职业生涯 薪水 福利 公平性	简历 申请 背景 证书 面试 着装 热情 对公司的了解 陈述职业兴趣 考试成绩	广告 公司形象 报酬 背景考察 面试 对候选人的兴趣 测试	知识 技能或能力 动机 忠诚 创造性 适应性 绩效 灵活性 可塑性 升迁可能性 离职可能性

（三）甄选

甄选过程一般包括对所有应聘者的情况进行的初步的审查、知识与心理素质测试、情景测试、面试，以确定最终的录用者。

（四）录用

人员录用过程一般可分为试用合同的签订、新员工的安置、岗前培训、试用、正式录用等几个阶段。

试用就是企业对新上岗员工的尝试性使用，这是对员工的能力与潜力、个人品质与心理素质的进一步考核。

员工的正式录用是指试用期满后，对表现良好、符合组织要求的新员工，使其成为组织正式成员的过程。一般由用人部门根据新员工在使用期间的具体表现对其进行考核，做出鉴定，并提交人力资源管理部门。人力资源管理部门对考核合格的员工正式录用，并代表组织与员工签订正式录用合同，正式明确双方的责任、义务与权利。

正式录用合同一般应包括以下内容：当事人的姓名、性别、住址和法定社会身份；签订劳动合同的法律依据，劳动合同期限；工作内容，劳动保护和劳动条件；劳动报酬，劳动纪律，变更和解除劳动合同的条件与程序；违反劳动合同的责任与处置等。

（五）招聘工作评价

招聘评价主要指对招聘的结果、招聘的成本和招聘的方法等方面进行评价。一般在一次招聘工作结束之后，要对整个评价工作做一个总结和评价。

对招聘工作的评价一般应从以下两方面进行：一是对招聘工作的效率评价；二是对录用人员的评价。

招聘的具体程序如图 2－1 所示。

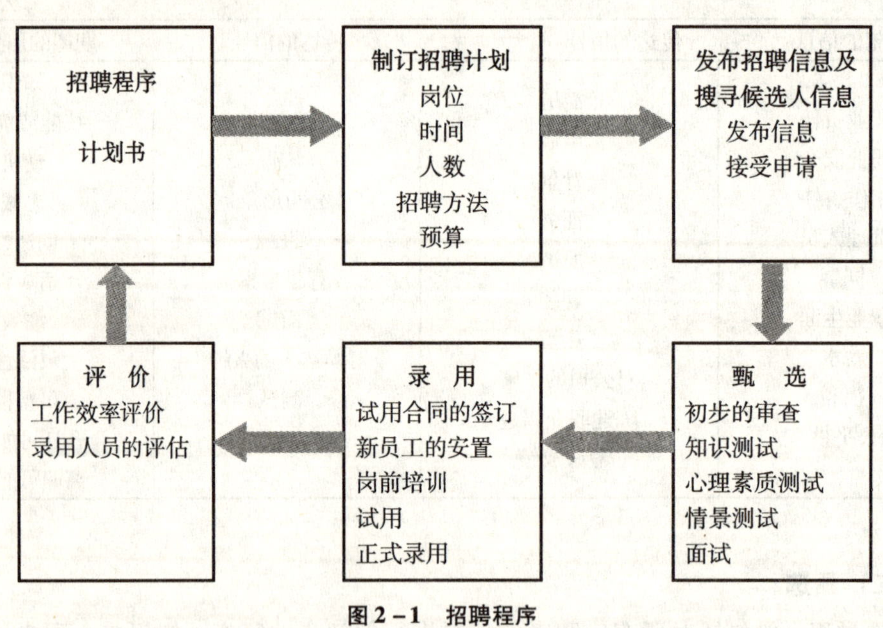

图 2－1 招聘程序

三、招聘渠道

（一）外部招聘

外部招聘的渠道大致有：人才交流中心，招聘洽谈会，传统媒体广告，网上招聘，校园招聘，人才猎取和员工推荐等。

1. 人才交流中心和人才招聘会

人才交流中心或其他人才交流服务机构每年都要举办多场人才招聘会，用人单位的

招聘者和应聘者可以直接进行接洽和交流。招聘会的最大特点是应聘者集中，用人单位的选择余地较大，费用也比较合理，而且还可以起到很好的企业宣传作用。

2. 媒体广告

通过报纸杂志、广播电视等媒体进行广告宣传，向公众传达招聘信息。相比而言，在报纸、电视中刊登招聘广告费用较大，但容易醒目地体现企业形象；很多广播电台都辟有人才交流节目，播出招聘广告的费用较少，但效果也比报纸、电视广告差一些。

招聘广告应该包含以下内容：组织的基本情况；招聘的职位、数量和基本条件；招聘的范围；薪资与待遇；报名的时间、地点、方式以及所需的材料等。

3. 网上招聘

网上招聘是一种新兴的一种招聘方式。它具有费用低、覆盖面广、时间周期长、联系快捷方便等优点。用人单位可以将招聘广告张贴在自己的网站上，或者张贴在某些网站上，也可以在一些专门的招聘网站上发布信息。

由于信息传播范围广、速度快、成本低、供需双方选择余地大，且不受时间、空间的限制，网络招聘因而被广泛采用。当然其也存在一定的缺点，比如容易鱼目混珠，筛选手续繁杂，以及对高级人才的招聘较为困难等。

4. 校园招聘

学校是人才高度集中的地方，是获取人力资源的重要源泉。对于大专院校应届毕业生招聘，可以选择在校园直接进行。包括在学校举办的毕业生招聘会、招聘张贴、招聘讲座和毕业生分配办公室推荐等。

学校招聘的优势有：①可以在校园中招聘到大量的高素质人才；②大学毕业生虽然经验较为欠缺，但是具备巨大的发展潜力；③由于大学生思想较为活跃，可以给组织带来一些新的管理理念和新的技术，有利于组织的长远发展。

但是，学校招聘也存在明显的不足之处：①学校毕业生普遍缺少实际经验，组织需要用较长的时间对其进行培训；②新招聘的大学毕业生无法满足组织即时的用人需要，要经过一段较长的相互适应期；③招聘所费时间较多，成本也相对较高；④在大学中招聘的员工到岗率较低，而且经过一段时间后，离职率较高。

5. 人才猎取

一般认为，“猎头”公司是一种专门为雇主“猎取”高级人才和尖端人才的职业中介机构。企业高层的招聘，选用猎头招聘的效果要远远好于普通的网络招聘，报纸招聘；猎头招聘更具有针对性，筛选的人选更适合企业的需求。

6. 员工推荐

通过企业员工推荐人选，是组织招聘的重要形式。

（二）内部招聘

内部招聘，就是将招聘信息公布给公司内部员工，员工自己可以来参加应聘。

表2－4是某地区内部招聘各渠道的质量评价和成本对比。

表 2－4　内部招聘各渠道的质量评价

	招聘来源				
	地区大学	名牌大学	员工推荐	报刊广告	猎头公司
吸引求职简历的数量	200	400	50	500	20
接受面试的求职者人数	175	100	45	400	20
产出率（%）	87	25	90	80	100
合格的应聘人数	100	95	40	35	19
产出率（%）	57	95	89	12	95
接收工作的人数	90	10	35	25	15
产出率（%）	90	11	88	50	79
累计产出率（%）	45	3	70	5	75
成本（$）	30000	50000	15000	20000	90000
单位雇用成本	$ 333	$ 5000	¥ 4428	¥ 800	¥ 6000

内部来源选聘和外部招聘各有优缺点，如图 2－2 所示。

内部招聘	外部招聘
优点	**优点**
☺ 了解全面，准确性高	☺ 来源广泛，选择余地大，利于招聘到一流人才
☺ 可鼓舞士气，激励员工	☺ 带来新思想、新方法
☺ 可更快适应工作	☺ 可平息或缓和内部竞争者之间的矛盾
☺ 使组织培训投资得到回报	☺ 人才现成，节省培训投资
☺ 选择费用低	
缺点	**缺点**
☺ 来源局限、水平有限	☺ 进入角色慢
☺ “近亲繁殖”	☺ 了解少，难以准确判断他们的实际工作能力
☺ 可能造成内部矛盾	☺ 可能影响内部员工积极性

图 2－2　内部招聘和外部招聘的优缺点

一、实施工具

计算机 、网络。

二、实施方法

通过招聘网站的信息搜索和招聘会现场调研，或利用个人上网搜索和小组实地调研相结合的方式查找本地第三方物流人才的招聘岗位信息，搜集第一手招聘岗位要求和岗位职责。

三、实施步骤

步骤一：对知识准备及相关资料进行归纳总结，明确自身可获得的招聘岗位要求和岗位职责的信息来源。

步骤二：将班级学生分成多个小组，每组成员以 7～8 人为宜，通过人才交流中心、招聘洽谈会、传统媒体广告、网上招聘以及校园招聘等方式收集资料。对小组成员进行分工：（苏州地区为例）分配 1～2 人登录“苏州人才网”、“苏州工业园区人力资源网”检索关键词：贸易/物流/采购/运输；工作地点：苏州；搜索时间：2010 年 10 月至 2011 年 4 月。对搜索到的第三方物流岗位和岗位职责进行归纳；分配 1～2 人查阅当地的期刊报纸，搜集第三方物流人才的招聘信息；分配 3～4 人深入校园招聘和社会招聘，实地调研统计数据。

步骤三：汇总分析，对搜索到的第三方物流岗位和岗位职责进行归纳，形成发言稿，并制作 PPT，以组为单位进行演讲。

步骤四：教师组织进行各组间的评价。

步骤五：教师评价各组的优缺点，并归纳总结当地第三方物流的岗位要求以及对应的岗位职责，并对各岗位职责和能力进行分析。

以苏州为例，涉及的第三方物流岗位有仓管员、仓库助理、仓库主管、计划员、主生产计划员、生产计划员、物料计划员（物控）、采购员、采购工程师、进出口专员、关务、关务助理、供应链整合专员，把以上岗位归纳成业务岗和行政岗两类，其岗位职责要求总结整理如图 2－3 所示。

在了解岗位职责的基础上，要进一步的分析这些岗位职责描述背后的真正含义，要对岗位能力进行分析，如表 2－5 所示。

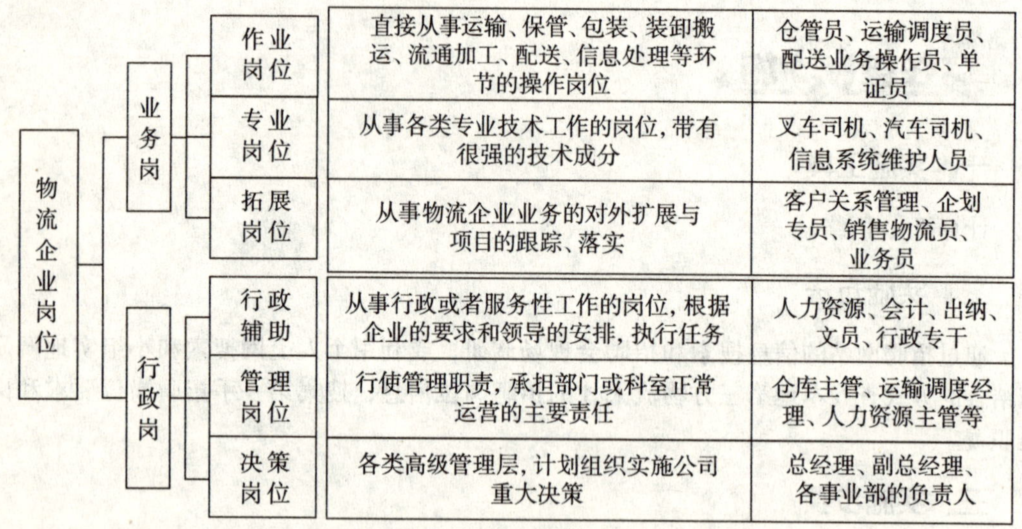

图 2－3　第三方物流企业岗位划分

表 2－5　　第三方物流职业能力与岗位结构分析

各项职业能力	岗位设置	岗位主要工作内容
外语能力	国际货代单证员	处理外贸函件、英文报关单证的制作、信息系统英文单证信息的录入
计算机能力	信息系统维护人员	计算机程序设计、数据库安装、网络调试、构建物流企业信息系统、物流公司运输、仓储等软件的安装使用、信息报表的生成、网络系统的日常维护
文字表达能力	文案	起草各类公文、参与各种商业会务、业务洽谈、会议记录
物流市场开发	市场开发专员	物流市场调研与分析、物流市场开发计划的制订与可行性分析、物流需求状况分析、市场行情分析、企业经营预测、物流方案的规划与设计
仓储管理	仓管员	拣货、补货（自动化立体库操作、分拣设备的使用）、存货出入库（打包机、条码及 RFID 技术的使用）、仓库货位管理（物料的堆码、苫垫、打包、条码制作与识别）和盘点作业
	叉车司机	存货出入库（堆高机、叉车的使用）
	验货员	采购货品的入库检验
	单证员	出入库货品信息的录入、生成报表、填写单据
配送管理	配送业务操作员	配送中心选址与规划的市场调查和数据统计、配送设备使用状况的信息收集、配送路线的设计
企业物流管理	采购物流员	客户订单处理与汇编采购单、供应商的考核和评价、输出订购计划、ERP 实施

续　表

各项职业能力	岗位设置	岗位主要工作内容
企业物流管理	生产物流员	物流生产运作流程的规划和设计、物料实物形态的流转过程管理、企业生产物流管理与库存控制
	销售物流员	销售物流管理、制订物流市场营销方案、物流产品营销
运输管理	运输调度员	运输方案的设计、优化、制订派车计划、各种运输方式运单的缮制、运输工具的选择、运输组织筹划分析、GPS 系统应用
国际物流	报关员	接单、报关、报检
	跟单员	签单、费用结算业务、跟踪货物装船、提箱、装箱
	船务操作	管理软件操作（单据处理）、轮班与租船运输业务、订舱业务
学习能力	成本核算员	物流资源的搜集和调查、市场调研数据统计与分析、物流成本的核算、账目管理
创新能力	企划专员	物流企业形象设计、物流网络的规划与设计
人际能力	业务员	沟通与人际关系协调
	客服人员	货主询价咨询与报价服务

从以上分析可以看出，物流管理专业的学生要从事这些岗位，需要具备的职业能力主要包括综合能力、职业岗位核心能力和适应能力三个方面，具体的内容如图 2－4 所示。

其中，综合能力包括外语、计算机和文字表达能力；职业岗位核心能力包括物流市场开发、仓储管理、配送运输管理、国际货运代理和企业物流管理能力；适应能力包括学习、创新和人际能力。综合能力和适应能力是职业能力的基础，并在学生掌握职业岗位核心能力的过程中不断提升。同时，岗位核心能力的培养也有助于适应能力和综合能力的发展。它们之间并不是孤立的存在，而是相辅相成，相互促进的。

评价：对于各小组收集资料、分工协作、分组讨论、归纳总结阶段的评价，可参照如表 2－6 所示的评分标准（各 10 分）：

表 2－6　　评价项目及评分标准

评价项目及标准	过程考核 40 分		成果考核 40 分		PPT 展示 20 分
	分工明确	合作协调	岗位要求、职责内容	岗位要求能力分析	
A 小组					
B 小组					
C 小组					

续 表

评价项目及标准	过程考核40分		成果考核40分		PPT展示20分
	分工明确	合作协调	岗位要求、职责内容	岗位要求能力分析	
D小组					
E小组					
F小组					
G小组					
H小组					

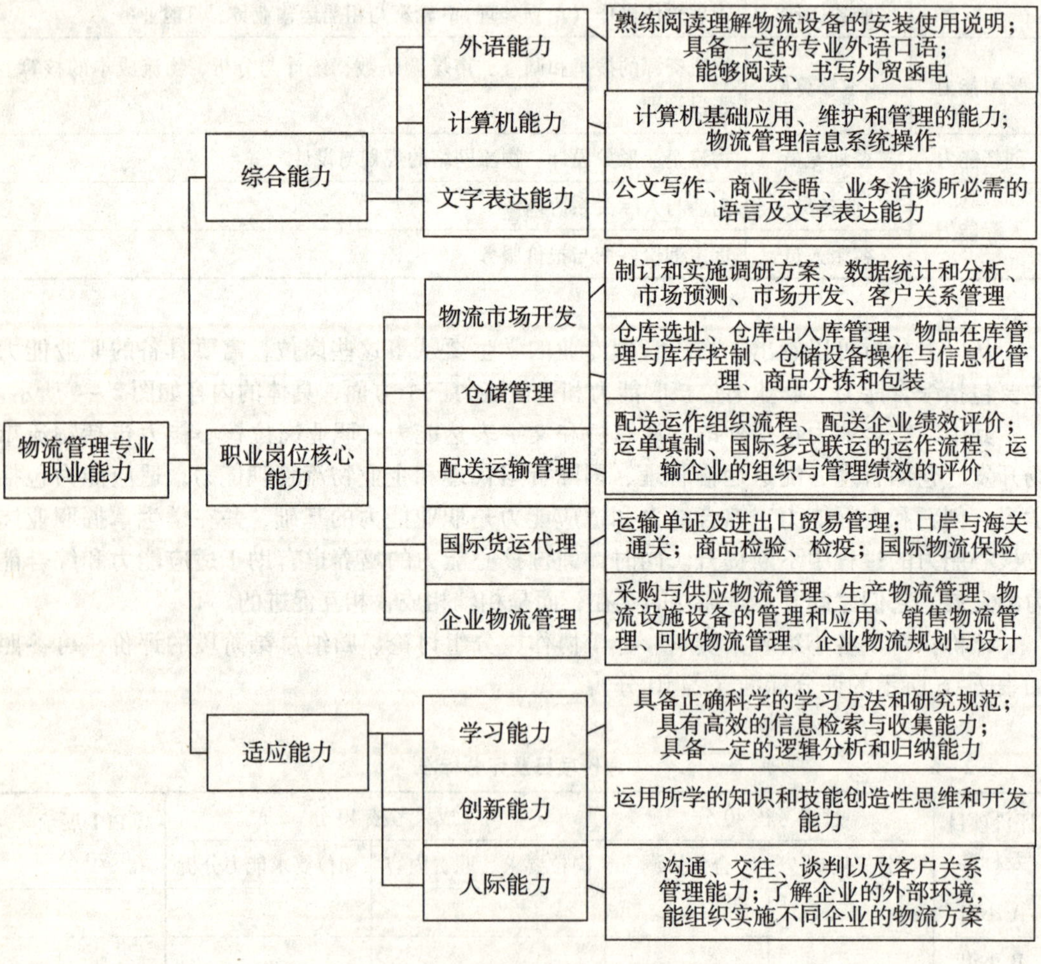

图2-4　物流管理专业人才能力结构

第三方物流企业的员工招聘应当遵循因事择人、公开、公平、公正、择优录取和效率优先的原则，完成招聘的程序，应当根据企业的实际情况合理地选择运用内部招聘和招聘方法，力求达到最佳的招聘效果。

任务三　第三方物流企业人力资源开发

若你是某第三方物流企业的人力资源主管，试根据企业实际，编制企业的人力资源培训手册，注明本企业的员工培训方案。

第三方物流企业在招聘到合适的员工后，要根据本企业的特色，对员工进行培训，进行人力资源开发。

第三方物流企业的人力资源的开发，是指组织为了使员工获得或改进与工作有关的知识、技能、动机、态度和行为，所做的有计划的、系统的各种努力，通过这些努力可以有效提高员工的工作绩效并帮助员工对组织的战略目标的实现作出贡献。

一、第三方物流企业人才的新要求

人力资源开发的目的是为了培养员工对本公司的物流业务进行改进、改革、高效率地完成任务，并使他们有信心地、自豪地从事工作，通过物流业务实现自己的人生价值。为了实现这一目的，要求员工除了要有专业知识和技术以外，在思考和处理问题上还需要：

（一）前瞻性

由于物流业务落后，物流人才需要具有前瞻性，即不受现有的机构、制度和一些做法的约束。特别是第三方物流管理人员必须具有能够创造合理化的物流条件，并具有组织年轻人为物流合理化而奋斗的魄力。

（二）挑战性

物流业务是一项新事物，第三方物流人才应具备开拓未知领域的先驱者气概。第三方物流人才应有向这些变化挑战的勇气和力量，增强自身工作的自主性、主动性和创造性。

（三）系统性

物流系统各构成要素之间存在着效益背反的关系，为构筑最好的物流系统，必须能够从全局的立场考虑和分析问题，应当具有系统思考的能力。

二、第三方物流企业人才培养的特殊性

企业的人才培养与学校的教育模式有很大不同，具体表现在于：

（一）教育以自学为主

第三方物流从业人员走上工作岗位后，很大程度上依靠的是自学，根据日常业务中碰到的问题，向经验丰富的员工请教或是自己查阅相关书籍，大多数都是以自学为主。

（二）教育形式的多样性

第三方物流企业对人才的培养并不是单一的方式，而是考虑从业人员的资历、工作能力以及所从事的岗位，将在职学习、脱产学习、自学和在各种岗位轮换实习等有机地结合起来。

（三）教育的实践性

第三方物流企业对自身员工的教育，是希望可以提高工作人员的知识技术水平，使他们的能力可以得到提升。这种能力的提高更侧重的是实践运用，所以企业的教育多让员工参加销售和生产实践，通过日常业务进行教育。

（四）教育的针对性

在第三方物流企业，不同的职位要求不同的能力，所以教育培训具有针对性。例如初级职位的员工，主要为开展物流活动，要求掌握物流构造、机制等知识和技术；中级职位的员工，为顺利开展物流业务，改革物流要求，掌握能跟上物流发展进步的专门知识、技术和判断能力；而高级职位的员工，要求具有高深的物流专门知识和技术，能从自己所负责的工作全局着眼辅佐领导，提出有用的建议，并具有预见能力。

三、第三方物流企业培训类别

（一）岗前培训

1. 岗前培训的目的

为了使新员工能迅速进入工作状态，胜任新工作，新员工从录用时起就要接受系统的岗前培训，以使他们熟悉和适应新的工作环境，并使新员工在正式进入岗位之前能顺

利接受企业的文化、价值观、历史、行为标准、规范和未来发展趋势，了解企业对他们的要求和期望，解决新员工在企业内的基本交往能力等问题。

新员工的岗前培训课程体现在课堂讲授方面的相对于其他的培训项目要少一些，主要集中在企业概况认识、企业文化、企业管理制度、工作岗位职能等方面，更多的时间是参与到企业各个相关部门进行实习，以便对企业有全面的了解。

2. 岗前培训的内容

(1) 企业层次的培训

A. 新员工进入角色培训

主要是新员工对公司概况、工作条件、人员关系、工作环境、工作内容、规章制度、职位说明及职业必备有所了解而进行的培训。

B. 新员工文化培训

在新员工完成“角色进入”的基础上，为使其进一步了解企业的经营目标、管理哲学、公司理念、价值观等方面的内容而进行的培训，其内容包括企业文化精神层次、企业文化组织制度层次和企业文化物质层次的培训三个方面。

(2) 部门层次的培训

A. 业务技术培训

针对各个岗位应具备的基本知识、工作程序、工作要求和操作要领进行培训，使新员工较快进入角色，同时还包括对其进行工作安全培训。

B. 岗位培训

首先在工作上建立辅导关系，其次通过正式或非正式的方法将新员工的工作绩效反馈给本人，最后通过各种集体活动或者建立团队来培养新员工的团队意识。

3. 岗前培训的流程

岗前培训的基本流程如图 2－5 所示。

(二) 在职培训

作为培养人才的方法，最重要的是在职培训。在职培训也称“在岗培训”，指企业为了使员工具备有效完成工作所需要的知识、技能和态度，在不离开工作岗位的情况下对员工进行培训。

在职培训有晋升培训、以改善绩效为目的的培训、转岗培训和岗位资格培训等方式。第三方物流公司应根据下属的不同情况采取符合实际的方法。

1. 晋升培训

为了使员工能在现有的岗位基础上有所提升，以员工自身的职业生涯规划为依据；需要对第三方物流从业人员进行晋升培训，此类培训的时间长、内容广，基本上是多种培训方法并用。

2. 以改善绩效为目的的培训

此类培训的特点是：以客观、公正的绩效为依据；以一对一指导为主要方法；是岗前培训的延续。

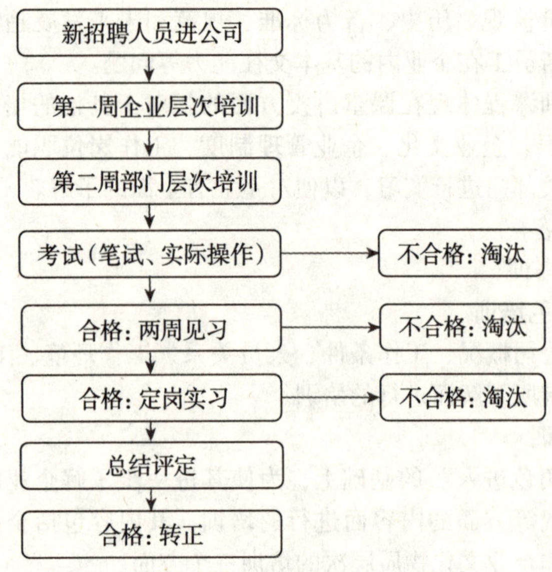

图 2－5　岗前培训流程

以改善绩效为目的的培训程序如图 2－6 所示。

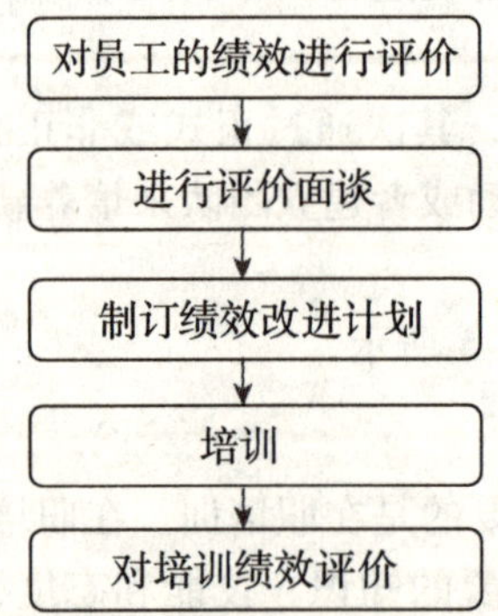

图 2－6　以改善绩效为目的的培训程序

3. 转岗培训

转岗培训是指对已被批准转岗的员工进行的旨在使其达到新岗位要求的培训。有计划地组织岗位轮换实习，是一种有效的培养人才方式。但有的企业似乎偏重于在工厂物流或销售物流岗位上进行轮换实习。

物流的业务内容，依总部、工厂或分公司的不同，有很大差异。为培养物流人才，恰当地安置从业人员的工作固然重要，同时还应该有计划地用 3～5 年的时间使他们在各个环节的岗位上轮换着做一个时期的工作，以使他们熟悉全面的情况。

转岗培训分为部门内调动和部门之间的调动。部门内调动分为：职能部门、实际作业部

门之间调动（总部、工厂、分公司）；实际作业部门之间调动（总部、工厂、分公司）；业务之间岗位轮换（物流、供需、接受订货、业务、信息等）。部门之间的调动分为物流部门与其他部门之间调动（销售、制造、系统等）以及物流部门与有关公司之间调动。

转岗培训的程序如图 2－7 所示。

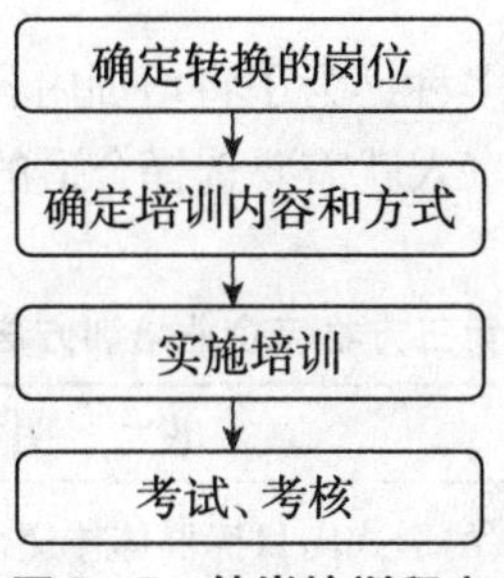

图 2－7 转岗培训程序

4. 岗位资格培训

指一些第三方物流岗位对员工操作的一些特殊的要求，这些特殊要求并不是所有员工开始都掌握的，必须通过培训才能掌握。这些资格包括高空、起重机、叉车、高压气体、危险品等操作资格；物流技术管理者、国际物流管理者等物流函授资格等。

岗位资格培训的程序如图 2－8 所示。

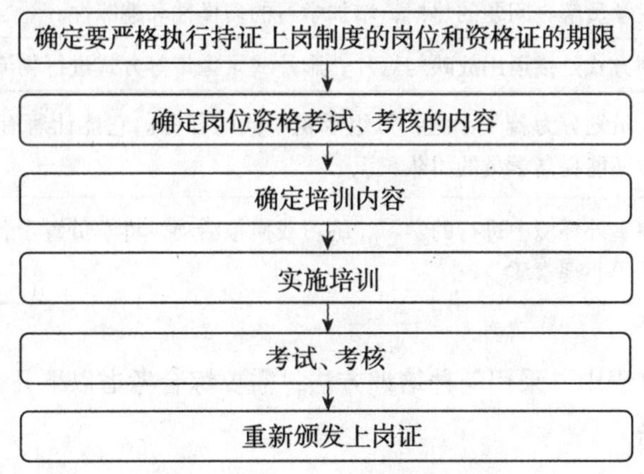

图 2－8 岗位资格培训的程序

（三）脱产培训

关于脱产培训，有第三方物流企业举办的培训班或企业以外的培训等各种形式。在本企业举办培训班，物流工作的领导亲自讲课最有成效。教育方式和题材应尽量结合本公司的实际进行研究讨论。

为扩大视野，培训内容不应只局限于本公司内部的物流案例，还应当吸取别的公司的经验。也可以与其他企业的物流工作者定期举行会议进行专题研讨，还可以请地区物流业者或政府机关负责人参加交流。此外可以组织参观其他公司的物流设施，或进行海外物流情况调查和考察。

四、第三方物流企业培训方法

第三方物流企业培训的方法有多种，为了将培训内容有效地传输给受训者，以达到培训的目的，第三方物流企业的培训负责人就需要选择合适的培训方法，具体如表 2－7 所示。

表 2－7　　第三方物流企业培训方法

培训方法	说　明
讲授法	指的是由讲师以口头讲解的形式向目标群体传递信息的过程。上课前，讲师要有充分的准备；在培训的过程中，要采用多种方式与受训人员进行沟通；讲授的时间不宜过长
多媒体教学	利用现代化多媒体设备进行辅助教学，静态媒介：文字和图像材料；动态媒介：指的是可以动态呈现系列事件的技术和媒介，如录音带、CD，电影、录像带；电信媒介
会议培训法	这是一种双向沟通的培训方式，有助于培训讲师了解学员对培训内容的掌握程度
案例研究法	通过选择有关案例，并说明各种情况或问题，让受训者通过工作经验和所掌握的知识技能，寻求解决之道。目的在于鼓励受训人员思考
角色扮演法	能够激发学员解决问题的热情，增加学习的多样性和趣味性
示范培训法	这种培训方式是指运用放映幻灯片、影片或录像带等方式进行物流工作示范或训练活动
情景模拟训练	把参训人员划分为若干小组，每组承担不同的任务。它能让所有学员都参与到培训中来，同时还能提高学员的团队意识
户外培训	是一种在室外环境中进行的学习、练习或模拟活动，将学员置于各种艰难的情境中，训练其承压等心理素质

在实际的培训过程中，采用何种培训方法，需要综合考虑以下几个因素：

（一）培训目标

培训目标若为认识或了解一般的知识，那么讲授法、多媒体教学、讨论、案例研究等多种方法均能采用；若培训目标为掌握某种应用技能或特殊技能，则示范、模拟等方法应列为首选。

（二）培训时间

由于各种培训方法所需要的时间长短不一，有的培训方法需要较短的准备时间，如多媒体教学、示范培训教学；有的培训方式实施起来要花费的时间较长，如户外培训。这就需要综合考虑企业、学习者、培训师的时间安排来选择适当的培训方法。

（三）培训经费

有的培训方式需要的经费较少，如讲授法、会议培训法等；而有的则花费较大，如多媒体教学、户外培训等。因此，在选择培训方式时，还需要考虑企业组织与学员的消费能力和承受能力。

（四）学员数量

学员数量多少也影响着培训方法的选择。当学员人数不多时，小组讨论或角色扮演是不错的选择；当学员人数众多时，演讲、多媒体教学或举行研讨会可能更合适。

五、第三方物流企业培训内容

总的来说，第三方物流企业培训的基本课程如表 2－8 所示。

表 2－8　**培训课程**

课程和目的	内容
1. 物流基础 了解物流基本知识及协调一致完成物流业务的意义	○物流的重要性＝任务、接受订货、供需情况、物流管理、销售服务、物流机制、规则、集体物流思想等
2. 物流改革 培养物流业务改革意识，提高技术水平	○物流改革的必要性、方法（QC、IE、VE）改革经验交流
3. 物流系统设计 培养物流系统设计意识，提高技术水平	○物流系统设计的必要性、方法、经验交流
4. 物流函授讲座 通过自学弥补集中学习的不足	○物流改革基础，新物流管理（产能大），新物流管理实践（日本能率协会）
5. 物流成本、管理成本 学习物流成本管理系统	○为提高物流效率，正确确定物流水平而进行的物流成本计算应用及成本管理等
6. 物流信息系统 学习物流信息系统的机制及其使用方法	○供需计划模拟模型法、接受订货、发货、移出移入、接收支付、运费计算、销售计算书、供需情报等系统
7. 高级物流 理解物流动向、部门战略应当解决的问题	○物流动向及存在的问题，其他公司的物流动向，部门战略研究，物流业务考察
8. 物流战略策划 学习物流战略策划方法	○物流战略策划的必要性、方法、物流战略策划，经验交流
9. 物流部门工作 加强共同完成业务工作的伙伴之间的交流	○研究地区或据点的物流目标、方针、计划，物流业务方面存在的问题，讨论，制订行动计划，交流思想、观点
10. 物流专门资格考试辅导讲座 学习掌握物流体系的专门知识和技术	○物流技术管理师或国际物流管理师资格考试辅导讲座
11. 海外物流考察 创造充实业务知识，扩大视野的机会	○考查地点临时选定，应选择各种各样的考查场所以扩大视野
12. 部门干部研究会 创造研究物流动向和部门战略课题的机会	○部门战略课题研究

六、第三方物流企业培训费用预算

第三方物流企业培训费用预算是顺利进行培训工作的前提条件。预算是根据培训方案中各项培训活动所需的经费、器材和设备的成本以及教材、教具、外出活动和专业活动的费用等估算出来的。

如果企业的培训预算不能够支持培训计划，培训计划制订得再完善，其效果也会大打折扣。对于培训预算问题，不同的企业处理方式也不尽相同，一般而言有以下三种处理方式：

（1）根据培训方案的要求推算出培训预算，然后再根据企业的实际承受能力，对预算进行调整。

（2）事先划定培训预算的范围，例如按企业上一年度纯利润的一定比例来计算，或按员工人数分摊的培训费用来计算，人力资源部门再根据企业既定的培训预算来制订培训计划。

（3）企业实现划定人力资源部全年的费用总额，费用总额包括招聘费用、培训费用、社会保障费用、体检费用等人力资源的全年费用，由人力资源部自行分配各项费用的额度。

一、实施工具

计算机、网络、专业教材或著作。

二、实施方法

查找第三方物流人才培训的相关书籍，通过网站信息搜索和企业实地调研，搜集资料编制培训手册。

三、实施步骤

步骤一：对知识准备及相关资料进行归纳总结，明确培训手册中应包含的内容。

步骤二：将班级的学生分成多个小组，每组成员以 5 ~ 6 人为宜，对小组成员进行分工：查阅书籍；搜索网络资料以及实地调研统计数据。

步骤三：汇总分析，对搜索到的第三方物流人员培训方案进行归纳，形成发言稿，并制作 PPT，以组为单位进行演讲。

步骤四：教师组织进行各组间的评价。

步骤五：教师评价各组的优缺点。

评价：对于各小组收集资料、分工协作、分组讨论、归纳总结阶段的评价，可参照

如表 2－9 所示的评分标准：

表 2－9　　评价项目及评分标准

评价项目及标准	过程考核 40 分		内容考核 40 分		PPT 演示 20 分	
	分工明确	合作协调	培训方案内容详尽度	培训手册实践指导程度	展示效果	回答问题情况
A 小组						
B 小组						
C 小组						
D 小组						
E 小组						
F 小组						

对员工进行培训有利于第三方物流企业人力资源的开发，由于第三方物流企业人才培养的特殊性，企业对员工进行的培训有其自身的特点。应知晓岗前培训、在职培训、脱产培训的具体内容以及它们的不同，并掌握第三方物流企业培训方法和内容，能够对培训费用进行预算统计。

任务四　第三方物流企业人力资源管理评价

若你是某一第三方物流企业人力资源主管，请设定仓库操作人员的评价考核标准，并设计切实可行的评价表。

一、人力资源管理评价的内涵

（一）人力资源管理评价的定义及目的

第三方物流企业人力资源管理评价是对人力资源管理总体活动的成本——效益的测量，并与第三方物流公司过去绩效、类似组织的绩效、组织目标进行比较。一方面指员工的工作绩效，另一方面指影响员工工作绩效的行为、表现及素质。指按一定的标准，采用科学的方法对第三方物流员工的思想、品德、业务、学识、工作能力和工作态度、成绩及身体状况进行考核和评定。是指对第三方物流公司员工完成岗位工作的结果进行考核和评价。结果包括完成工作的数量、质量、成本、时间、经济效益、对企业发展的影响和贡献等。

人力资源管理评价通过考核评价反映第三方物流企业员工的贡献程度，有助于提高企业的劳动生产率。具体体现在以下几个方面：

1. 为员工的晋升、降职、调职和离职等职务调整提供依据
2. 对员工和团队对企业的贡献进行评价
3. 为员工的薪酬决策提供依据
4. 对招聘选择和工作分配的决策进行评价
5. 了解员工对企业的培训和教育的需要
6. 对培训和员工职业生涯规划效果的评价
7. 从员工和直线主管那里获得对人力资源管理效果的反馈
8. 对工作计划、预算评价和人力资源规划提供信息

（二）人力资源管理评价的主体

1. 企业高层管理者

第三方物流企业高层管理者主要工作内容在于保证各部门配合人力资源管理评价工作；保证组织内所有部门都得到评价；为人力资源管理评价制定评价战略。

2. 人力资源经理

第三方物流企业人力资源经理主要是执行高层管理者的指示；设计人力资源管理评价方案；负责人力资源管理评价的实施。

3. 员工和直线主管

第三方物流企业员工和直线主管工作在于收集人力资源信息和数据；支持人力资源管理评价工作。

（三）人力资源管理评价的原则

1. 透明的原则
2. 具体可衡量的原则
3. 反馈的原则
4. 客观、公正的原则
5. 定期化与制度化

二、人力资源管理评价方法

（一）360°绩效评价法

360°绩效评价，又称“360°绩效反馈”或“全方位评价”，最早由被誉为“美国力量象征”的典范企业英特尔首先提出并加以实施的。随着时间的推移，这一方法已被越来越多的第三方物流企业所采用。与传统的考核往往来自于上级而施于下属不同，360°绩效评价法是对一般和中层管理人员评价考核使用得最多的一种方法。包括直接上级、间接上级、同级领导、下属和自己的多层次、多维度、全方位的评价，评价指标可以从工作努力程度、工作态度和工作的行为结果三方面进行。每一个大指标又可以设立几个具体的小指标。最终形成一套指标评价体系。在此种评价方法中，不同的评价者都从各自的工作角度，考核和评定被评价者，因此，评价的结果能够对第三方物流企业员工进行较全面、客观的评价。

通常认为，360°绩效评价具有以下优点：

（1）通过评价反馈，受评者可以获得来自多层面的人员对自己素质能力、工作风格和工作绩效等的评价意见，较全面、客观地了解自己的优缺点，以作为制订工作绩效改善计划、个人未来职业生涯及能力发展的参考；

（2）360°绩效评价中，反馈给受评者的信息是来自与自己工作相关的多层面评价者的评价结果，所以更容易得到受评者的认可。而且，通过反馈信息与自评结果的比较可以让受评者认识到差距所在；

（3）360°绩效评价有助于促进第三方物流企业成员彼此之间的沟通与互动，提高团队凝聚力和工作效率，促进组织的变革与发展。

（二）关键事件法

关键事件法（Critical Incident Method，CIM）是由美国学者福莱·诺格（John C. Flanagan）和伯恩斯（Baras）在1954年共同创立的。它是对第三方物流企业员工工作中非同寻常的好行为或非同寻常的不良行为进行记录，然后根据这些记录进行绩效考评，它是以书面记录为考评依据的。包含了三个重点：

第一，观察；

第二，书面记录员工所做的事情；

第三，有关工作成败的关键性的事实。

例如，表 2－10 是运用关键事件法对工厂助理管理人员进行绩效考评：

表 2－10　　工厂助理管理人员绩效考评

负有的责任	目标	关键事件
安排工厂的生产计划	充分利用工厂中的人员和机器； 及时发布各种指令	为工厂建立了新的生产计划系统； 上月的指令延误率降低了 10%； 上月提高机器利用率 20%

关键性事件方法也有其不利的方面。首先，对于什么属于关键性事件，并非在所有的第三方物流管理人员那里都具有相同的定义。其次，每天或每周记下对每个员工的表现评价会很耗时间。此外，它可能使员工过分关注他们的上司到底写了些什么，并因此而恐惧经理的“小黑本”。

（三）评价量表法

1. 强迫量表法

强迫量表法（Forced－Choice Scales，FCS）要求评定者从四个行为选择项为一组的众多选择组中分别选择一个最能描述和一个最不能描述被评者行为表现的两个项目。强迫选择法用来描述员工的语句中并不直接包含明显的积极或消极内容，评价者并不知道被评各选项的分值，具体的计算都由人力资源部门进行，这就避免了趋中倾向、严格或宽松变化等评价误差。

强迫量表法基于以下理论假设：

（1）员工才能方面的任何实际差异，都能够以客观的和可观察的行为加以描述。

（2）对员工评价的差异不但能够在行为选项中得到充分的反映，而且能够通过统计结果显示。

（3）员工在工作中表现的极端行为的程度差异在行为选项中得到充分反映，而且能够通过统计结果显示。

（4）虽然选项中每一组工作行为项目被选择的机会是均等的，但是它们所具有的区分能力与分值是不同的。

强迫选择量表法有如下的优点：

（1）个人偏好受到控制

评价者被要求选出表中那些最能描述与最不能描述员工真实情况的选项，因为不知道各选择项的分值，不会受到员工外在条件的影响，评价者的个人偏好或偏见性大大减少，保证了评价的客观性。

（2）操作简单

一份比较有效的强迫选择量表一般包括 15～20 组选择项，组数多少取决于员工的工作复杂程度等因素。评价者只需根据自己的观察和了解，在设计好的强迫选择量表中据

实打钩或画圈即可，非常易于操作。

强迫选择量表的缺点如下：

（1）评价者难以把握评价结果

由于评价者不清楚各选择项的分值，甚至不知道每组的四个选项中哪两个对员工有利，无法把握在表中的选择对员工的影响，可能会造成一位诚实客观的评价者对被评价者作出有违本意的评价结果。

（2）员工无法在评价中产生自我激励

因为员工不知道强迫选择量表中各个选项的分数差异，甚至不清楚考评的基本导向，就无法对自己的工作表现提供自我强化的反馈，不能达到绩效评价的主要目的——引导员工保持有效工作行为、避免无效工作行为。

2. 行为尺度评定量表法

行为尺度评定量表法（Behaviorally Anchored Rating Scale，BARS）是由了解被评价岗位的人员，用具体行为特征的描述来表示每种行为标准的程度差异。所有的第三方物流员工都将被依据记录进行考核，如果有员工认为考评结果不准确，可由第三方如人力资源经理，依据日常考评记录评判给出最终结果。

具体评价过程是通过列举一些绩效构成要素（如质量、数量等）以及跨越范围很宽的工作绩效等级（如非常优异、不令人满意等），然后针对被考评对象从每一项评价要素中找出最能符合其绩效状况的分数，最后将各项分值加总，得出评价结论。

评价等级中，通常用下列字母表示：

O：杰出（outstanding）

V：很好（very good）

G：好（good）

I：需要改进（improvement needed）

U：不令人满意（unsatisfactory）

N：不做评价（not rated）

3. 行为观察量表法

行为观察量表（Behavior Observation Scale，BOS）是使用统计分析的方法选出评价指标，再据此将建立在事件基础上的行为清单进行汇总，评价者有时只要把那些表示员工具体行为发生频率的数字简单相加即可。如某第三方物流公司人力资源经理关于克服改革阻力的能力行为观察量表为：

向下属说明改革的具体细节	从不/1/2/3/4/5/总是
对下属解析改革的必要性	从不/1/2/3/4/5/总是
与员工讨论改革对他们产生的影响	从不/1/2/3/4/5/总是
倾听员工所关心的问题	从不/1/2/3/4/5/总是

4. 混合标准量表

混合标准量表（Mixed Standard Scale，MSS）首先是对相关绩效纬度进行界定，然后分别对每一个纬度内部代表优、中、差绩效的内容加以说明，最后在实际评价表格的基础上将这些说明与其他纬度中的绩效等级说明混合在一起。

（四）目标管理法

目标管理指详细确定第三方物流企业员工希望在一个适当的时期内所实现的工作表现方面的各种目标，并将其列入管理计划。在此基础上，每个经理再根据所有员工们的具体目标和企业的基本目标制定自己的工作目标。不过，应注意，不应使目标管理变相地成为上级将目标强行加给经理和员工的一种工具。目标管理方法通常用来对经理人员进行考核，但目标管理的作用并不限于这种考核。根据目标管理所制定的有引导的自我考核制度，是一个包括四个阶段的过程，如图 2－9 所示。

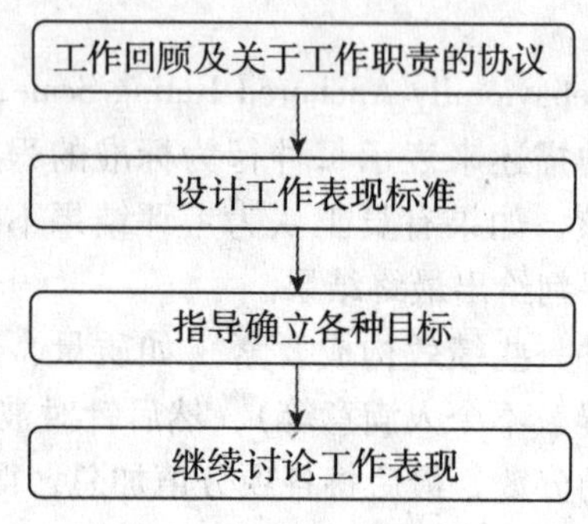

图 2－9　目标管理过程

目标管理考核制度以三个假定为根据：

第一，如果在计划与设立各种目标和确定衡量标准的过程中，让员工也参与其中，那么，就可增强员工对企业的认同感和工作积极性。

第二，如果所确定的各种目标十分清楚和准确，那么员工就会更好地工作以实现理想的结果。

第三，工作表现的各种目标应该是可衡量的并且应该直接针对各种结果。经常出现在许多上级对下属的考核中的“具有主动性”和“具有合作精神”这些过于模糊的一般性概括评价，应该尽量予以避免。应切记，各种目标是由将要采取的各种具体行动和需要完成的各种工作所构成的。以下是一些目标实例：

- 每月 5 日提供区域销售报告。
- 平均每月至少从 5 个客户获得新订单。
- 使工资总额保持在销售额的 10% 左右。
- 将物耗损失降到 5% 以下。
- 企业的所有空缺都在空缺出现后的 30 天内予以填补。

（五）图表考核法

图表考核法使得考核者可以以连续的方式标明员工的表现。由于其简易性，这一方法使用得最普遍。在图表为每项职责确定的等级中，考核人只需在他认为适当的级别上打上标记。更详细的考核评价可以填写在每个被考核因素旁边的用于书写评价的空格内。

图表考核法有其明显的缺陷：

首先，这一方法常常将不同的特征或要素组合在一起，而考核人只能选择一个方格来画钩。

其次，在这些等级表中，有时使用的说明性文字容易致使不同考核者产生不同的理解。像主动性和合作精神这些标准就容易引起不同的理解。特别是与出色、一般、较差这些考评文字同时出现时，更容易导致五花八门的理解。

由于设计起来比较容易，各种各样的考核分级方式在许多考核表中被广泛地采用。但是由于上述原因，对于那些过分依赖这些考核表的考核人来说，这种多样性往往使他们更容易出错。

（六）比较法

比较法要求管理者将不同员工的工作表现进行直接的相互对比。例如，数据运算负责人须将一个数据录入员的表现与另一个数据录入员进行比较。

1. 排序法

排序法指从表现最好的员工开始，自上而下地列出所有的员工。排序法最主要的缺点是员工之间差别的程度并无很好的衡量尺度。此外，如果被排列的人数太多，这一排序结果就往往缺乏实用性。

2. 钟形曲线分布法

钟形曲线分布法可用实例来说明。比如，在对护理人员进行考核时，一个仓储主管可能使全体仓储操作人员的表现水平沿着某些等级而排列，在每个表现级别上填写全部仓储操作人员的某一百分比数字。图 2－10 表示了一个强迫分布所采用的分级标准，广为人知的钟形正态分布曲线适用于任何一个给定的组群。

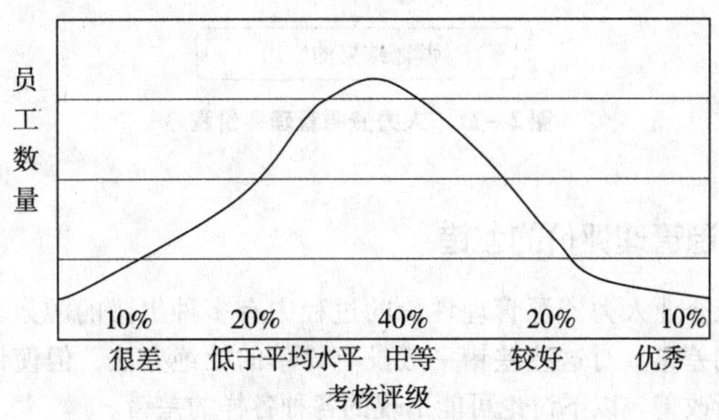

图 2－10　钟形曲线分布

强迫分布法也有若干缺陷：

首先，负责考核的人可能不愿将任何人置于最低（或最高）组。

其次，当考核人被员工问及为什么他被置于某一等级而有些其他人被置于高于他的等级时，解释起来也可能存在一定的困难。

再次，当一个群组人数较少时，也许并没有理由假定钟形正态分布会符合员工表现的实际差别。

最后，在有些情况下，考核者本人也可能会感到，自己被迫在员工中人为制造一个根本不存在的钟形正态分布，这会给考核者带来心理上的压力。

（七）工作方式法

作为克服以上所述几种方法之问题的一种尝试，一些企业还采用了某些工作方式评价方法。工作方式法在有些情况下确实有助于克服其他方法所产生的一些问题。工作方式法注重考核员工在工作中的行为方式而非其他特征。行为定式考核、行为观察考核和行为期望考核是各种行为方式考核方法的几种类型。行为定式考核的特点，是在各种可能的行为方式中，找出员工所显示出来的最通常的行为方式；行为观察考核主要是统计某些特定行为方式出现的频率；行为期望考核是连续不断地对各种行为进行某种排列。所有这些方法都是为了确定工作表现到底是杰出的、中等的还是无法接受的。

三、人力资源管理评价程序

第三方物流企业人力资源管理评价包括四个步骤，如图 2－11 所示。

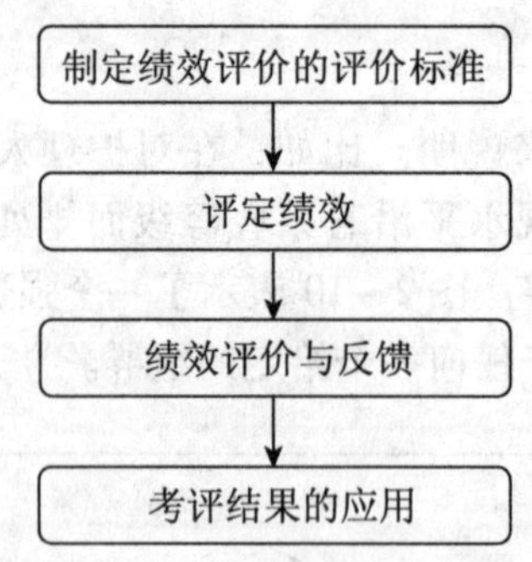

图 2－11　人力资源管理评价程序

四、人力资源管理评价的差错

在第三方物流企业人力资源管理评价的过程中有多种出错的源泉。其中一个主要来源是评价者所出的差错。对这些差错一般没有简单的杜绝办法，但使评价者意识到这一问题会使情况有所改善。以下讨论可能出现的各种各样的差错。

（一）考核评价标准变化不定问题

当考核评价一个员工时，第三方物流企业管理人员应避免对从事类似工作的员工采用不同的标准和要求，否则必然引起员工的愤怒。为此，在设计考核评价标准时，应尽量避免使用模棱两可的标准，负责评价的人员在评定时则应避免主观色彩。

（二）近期效应问题

近期效应指在考核评价员工工作表现时，对最近时期的表现给予较大的权重。近期效应是一个易于理解的评价者差错。对于评价者来说，一般很难记住一个第三方物流企业员工七八个月前的工作表现。员工对工作表现的关注也是随着正式考核日期的来临而日甚一日。负责考核评价的人员可以通过对正反两方面的表现进行日常记录的方式，将这类问题减少到最低限度。

（三）评分模式问题

学生们一般都深知，有些老师打分相对较严，有些相对较松。同样，每个第三方物流企业经理也会形成自己的打分模式。那些在一个较窄的范围内给员工打分的考核评价者（即一般只给予"中等"或"一般"的评定），实际上犯了趋中的错误。

（四）考核评价者的偏见问题

考核评价者偏见问题指考核评价人的价值观或偏见扭曲了考核评价的结果。考核评价者的偏见既可能是有意的也可能是无意的。如果一个经理对某一种族群体具有强烈的反感情绪，这种偏见就使他在评分时很难坚持客观性和公正性，其结果就必然是使某些人的考核评价信息处于被扭曲的状态。如果考核评价过程设计不当，那么年龄、信仰、资历、性别、相貌或其他任意的划分标准都可能对考核评价结果产生不应有的影响。这一问题应通过更高层的经理对考核评价结果进行检查来予以校正。

（五）晕轮效应问题

晕轮效应指第三方物流企业经理因一个人的某一特点而在其他考察项目上全给高分或全给低分而形成的一种考核结果。例如，如果一个女性员工很少缺勤，那么由于她的这种可靠性，经理就可能给她包括工作产出的质量和数量在内的所有其他方面的工作均给予高分。而实际上，这位经理并未真正考虑她在其他工作方面的特点。

一、实施工具

计算机、网络、专业教材或专著。

二、实施方法

查找第三方物流人才评价的相关书籍，通过网站信息搜索和企业实地调研，搜集资料编制第三方物流企业仓库管理员评价表。

三、实施步骤

对知识准备及相关资料进行归纳总结，明确第三方物流企业仓库管理员评价表中应包含的内容。

表 2－11　　第三方物流企业仓库管理员评价

<table>
<tr><td>姓名</td><td></td><td>职务</td><td></td><td>考核时间</td><td></td></tr>
<tr><td colspan="3">本部门业务考核 0.7</td><td colspan="3">其他考核 0.3</td></tr>
<tr><td colspan="2">库房商品安全、防盗、防火 0 ~ 0.1</td><td></td><td colspan="2">出勤率 0 ~ 0.05</td><td></td></tr>
<tr><td colspan="2">按信用流程发货 0 ~ 0.1</td><td></td><td colspan="2">加班率 0 ~ 0.05</td><td></td></tr>
<tr><td colspan="2">库房商品摆防整齐、合理有序 0 ~ 0.05</td><td></td><td colspan="3" rowspan="2">其他部门满意度</td></tr>
<tr><td colspan="2">每天下班前提交库存表、数据准确 0 ~ 0.1</td><td></td></tr>
<tr><td colspan="2">服务精神、合作精神 0 ~ 0.05</td><td></td><td colspan="2" rowspan="2">渠道中心 0 ~ 0.05</td><td rowspan="2"></td></tr>
<tr><td colspan="2">坚持四小时复命制，工作效率高 0 ~ 0.05</td><td></td></tr>
<tr><td colspan="2">库房的账目清楚与实物相符 0 ~ 0.05</td><td></td><td colspan="2" rowspan="2">商务中心 0 ~ 0.05</td><td rowspan="2"></td></tr>
<tr><td colspan="2">协助业务部门做好出入库工作 0 ~ 0.05</td><td></td></tr>
<tr><td colspan="2">工作有责任心，任劳任怨 0 ~ 0.1</td><td></td><td colspan="2" rowspan="2">财务中心 0 ~ 0.1</td><td rowspan="2"></td></tr>
<tr><td colspan="2">合理化建议 0 ~ 0.05</td><td></td></tr>
<tr><td colspan="3">合计</td><td colspan="3"></td></tr>
</table>

部门主管	财务中心	渠道中心	商务中心

评价：对于各个评价表评价，可参照如表 2－12 所示的评分标准：

表 2－12　　评分标准

	评分（每项 20 分）
1. 评价表包含的内容全面度	
2. 归纳总结正确程度	
3. 实施的切实可行度	
4. 评价的合理性	
5. 可预见问题的解决情况	
总计	

作为第三方物流企业的从业人员，应对人力资源管理评价的内涵有所了解，掌握360°绩效评价法、关键事件法、评价量表法、目标管理法、图表考核法、比较法、工作方式法的具体实施和运用范围，并能对第三方物流企业人力资源管理进行评价。

任务拓展

1. 联系实际，简述第三方物流从业人员具有良好职业道德的重要性。
2. 若你是第三方物流企业招聘主管，请说明你在招聘选拔过程中如何合理的运用内部招聘和外部选拔?
3. 若你是第三方物流企业培训主管，你将如何选择合适的第三方物流企业培训方法?
4. 试说明各种人力资源管理评价方法的优缺点。
5. 哪些情况会影响到人力资源管理的评价?

模块三　第三方物流运输管理

知识目标

1. 了解第三方物流公路运输管理的概念及特点；
2. 了解第三方物流铁路运输管理的概念及特点；
3. 了解第三方物流港口运输管理的概念及特点；
4. 了解第三方物流航空运输管理的概念及特点。

能力目标

1. 分析各种运输方式的特点及存在的问题；
2. 能够对各种运输方式进行对比分析；
3. 能够在第三方物流运输管理中熟练应用各种运输方式。

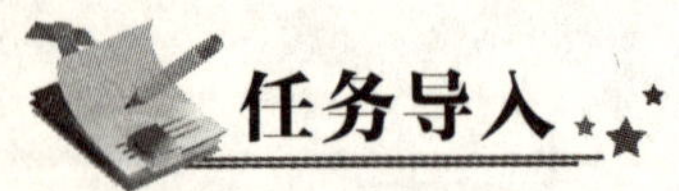

任务导入

安达尔公司提供的物流服务就是一站式运输服务的典型。安达尔公司的一站式运输服务操作过程是：

（1）客户的产品从长野工厂出发，首先由安达尔公司的进出口人员将产品包装好，无须采取特殊保护性的运输包装，因为自机器离开工厂开始就一直处于安达尔公司的监控之中；货物在长野交给日本通运公司，这是供应链里三家货运公司的第一家；货物从进入供应链开始，所有供应链上的企业都可以得知货物在途中的信息。

（2）从长野到成田机场，卡车运输由藤津物流公司承担，第一站到达承运人的室内集装箱仓库，然后装入日本通运公司选定的航空公司的飞机；这一段停留时间不超过12小时；安达尔公司事先订好了货物中转次数，飞机一起飞，电子邮件就通过互联网发送出去，通知下一个接货环节。

（3）如果目的地是美国，日本通运公司就要通知安达尔公司在美国的集装箱处理商

BAX 全球公司及地面承运人，当货物还在太平洋上空的时候，日本通运公司就事先向美国海关报关，并提前安装接货设备，一般只需 3 小时。BAX 全球公司选择离用户最近的机场，接到货后 BAX 全球公司通过电子邮件通知安达尔公司和运输公司准备下一个接货环节。

(4) BAX 全球公司的货运飞机起飞后，通过电子邮件通知运输公司，再由运输公司通知他的车队准备接货；这个运输公司在全球范围配备高科技运输车队，由安装全球卫星定位系统的拖车接运；运输公司接到货物直接送到用户的车间拆卸，在那里有安达尔公司的人员在场监督。

在这个运送过程中，运输公司通过 GPS 和电子邮件向安达尔公司通告交货过程，通过互联网每一个小时更新一次货物进展情况。运输公司的卡车卫星定位系统，每隔一百米就能标记新的所在位置。整个运送过程都在严格的监控之下。

相对传统运输而言，第三方物流企业向客户提供的是一种集成运输模式。这种集成运输模式采用多式联运，实现对客户的"一站式"门到门服务，作业活动复杂，影响运输成本及运输质量的因素众多。因此，充分了解各种运输方式对提高第三方物流运输的服务质量至关重要，所以，本模块的任务如下：

任务一：第三方物流公路运输管理；

任务二：第三方物流铁路运输管理；

任务三：第三方物流港口运输管理；

任务四：第三方物流航空业运输管理。

任务一　第三方物流公路运输管理

公路运输企业是物流供应链中运输环节上的主力军，各地公路运输企业凭借其实力上的优势，在第三方物流方面开辟了新路，在某些物流外包服务上取得了较大的成效，但在规模、服务内容、服务质量、服务手段等方面尚需继续完善。因此，要求学生分析公路运输业的发展背景和当前现状，有助于有针对性地提出公路运输业向第三方物流转型的改善途径。

公路运输主要利用汽车在公路上进行货物运输。对第三方物流企业来说，公路运输工具主要是自身配备的车队或租用的卡车。

一、公路运输方式的特点

公路运输主要承载近距离、小批量的客货运输和铁路、水运优势难以发挥的短途运输。与此同时，当其他运输方式担负主要运输时，由汽车担负起点和终点处的短途集散运输，完成其他运输方式到达不了的地区的大批量货物运输任务，起到补充和衔接其他运输方式的作用。近年来，随着高速公路的发展，较长途的大批量运输也开始使用公路运输。

公路运输是影响面最广的运输方式，其优点主要体现在以下几方面：

（1）具有普遍性和灵活性，快捷可控；

（2）运输车辆的资金投入较低；

（3）包装成本比较低；

（4）运输生产点多、面广，并在零担货物运输方面具备强大优势。

公路运输的不足主要体现在以下几方面：

（1）运载量较小、运输效率较低；

（2）长途运输成本较高，能耗较大；

（3）污染环境比其他运输方式严重，容易发生交通事故等。

二、公路运输设备

公路运输设备主要是指运输车辆。公路上所使用的运输车辆以汽车为主。汽车主要分为客车、载货汽车和专用运输车辆。在物流运输中，物流企业用到的主要有专用运输车辆和载货汽车。

（一）专用运输车辆

专用运输车辆主要包括带有液压卸车机构的自卸车；带有进、卸粮口的散粮车；货箱封闭的标准挂车或货车，即厢式车；顶部敞开的敞车；平板车，即没有顶部和侧箱板的挂车；罐式货车；冷藏车；能够增大车厢容积的高拦板车；设计独特具有特殊用途的特种车。

（1）自卸式货车。动力大，通过能力强，可以自动后翻或侧翻，物品可以凭借本身的重力自行卸下。一般用于矿山和建筑工地及煤和矿石的运输。物流公司通常不会使用这种货车。

（2）散粮车。散粮车的专用性很强，供承运粮食使用。

(3) 厢式车。由于厢式车结构简单，运力利用率高，适应性强，是物流领域应用前景较广泛的货车。厢式车的主要特点是车厢是全封闭的，车门便于装卸作业，能够实现"门到门"的运输。封闭式的车厢不仅可以使货物免受风吹日晒和雨淋，还可以防止货物的散失，减少货损，提高运输质量。小型厢式车通常兼有滑动式侧门和后开车门，便于装卸物品，能够穿越大街小巷，可以把物品直接送达收货人。小型厢式车适用于运送运距较短、批量较小、对作业时间要求高的物品。尤其是在运送各种家用电器、纺织品等轻工业产品时，小型厢式车是物流公司的理想选择。总的说来，厢式货车的载货容积大，货箱密封性能好。随着车厢自重降低（箱体材料趋向于轻质合金化），厢式车在货运市场中的地位日益提高。

(4) 敞车。因为顶部敞开，敞车可以装载高低不等的货物。

(5) 平板车。主要用于运输钢材和集装箱等货物。

(6) 罐式货车。具有密封性强，适用于运输流体类物品（如石油）及易挥发、易燃等危险品。

(7) 冷藏车。主要用于运送需对温度进行控制冷藏保鲜的易腐变质的及鲜活物品。

(8) 拦板式货车。整车重心低，载重量适中。主要用于装载百货和杂品。

(9) 集装箱牵引车和挂车。集装箱牵引车专门用于拖带集装箱挂车或半挂车，两者结合组成车组，是长距离运输集装箱的专用机械，主要用于港口码头、铁路货场与集装箱堆场之间的运输。集装箱挂车按拖挂方式不同，分为半挂车和全挂车两种，其中半挂车最为常用。

（二）载货汽车

载货汽车按载货量可分为重型、轻型载货汽车；按汽车的大小可分为大型、中型、微型载货汽车。其中，进行室内的集货、配货可以用微型和轻型货车，长距离的干线运输可以用重型货车，短距离的室外运输可以用中型货车。

三、公路运输费用的确定和审议

卡车运输的固定成本是所有运输方式中最低的，而可变成本却很高。这主要是因为物流企业并不拥有用于运营的公路，但是公路建设和维护成本都要由公路使用者以燃油税、公路收费和重量·千米税的方式支付。卡车运输成本主要分为端点费用和线路费用。其中端点费用包括取货和送货成本、站台装卸成本、制单费和收费成本，约占卡车运输总成本的15% ~25%。线路费用在总成本中所占的比重为50% ~60%。

一、实施工具

利用互联网检索与物流企业实际调研相结合的方式，撰写一份公路运输企业第三方物流发展现状调研报告。信息检索的媒介可以选择公路运输企业官方网站、相关物流专业网站以及物流论坛等获取所需要的信息和资料并进行归纳和总结。

二、实施方法

撰写实训报告，并填写相应的调研表格，回答所给出的思考题，最后以小组为单位上交所要求数量的实训报告。

三、实施步骤

步骤一：背景介绍。

计划经济时期，公路货运业也是实行计划管理，但计划性没有铁路货运那么严格。

计划经济时期，公路货运主体的组织形式主要有三种：一是对全社会服务的国有货运专业公司；二是商贸流通领域为商业、贸易、物资等企业服务的专业储运公司；三是厂矿企业自备用车，大的企业也设有车队。

1983 年 3 月和 1984 年 8 月先后提出了“有河大家行船、有路大家走车”、“各部门、各行业、各地区一起干，国营、集体、个人一起上”的方针，突破所有制的束缚。

1995 年交通部制定实施了《关于加快培育和发展道路运输市场的若干意见》，1998 年，交通部与直属企业全部脱钩，使公路货运企业成为真正的市场主体，公路货运成为最开放的运输市场之一。

步骤二：公路货运企业发展状况。

我国公路运输业“散、小、差”的现象仍然严重，具体表现在如下几个方面：

1. 行业过于分散

2010 年全国道路货运业户中，个体运输业户占 90% 左右，全国道路货运业户平均拥有车辆数为 1.5 辆，拥有 10 辆以下货车的运输业户比例为 91.6%。2010 年上半年，全国公路货运企业 78 万多家，前 20 名企业所占有的市场份额也不到 2%，而美国前五大公路运输公司却垄断了美国 60% 的市场份额。

2. 货运市场信息不畅

由于道路货运市场组织化程度低、公共信息平台不健全、信息标准化程度低、管理部门和企业自身管理信息系统功能不完善等原因，使得整个公路货运信息化程度低，市场信息不畅通。信息的收集、传递、使用和反馈渠道不畅，也缺乏相应的运行保障机制。

3. 网站建设滞后

由于中小货运企业和个体经济占主导地位，为降低费用，他们以整车运输为主，货物装卸、配载根本不通过货运场站，对与运输组织化程度相关的固定设施和设备的配置投入不足，使货运站、配载点等基础设施建设明显滞后。

4. 运力结构不合理

普通货车是我国公路货物运输的主要车型，占总量 2/3 以上。2009 年我国牵引车、

挂车分别只占3.2%和3.6%。发达国家用挂运输周转量的比重高达70%～80%，牵引车与挂车的拥有量之比高达1∶2.5以上，厢式半挂车也已经成为欧美地区承担内陆运输的主要工具。

本任务围绕第三方物流公路运输管理的相关内容展开介绍，描述了公路运输方式的相关内容，介绍了公路运输方式的优缺点，阐述了公路运输设备和公路运输方式的成本核算问题。

任务二　第三方物流铁路运输管理

铁路运输承担着相当比例的货物运输任务，并承担着我国国民经济均衡发展和保证社会稳定的任务，在社会的“生产—流通—消费”循环中具有举足轻重的作用。现代物流要想发展，离不开铁路运输的支持。铁路运输为发展第三方物流提供了规模化的运输网络、集装箱化的运输体系以及多种联运服务体系。因此，要求学生分析铁路运输业的发展背景和当前现状，有助于提出铁路运输业向第三方物流转型的改善途径，促进双方协同快速发展。

铁路运输承担的货物主要是大宗的、远距离、对运输速度要求不高的原材料和价值低的制成品，基本上不承接少于一整车皮的散装货物。铁路运输有许多优点，如一般不受气候条件的影响，可保障全年的正常运输；而且运输能力强，一列火车可装2000～3500吨的货物，有的重载列车可装20000多吨货物；运行速度较快，时速一般在80千米/小时～120千米/小时，高速铁路时速可达200千米/小时以上。为了增强竞争力，我国的铁路运输几乎每隔一年就会提速；有高度的连续性，铁路运输可以触及到所有铺设铁路轨道的地方；火车运行比较平稳，安全可靠，运输过程中可能遭受的风险也较小；到发时间的准确性也很高；铁路运输对环境污染小，据统计它所排放的废气对环境的污染是汽车运输的1/30；铁路运输的劳动生产力较高；铁路运输成本较低，是汽车运输成本的1/10～1/17，是航空运输成本的1/97～1/267；长距离运输时运费较低，经济性好。

现在，铁路部门还会提供一些特殊服务，为运送各种货物提供了可能，如为满足冷冻产品的需要，装置冷冻仓库等。但铁路运输会受到铁轨、站点等条件限制，灵活性不高，铁路的投资成本比较大，建设周期比较长，新建的可能性比较小，无法实现“门到门”的服务；发车频率比公路运输低；近距离货运，运费昂贵，且运费没有伸缩性；不适宜紧急运输。总之，铁路适于在内陆地区运送中长距离、大运量、时间性强、可靠性要求高的一般货物和特种货物运输。

一、铁路运输的特点

铁路能提供长距离范围内的大宗商品的低成本、低能源运输，且较多的运输至少一整车皮的批量货物，其运输的经济里程一般在200千米以上。

铁路运输的优点主要体现在以下几方面：

（1）运载能力较大、运输速度较快、连续性较强、污染较小；

（2）远距离运输费用相对较低；

（3）受天气条件限制较少，准时性较强，安全性较高，是最为可靠的运输方式。

铁路运输方式的不足主要表现在以下方面：

（1）灵活性较差；

（2）费时、费工，增加了货物的在途时间；

（3）装卸次数多从而导致铁路运输中的货损率比较高；

（4）铁路设施修建成本较高，建设周期较长。

根据上述特点，铁路运输方式主要适用于以下作业：

（1）大宗低值货物的中、长距离运输，也较适合散装货物和罐装货物；

（2）适于大量货物一次高效率运输；

（3）对于运费负担能力小、货物批量大、运输距离长的货物运输来说，运费比较便宜。

二、铁路运输设备

铁路运输设备主要有车体、车轮和钢轨。但物流企业在选择时，主要是就车辆进行选择。铁路车辆是运送货物的工具，在运行中需要连挂成列车由机车牵引前进。铁路货车的种类很多，如有棚车、敞车、平车、罐车、保温车等。运输怕湿及贵重物品时，物流企业可以选择棚车。当货物是不怕湿的散装货或一般机械设备时，可以使用敞车。平

车一般用于装运长大货物（木材）及集装箱。同货运汽车一样，罐车主要适用于装运液体、半液体和粉状物品。保温车主要是用来装运新鲜易腐货物及对温度有特殊要求的某些医药。

三、铁路运输费用的确定和审议

铁路运输成本的显著特征是固定成本高，可变成本相对低。装卸成本、制单成本以及多种产品、多批货物货车的调度换车成本的存在，使得铁路运输的端点成本很高。另外，铁路维护和折旧、端点设施的折旧和管理费用也会提高固定成本水平。如果货物批量增加，就可以把固定成本分摊在更大的运量上，从而降低单位成本，体现出规模经济效益。铁路运输的可变成本主要包括工资、燃油、润滑油和维护成本。可变成本通常会随着运距和运量的变化而成比例变化，但总体来说单位可变成本随运量和运距的增加略有下降。铁路运输中距离经济的存在，也使得长距离运输能够使铁路的吨·千米成本下降，即运输成本逐渐变小，以不断减少的幅度在变小。

一、实施工具

利用互联网检索与物流企业实际调查相结合的方式，撰写一份铁路运输企业第三方物流发展现状调研报告。信息检索的媒介可以选择铁路运输企业官方网站、相关物流专业网站以及物流论坛等获取所需要的信息和资料并进行归纳和总结。

二、实施方法

撰写实训报告，并填写相应的调研表格，回答所给出的思考题，最后以小组为单位上交所要求数量的实训报告。

三、实施步骤

步骤一：背景介绍。

众所周知，目前我国第三方物流行业中民营企业仍占据行业的大多数，民营企业的发展将代表整个行业的发展情况。因此，需要一些政治上的策略来促进第三方物流行业的发展，从而促进我国的经济发展。例如在物流当中，为进一步促进第三方物流的快速发展，2013 年 5 月 30 日，国务院办公厅印发《深化流通体制改革加快流通产业发展重点工作部门分工方案》（以下简称《方案》）。这对物流业大有益处。《方案》强调，大力发展第三方物流，促进企业内部物流企业化。加强城际配送、城市配送、农村配送的有效衔接，推广公路不停车收费系统，规范货物装卸场站建设和作业标准。采取切实有效的措施，加快中国第三方物流发展，缩小与发达国家的差距，加上电子商务的发展，顺丰速运等物流公司得到了市场与政策双重支持，发展迅速。

步骤二：铁路货运企业发展状况分析。

中国铁路总公司宣布，自2013年6月15日开始将实施货运组织改革，以推动铁路货运全面走向市场，届时，更加方便、快捷的铁路货运服务将会使未来的电子商务广泛受益，与之相呼应的国内快递等诸多第三方物流企业的发展将依托铁路服务的提高而全面提升服务质量。依托自身强大的运输配送资源及网络资源，我国快递行业依托现代化的仓储配送服务可为客户提供仓储、分拣、配送一站式的供应链物流解决方案。目前，已经实现在日本、新加坡、美国、韩国等多个国家网络站点的覆盖，借着《方案》的实施，国内快递等第三方物流企业的发展会更显迅猛。因此不得不说，这个《方案》将成为众多第三方物流企业发展的又一个契机。

本任务围绕第三方物流铁路运输管理的相关内容展开介绍，描述了铁路运输方式的相关内容，介绍了铁路运输方式的优缺点，阐述了铁路运输设备和铁路运输方式的成本核算问题。

任务三　第三方物流港口运输管理

港口运输作为我国物流产业链上的重要一环，其作用可谓举足轻重。但随着国民经济的不断发展，原有的港口功能已远远不能满足现代物流活动的需要。经济的发展和社会的进步，需要港口企业向第三方物流发展转变，降低物流综合成本，进而提升物流产业的整体水平。因此，要求学生分析港口运输业的发展背景和当前现状，有助于提出港口运输业向第三方物流转型的改善途径。

港口是物流供应链中的重要环节，是运输的枢纽。中国拥有1.8万千米海岸线，11万千米内河航道，承担着9%的国内贸易运输和85%以上的外贸货物运输，沿海沿江有1460多个商港。传统意义上的港口定位，在现代经济条件下，已极大地束缚了港口的生存和发展。而第三方物流的出现和发展，给了港口发展的空间。港口一般都拥有良好的基础设施（码头、仓库、堆场、后续用地等）、与外部衔接的集疏通道，以及从事货物装卸、堆存、保管和多式联运的经验；同时港口还拥有与许多运输企业、代理公司、加工企业和流通企业密切的业务关系。在此基础上，构筑物流中心节点，将更有利于国有资源的利用，具有投资省、起步快和易形成规模的优点。

因此，现代经济发展变化下的港口应定位在物流中心节点上，跨越水路、铁路、公路以及航空等运输手段的界限，融中转性、仓储性、生产性、流通性和信息性为一体，构筑物流综合服务平台，拓展“增值服务”空间。

与传统的运输业相比，港口在不断拓展综合服务功能的同时，凭借信息中心的优势，其服务范围不仅仅限于装卸、运输和仓储业务，更能发挥客户物流体系的整体运作效率与效益优势，使供应链的管理不断优化，其服务内容还可涉及客户企业销售计划、库存计划、订货计划以及生产技术等整个生产经营过程，与客户形成一种战略同盟。这既是自身稳定货源的需要，也是作为第三方物流的服务宗旨。

从长远看，港口第三方物流的服务领域还将进一步扩展，甚至成为客户销售体系的一部分，它的生存和发展必将与客户企业的命运紧密地联系在一起。配合主体企业商流的需要，不断地开发出创新的增值服务项目，为市场、客户提供更多、更好及更有价值的服务，使港口与客户形成相对依赖的市场共生关系，这应该是港口第三方物流企业的经营目标。港口拓展综合物流服务，追求的不是短期的经济效益，更确切地说，它是以一种投资人的身份为客户服务的，同时也是风险的承担者，这是其身为战略同盟者的一个典型特点。比如，为适应客户的需要，港口往往自己投资或合资为客户建造现代化的专用仓库、个性化的信息系统等，而这些大型及费用昂贵的专用或特种运输设施对客户来说又是不可或缺的。这种投资少则几百万元，多则几千万元，直接为客户节省了大量的建设费用，而这种投资的风险必然也由自身承担。港口本身就是一种长期投资，这种投资的收益很大程度上取决于客户业务量的增长，商业的发展与客户的信任建立了“相互依赖”关系的战略同盟的利益基础。

与运输企业相比，港口综合物流服务的利润来源主要不是来自运费、仓储费等以客户的成本性支出为代价的直接收入，而是来源于与客户一起在物流领域创造的新价值。为客户节约的物流成本越多，利润就越高，这与传统的经营方式有本质的不同。因此，以降低客户经营成本为根本的经营目标是拓展港口第三方物流的发展方向，是实现与客户双赢、利益一体化的真实反映，也是真正实现战略合作的经济基础。

港口发展现代物流的目标是建立货运中心、配送中心、物流信息中心和商品交易中心，具备物流专业咨询、进出口报关、流通加工、货运服务、信息服务、物流管理信息、货运交易服务等多方面的功能。传统港口物流实现的是“港到港”，而现代物流要求的是“门到门”服务。这就要求构筑与港口物流业发展相配套的现代综合运输网络与腹地市场体系，进一步拓展港口物流业务。港口物流带动港口经济，港口经济带动区域经济，而区域经济带动全国经济，港口物流举足轻重，依托港口优势，建设物流基地、物流园区有着得天独厚的条件。因此，港口应该也必须发挥这些优势，发展现代物流，使港口真正成为货物流、商贸流、资金流、信息流和人才流的最理想聚集之地。

一、港口运输的特点

港口运输方式主要承担以下作业任务：

（1）承担大批量货物的运输，特别是散装货物运输；

（2）承担原材料、半成品，如建材、石油、煤炭、矿石和粮食等低价值货物的运输；

（3）承担国际贸易运输，即远距离、运量大、不要求快速抵达的客货运输。

港口运输方式的优点主要体现在以下几方面：

（1）运输能力大，能源消耗低，航道投资省，节省土地资源；

（2）能够以最低的单位运输成本提供最大的运量；

（3）运输大宗货物时，采用专用船舶运输，有较好的技术经济性。

港口运输方式的缺点主要体现在以下几方面：

（1）运输速度慢，准时性差；

（2）航行风险大，可靠性能差；

（3）装卸运费较高，不适合短距离运输；

（4）受自然条件影响大，呈现较大的波动性以及不平衡性。

二、港口运输设备

船舶是航行或停泊在水域进行运输或其他作业的工具。物流企业使用的主要是货船。按照货船载运货物的不同，可以把货船分为以下几种：

（1）干散货船。即散装货船，用来装载无包装的大宗货物。因为所运载的物品无须成捆、成包、成箱包装，不怕挤压，便于装卸，所以散货船一般都是单甲板船。运输粮食、煤等一般用干散货船。

（2）杂货船。即普通货船，一般载重量不是很大，为了理货方便而设有两三层甲板，通常装有起货设备（如吊杆或液压旋转吊），许多万吨级的杂货船，常设有深舱。杂货船的运输速度不是很高。杂货船主要用于装载一般包装、袋装、箱装及桶装的杂货物。新型的杂货船一般为多用途船，既能运载普通货物，也能运载散货、大件货、冷藏货与集装箱。

（3）冷藏船。冷藏船是指冷藏并且运输肉、鱼、蛋、鲜奶、水果、蔬菜等物品的船舶。多数的食品类物品在常温条件下长时间运输、保管，会发生腐烂变质。而冷藏船最大的特点就在于其货舱实际上是一个大型冷藏库，可提供货物久藏所需的温度。因为不同种类的货物所要求的温度不同，所以冷藏船又据此分为保温运输船（主要用于运输水果、蔬菜）和冷冻船（运输肉、鱼等冷冻性货物）。

（4）木材船。顾名思义，木材船是专门用来装载木材或原木的船舶。这种船的特点是舱口大，船舱和甲板上都可装载木材。

（5）原油船。专门载运原油的船舶。这种船舶的载重量很大。

（6）成品油船。专门运输汽油、柴油等石油制品的船舶，有很高的防火、防爆要求。

（7）集装箱船。是专门运载集装箱的船舶，又称为箱装船或货箱船。集装箱船的全部或大部分船舱都用来装载集装箱。集装箱船货仓的尺寸都按照装载箱的要求规格化。集装箱船装卸效率高，有效地缩短了在港时间。这种船的航速一般较高。集装箱船又有部分集装、可变换集装和全集装箱船之分。

（8）滚装船。这种船主要用来装载运输汽车和集装箱，在船侧或船首、尾有开口斜坡与码头连接。它的优点主要是不依赖码头的装卸设备，装卸速度快，可加速船舶周转。

（9）液化气运输船。是专门运输液化气体的船舶。这些液化气体主要包括液化天然气、液化石油气、氨水、乙烯和液氯。

（10）载驳船。这是一种专门载运货驳的母子船。采用这种船的运输业务流程是先把物品装上驳船，再把驳船装上载驳船，运送到目的港后，把驳船卸下，用拖船把货物分送各自目的地。这种船装卸效率高，适宜于河海联运。

三、港口运输费用的确定和审议

港口成本构成的显著特点是端点站的成本高，线路费用很低。港口成本中的固定成本主要由端点作业费用决定，包括船只进入港口时的港口费以及货物搬运装卸费。由于水运货物装卸的机械化和自动化程度不高，搬运速度总体来说特别慢，从而导致端点作业费用特别高。而水路和港口都是公有的，由政府运营，水运承运人（承接海上运输任务的第三方物流企业或其所指定的船公司）只就少数项目付费，因此水运的可变成本（线路成本）仅包括那些与运输的运营设备相关的成本，而水运的运营成本很低。水运成本的特点，决定了水运是最廉价的大宗货物运输方式之一，适合长距离的大批量的运输，因而成为国际货物运输中最常用的运输方式。

一、实施工具

利用互联网检索与物流企业实际调研相结合的方式，撰写一份港口运输企业第三方物流发展现状调研报告。信息检索的媒介可以选择港口运输企业官方网站、相关物流专业网站以及物流论坛等获取所需要的信息和资料并进行归纳和总结。

二、实施方法

撰写实训报告，并填写相应的调研表格，回答所给出的思考题，最后以小组为单位上交所要求数量的实训报告。

三、实施步骤

步骤一：背景介绍。

计划经济时期，我国港口运输实行的是“集中统一、分级管理、政企合一”的管理体制。

改革开放后，经过30多年“港安分开、港航分管、政企分开、港口下放”的航运和港口管理体制改革，有步骤地实行“部、市双重领导，以市为主”。

步骤二：港口货运企业发展状况。

1993年，中国远洋运输集团和中国长江航运集团分别成立。1997年，由上海海运公司、广州海运公司、大连海运公司、中国海员对外技术服务公司和中交船业公司等五家交通部直属企业组建成立中国海运（集团）总公司。

1991年，首家中外合资的集装箱码头——蛇口集装箱码头成立；1993年，和记黄埔集团与上海港务局合资组建了上海集装箱码头有限公司，与深圳盐田港集团合作成立了盐田国际集装箱码头有限公司。2010年全国港口完成货物吞吐量89亿吨、集装箱吞吐量1.46万标箱。中远集团船舶总运力跃居世界第二位，中远、中海集装箱船队运力均进入世界十强。

从国际航运企业向综合物流发展的趋势相比，还存在以下问题：

（1）物流功能较单一。从传统海洋运输走向综合物流，是国际航运企业发展的大趋势。我国除少数几家大型海运企业正在朝着这一方向发展。港口，除沿海大型港口已建或正在建设物流园区，开展多功能物流业务外，多数港口也只从事传统的港口装卸和仓储业务。

（2）港口集疏运系统不协调。港口集疏运系统是影响港口通过能力的重要因素，港口集疏运系统往往由水路、铁路、公路和管道等多种方式以及多式联运构成，由于大多数港口只具有装卸和一定的仓储功能，缺乏对集疏运系统的协调能力。

（3）港口信息化程度低。多数港口信息平台的基础网络建设存在企业信息系统独立运行、管理机构信息系统分散管理、客户无公共信息平台进行信息沟通的局面。因此，信息“孤岛”现象严重，信息资源不能共享，信息资源得不到充分利用。

本任务围绕第三方物流港口运输管理的相关内容展开介绍，描述了港口运输方式的相关内容，介绍了港口运输方式的优缺点，阐述了港口运输设备和港口运输方式的成本核算问题。

任务四　第三方物流航空业运输管理

我国航空物流发展相对于发达国家而言起步较晚，虽然近几年航空货运行业的市场占有量在不断扩大，但是发展航空物流的运营环境仍尚未健全，航空运输网络建设仍需进一步完善。因此，要求学生分析航空运输业的发展背景和当前现状，有助于提出航空运输业向第三方物流转型的改善途径。

知识准备

航空运输是使用飞机或其他航空器进行运输的运输方式。在五种基本的运输方式中，航空运输的运输速度最快，一般在 800 ~900 千米/小时，大大缩短了两地之间的距离。航空运输还具有不受地形的限制，可以到达其他运输方式难以到达的地方，并且最大限度地避免货物遗失和损坏，安全性和准确性高的特点。虽说空运的能力在很大程度上受飞机货舱尺寸和飞机载重能力的限制，但由于大型飞机投入使用，空运的这种限制越来越少。但航空运输仍具有投资大、能耗大、运输能力小、单位成本高的缺点。航空运输的特点决定了它只适用于运载具有下列特征的货物：一类是体积小、价值高、运费承担能力很强的货物，如精密仪器、贵重物品的零部件、高档产品；另一类是急需物资，如救灾抢险、医药急救物资；还有一类是对时间要求非常高的物品，如邮件和鲜活物品等。总之，航空运输最适用于价值高，运费承担能力很强的物品及急需物资。

一、航空运输的特点

航空运输方式主要承载时效性强或者紧急需要的物资以及单位价值高、运费承担能力强的货物。

航空运输方式的优点主要体现在：①运输速度快；②受地形条件限制小；③经济效益好；④服务质量高、安全可靠；⑤节约包装、保险等费用。

航空运输方式的缺点主要体现在：①运输成本高；②对大件货物或大批量货物的运输有一定的限制；③某些货物禁用空运；④飞机飞行安全容易受恶劣气候影响，恶劣天气可能造成飞机延误和偏航。

二、航空运输设备

航空运输设备主要包括航空港和航空器。

（一）航空港

航空港即为航空站或机场，是航空运输的经停点，供飞机起飞、降落和停放等。

（二）航空器

对物流企业来说，航空器主要是指民用飞机中的货机或货客两用机。货机运量大，但经营成本高，只限于某些货源充足的航线使用，所以其运输成本也很高。目前的趋势是客货混合机发展很快，因为可以同时运送旅客和货物，并根据运输需要适时调整运输安排，灵活性高。

三、运费的确定和审议

航空运输成本包括直接飞行成本和直接作业成本。让我们以航空客机为例，来探讨一下航空运输成本的情况。

在一定的设计航程内，假定需求无限（飞机的运力没有充分利用），则飞机的客座数越多，平均每客座小时的飞行成本就越低。即随着飞机的产出规模扩大，平均飞行成本会降低。这主要得益于运输设施利用率的提高。在飞机座位数不变的情况下，飞行的次数和航空运输总成本成正比例关系。

总之，短途中航空运输中的可变成本受到运输距离的影响比受运量的影响大，因为飞机在起飞和降落阶段效率最低。这使得航空运输成为短途运输中最贵的运输方式。不过可变成本会随着运距的加长而降低，再加上端点费用和其他固定的开支分摊在更长的运距上，单位总成本会降低。所以说，航空运输日益成为长距离货运的选择。运量对可变成本的影响是间接的，这在前述运输线路选择中我们就知道，运量的增加可以使运输工具由小型飞机换为大型飞机，而大型飞机按吨·千米计算的营运成本较低。

现在的航空货运一般都是采取客货混合运输形式。在优化航空运输成本时，需要对联合产品和联合成本进行区分，联合产品是指两种或两种以上的产品或服务不可避免地

以固定的比例被生产出来，从而导致这两种产品的成本具有不可分割性，这样的成本被称为联合成本。联合成本问题具体到航空客货混运，就是要确定货物和旅客对航空运输费用的分摊比例。联合成本分摊一直是经济学上的难题。因为现在的航空运输仍是以客运为主，所以由乘客承担的成本费用要多一些，这也在一定程度上吸引了物流企业来选用客货混运的飞机来运输货物。

一、实施工具

利用互联网检索与物流企业实际调研相结合的方式，撰写一份航空运输企业第三方物流发展现状调研报告。信息检索的媒介可以选择航空运输企业官方网站、相关物流专业网站以及物流论坛等获取所需要的信息和资料并进行归纳和总结。

二、实施方法

撰写实训报告，并填写相应的调研表格，回答所给出的思考题，最后以小组为单位上交所要求数量的实训报告。

三、实施步骤

步骤一：背景介绍。

改革开放以前的中国航空运输部门是一个准军事组织，当时的中国民航总局是空军的一个部门，既是民航监管机构，又直接管理航空运输服务，亏损由政府补助。民航管理体制改革历经了四个阶段。

第一阶段，民航从空军中分离出来，实行企业化管理。后划归国务院领导，并按企业化的要求进行改革。

第二阶段，民航实施了以政企分开，管理局、航空公司、机场分设为主要内容的体制改革。组建了中国国际、东方、南方等骨干航空公司。按照航空公司与机场分设原则，成立独立的机场管理机构。

第三阶段，主要进行投资体制改革和以“航空运输企业联合重组、机场属地化管理”为主要内容的改革；一部分省市政府、国内企业以独立投资或与民航总局、中央企业合资，组建了20余家航空运输公司。

第四阶段，2005年《国内投资民用航空业规定》正式发布施行，放宽对所有权的限制，鼓励民营资本进入民航业，以市场为导向的改革不断深化。

步骤二：航空货运企业发展状况。

当前发展中仍然存在的问题：

1. 竞争力比较弱

国航、东航、中货航、南航四家主要航空公司 2007 年的世界排名分别为第 16、第 24、第 29 和第 41 位，竞争能力有待于进一步提高。

2. 硬件不足

截至 2009 年 9 月我国全货运飞机的数量仅有 70 架，而且分散在多个航空运输企业中，同期的国际航空快递巨头美国联邦快递公司拥有的全货运飞机数量近 700 架。

3. 物流功能缺乏

当今的航空货运不再是“点到点”的运输服务，而是多功能的综合物流服务，特别是增值服务。

4. 网络覆盖范围严重不足

“门到门”的配送服务是现代物流客户的基本需求，这就需要广泛的运输和配送网络，形成一体化快递网络。

5. 信息化手段落后

无论是企业本身高效率的物流运作还是满足客户对高透明度的服务需求，都需要有一个智能型的航空货运信息系统平台，为用户提供全面的信息咨询服务。

本任务围绕第三方物流航空运输管理的相关内容展开介绍，描述了航空运输方式的相关内容，介绍了航空运输方式的优缺点，阐述了航空运输设备和航空运输方式的成本核算问题。

任务拓展

1. 简述第三方物流公路运输方式的特点。
2. 试分析第三方物流公路运输业的发展现状。
3. 简述第三方物流铁路运输方式的特点。
4. 试分析第三方物流铁路运输业的发展现状。
5. 简述第三方物流港口运输方式的特点。
6. 试分析第三方物流港口运输业的发展现状。
7. 简述第三方物流航空运输方式的特点。
8. 试分析第三方物流航空运输业的发展现状。

模块四　第三方物流仓储管理

知识目标

1. 了解第三方物流仓储管理的基本概念和主要内容；
2. 了解仓储规划的选址原则及仓储合理化；
3. 了解仓储作业流程。

能力目标

1. 能够对一个企业仓储系统进行初步规划与设计；
2. 了解各种仓储设备的使用和管理，并能在实践中运用；
3. 熟练掌握 WMS，能通过 WMS 对仓储现场进行管理。

任务一　仓储系统规划与设计

随着仓储管理的发展，仓库的规划和选址是决定仓储经营活动正常有序的前提和基础。本任务主要是让学生明确仓储系统规划与设计的流程与步骤，能够对企业仓储系统进行初步规划与设计。

一、基本知识

（一）第三方物流仓储管理的含义

根据国家标准《物流术语》（GB/T 19354—2006）定义：仓库管理是指对库存物品和仓库设施及其布局等进行规划、控制的活动。所谓第三方物流仓储管理，是指第三方物流企业对仓库和仓储物资进行管理。对仓库和仓储物资的管理工作，是随着储存物资品种的多样化和仓库结构、技术设备的科学化而不断变化发展的。

概括起来，仓储管理主要经历了简单仓储管理、复杂仓储管理和现代化仓储管理三个发展阶段。第一阶段由于生产力水平低下和发展缓慢，库存数量和品种都很少，仓库结构简单，设备粗陋，仓库管理主要负责出入库的计量及看管好库存物资使之不受损失。第二阶段，适当机器生产代替手工生产之后，社会储存产品数量增多，品种复杂，产品性质各异，加之社会分工越来越细，许多生产性活动也逐渐转移到流通领域，使得仓库的职能发生了变化，不仅仅是单纯地进行储存和保管物资，还增添了产品的分类、挑选、整理、加工、包装等活动，从而增加了产品的价值。由于储存商品的复杂化和仓储职能的多样化，必然引起仓储建筑结构的变化以及技术设备的变化。第三阶段，随着科学技术的进步，特别是电子计算机的出现和发展，给仓储业带来了一系列重大变化。在整个仓储活动过程中，可以使用电子计算机进行控制，增设光电感应系统，利用“自动分拣系统”进行商品分类整理，让机器人进入仓库等。

目前，许多先进的国际仓储活动，已经变成一个经济范围巨大的商品配送服务中心，并发展成为现代化的仓储管理。

（二）第三方物流仓储管理的内容

第三方物流仓储管理的对象是“一切库存物资”，管理的手段既有经济的，又有纯技术的，主要包括如下几个方面。

1. 仓库的选址与建筑

仓库的选择原则，仓库建筑面积的确定，库内运输道路与作业的布置等。

2. 仓库机械作业的选择与配置

如何根据仓库作业特点和所储存物资的种类及其理化特性，选择机械装备以及应配备的数量，如何对这些机械进行管理等。

3. 仓库的业务管理

如何组织物资入库前的验收，如何存放入库物资，如何对在库物资进行保管保养、发放出库等。

4. 仓库的库存管理

如何根据企业生产需求状况，储存合理数量的物资，既不会因为储存过少引起生产中断造成损失，又不会因为储存过多而占用过多的流动资金等。

此外，第三方物流仓库业务考核问题，新技术、新方法在仓库管理中的应用问题，仓库安全与消防问题等，都是仓储管理所涉及的内容。

二、仓储规划与设计

从决策角度来讲，仓库地点的选择、仓库规模的大小以及仓库的布局是决定仓储经营活动正常有序的前提和基础。

（一）仓储的选址原则

第三方物流企业选址时需要遵循的一个总原则是：以最少的物流总成本达到预期的客户服务水平。其次是战略发展原则、用户就近原则，通过对仓库功能的分析，第三方物流企业能大致决定仓库的位置。例如，服务功能强的仓库设在市场附近；保管功能强的仓库应选用靠近生产地、原材料集中的地方，或者由于一些其他的原因将两者结合起来考虑。当然选址是个复杂的决策过程，还必须结合其他因素，如储存物品的特性、与目标市场的距离、建设成本、与交通枢纽的距离、基础设施等因素，应由仓储企业内、外的资深专家学者选择一个相对平衡和合理的地址，以避免形成公司营运的障碍和造成被动局面。

（二）仓储规划与设计

1. 仓储规划应考虑的因素

货仓部门的位置因经营而异，它取决于各运作中的实际需要，决定货仓部门的位置时，应考虑以下因素：

（1）物料验收便捷；

（2）物料进仓容易；

（3）物料储存方便；

（4）仓库工作顺当；

（5）仓储合适而安全；

（6）容易出库；

（7）容易搬运；

（8）易于盘点；

（9）货仓有扩充的弹性和余地。

2. 仓库区域规划注意的问题

货仓区域规划应满足以下要求：仓区要与经营现场靠近，通道顺畅；每个货仓有相应的进仓门和出仓门，并作明确的标牌；货仓办公室尽可能设置在仓区附近，并有仓名标牌；测定安全容量、理想最低存量或定额存量，并有标示牌；按存储容器的规格，楼

面载重承受能力和叠放的限制高度，将仓区划分为若干仓位，并用油漆或美纹胶在地面标明仓位名、通道和通道走向；仓区设计必须要将安全因素考虑在内，须明确规定消防器材所在位置，消防通道和消防门的位置及救生措施等；每个货仓的进出门，须张贴“货仓平面图”，标明该仓所在的地理位置、周边环境、仓区仓位、仓门、各类通道、门、窗、电梯等。仓储的空间需求如表 4 –1 所示。

表 4 –1　　仓库的空间需求

<table>
<tr><td colspan="2">收货区</td><td>运货区</td></tr>
<tr><td>收货区</td><td>按订单分拣区</td><td rowspan="2">按订单组装区</td></tr>
<tr><td colspan="2">存储区</td></tr>
<tr><td colspan="2">其他用途区</td><td>办公区</td></tr>
</table>

仓库总空间的 1/3 通常无储存功能。如果仓库布局设计不合理，即各个部分没有形成一个综合的计划，会导致服务水平低下、控制力不足、管理成本上升、重复购买设备或重复建设等问题。

3. 仓储规划说明

对仓储进行规划必须根据整体要求，合理布局，其最终目的在于提高仓库物流作业的效率。要从面积配置、货位设定、堆叠方式、物品标示等方面综合考虑仓储规划问题，如表 4 –2 所示。

表 4 –2　　仓储规划说明

面积配置	☞仓储总面积 ☞公共设施规划 ☞有效面积计算	☞按材料基准存量及容量所需用的仓位，依供料对象存储进出便捷性，规划使用的储存面积 ☞依仓储结构、支柱、楼梯、走道、办公场所等规划 ☞仓库总面积扣除公共设施所占面积为可用仓库
货位设定	☞基准存量 ☞收发频率 ☞货位设定与编号	☞存量高者可双通道配置，存量低及零星材料用料架仓储为宜，重量轻者可架高储存 ☞收发频繁的物品，应考虑进出仓装卸便捷因素 ☞仓位代号统一以 A、B、C……顺序设定，储位按水平与高度原则编号
堆叠方式	☞包装类别 ☞材料特性 ☞供料方式 ☞储存工具	☞桶装、袋装、盒装 ☞对耐压性差的材料设定层况及承受的重量 ☞依供料工具，加高车、液压叉车设定堆叠方式 ☞依包装类别、材料特性、供料方式选定木卡饭、铁架或储柜

续　表

物品标示	☞材料编号 ☞单位堆叠量 ☞储存说明	☞依照购单填写材料编号、品名、规格、数量、入库日期，并以月份颜色加以区分标示 ☞标示每一位置的最大容量 ☞合格（绿色）、待处理（黄色）、退货（红色）

4. 仓储合理化

仓储合理化是指用最经济的办法实现仓储的功能。仓储的基本功能是指为了满足市场的基本储存要求，仓库所具有的操作或行为，包括储存、保管、拼装、分类等基础作用。这就“必须有一定储量”，这是合理化的前提。但是，仓储的不合理又表现在对仓储功能实现的过分强调，所以，合理仓储的实质是在保证仓储功能实现前提下，尽量少投入。

一、实施工具

网络建模工具。

二、实施方法

收集相关资料；运用网络建模工具评价现有配送中心网络；分析评估后对仓储规划与设计进行决策。

三、实施步骤

某食品公司是北美一家领先的巧克力制品生产商。该公司的业务具有很强的季节性，业务高峰期集中于每年的8～10月，其他月份的需求也很旺盛。季节性需求量远远超过了公司的生产力，所以必须持有大量库存以满足高峰期客户的要求。

步骤一：现有配送网络资料。

东部配送网络：宾夕法尼亚州第二东部配送中心占地约5万平方米；宾夕法尼亚州中部5个仓库，加上东岸多个大型仓储设施，总面积约达到10万平方米；亚特兰大一个5万平方米的仓库。

两个区域配送中心：位于中西部，分别在芝加哥和圣路易斯的郊区。

西部配送网络：位于加利福尼亚州奥克戴尔约12000平方米的仓库；位于加州佛塔那约35000平方米的仓库；位于盐湖城27000平方米的仓库。

步骤二：该食品公司物流部认识到持续增加的业务量需要更高的仓储能力才能应付，该部门购入一个网络建模工具去评估现有的配送中心网络。建模软件录入历史数据，建立一个配送网络模型，以最低成本满足客户服务需求。录入的数据就考虑到了仓储规划中的各方面因素而采集的，包括：

工厂所在地；每个工厂的库存量；每周生产吨数；原有配送设施所在地；配送能力（仓库的仓储能力和出入库能力）；可行的运输模式；运输路线；承运人运价；客户历史订单和预测订货量；业务量增长预测。

步骤三：采用模型工具评估一系列的变动，主要有两个变动，即东部配送网络扩大和中西部配送中心的扩大。

主要介绍了第三方物流仓储的含义、内容，阐述了仓储规划与设计的流程与步骤，及仓储合理化问题。

任务二　仓储的运作与设备管理

仓储运作主要由入库、保管、出库三个阶段组成，学生通过到物流公司的仓库进行顶岗实习，熟悉各种基本仓储设备的使用和管理方法，使学生充分将理论与实践相结合，对仓储技术作业有一定认识。

一、仓储技术作业

仓储技术作业过程，是指以保管活动为中心，从仓库接受商品入库开始，到按需要把商品全部完好的发送出去的全部过程。仓储作业过程主要由入库、保管、出库三个阶段组成。按其作业顺序，还可细分为卸车、检验、整理入库、保养保管、拣出与集中、

装车、发运等作业环节。按其作业性质，可归纳为商品检验、保管保养、装卸与搬运、加工、包装和发运等作业环节。仓储作业过程由一系列相互联系、又相对独立的作业活动所构成。整个仓储作业过程各个部分的因果关系，以储存的商品为纽带统一起来，并由此形成一种既定的关系。如果把这个过程看做是一个系统，系统的输入是需要储存的商品，输出是经过保存的商品。

（一）仓储作业技术分析

仓储作业技术是指储存商品的作业方法和操作技术，例如商品的数量与质量检验方法和技术、商品的保管保养方法与技术、装卸操作方法与安全技术等。它涉及商品的储存质量和作业、安全等问题。在仓储作业技术方面，大量应用有关科学技术的理论与方法。

（二）仓储作业流程分析

仓储作业流程是指商品在仓库储存过程中必须经过的、按一定顺序相互连接的作业环节。从入库到出库，商品一般要经过卸车、检验、整理、保管、拣出和集中、装车、发运等作业环节。各个作业环节既相互联系，又相互制约。某一环节作业的开始依赖于前一环节作业的完成。前一环节作业完成的效果也直接影响到后一环节的作业。由于仓储作业过程中，各个环节之间存在着内在的联系，并且需要耗费大量的人力、物力，因此必须对作业流程进行深入分析和合理组织。

二、仓储设备管理

按用途和特征，仓储工作中所使用的设备可以分为装载搬运设备、保管设备、计量设备、养护检验设备、通风保暖照明设备、消防安全设备、劳动防护用品等。

（一）装卸搬运设备

装卸搬运设备用于商品的出入库、库内堆码以及翻垛作业。这类设备对改进仓库管理，减轻劳动强度，提高收发货效率具有重要作用。目前，我国仓库中所使用的装卸搬运设备通常可以分为装卸堆垛设备、搬运传送设备和成组搬运工具三类。

（1）装卸堆垛设备：桥式起重机、轮胎式起重机、门式起重机、叉车、堆垛机、滑车、跳板以及滑板等；

（2）搬运传送设备：电瓶搬运车、内燃搬运车、拖车、汽车、皮带输送机、电梯以及手推车等；

（3）成组搬运工具：托盘、集装袋、框架等。

（二）保管设备

保管设备是用于保护仓储商品质量的设备。

1. 苫垫用品

苫垫用品起遮挡雨水和隔潮、通风等作用。包括：苫布（油布、塑料布等）、苫席、枕木、石条等。苫布、苫席用于露天堆场。

叉腿式叉车

平衡重式叉车

图 4-1　叉车

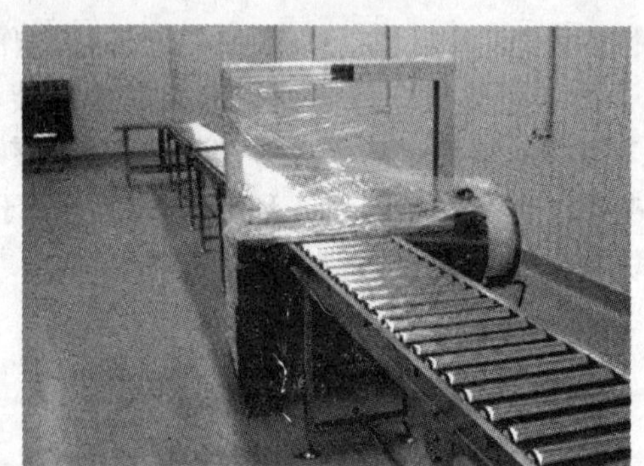

动力辊子输送机

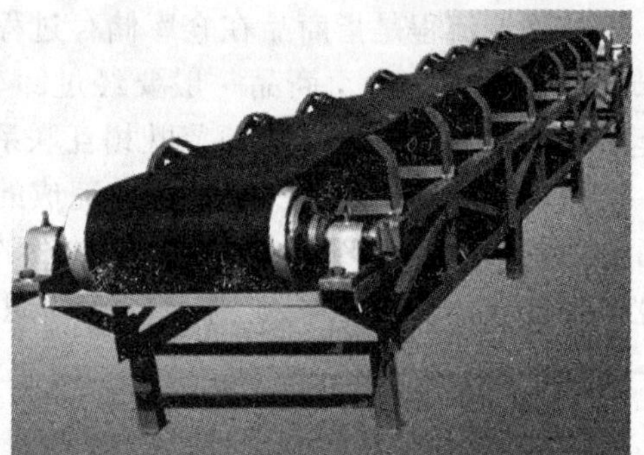

移动带式输送机

图 4-2　输送机

图 4-3　无轨搬运车

图4-4　平托盘

2. 存货用具

存货用具包括各种类型的货架、货橱。

货架，即存放货物的敞开式格架。根据仓库布置方式的不同，货架可以采用组合式或整体焊接式两种，后者的制造成本较高，不便于货架的组合变化，采用较少。或夹在批发、零售量大的仓库，特别是立体仓库中起很大的作用，它便于货物的进出，又能提高仓库容积利用率。

货橱，即存放货物的封闭式格架，主要用于存放比较贵重的或需要特别养护的商品。

层格式货架

抽屉式货架

图4-5　货架

（三）计量设备

计量设备用于商品进出时的计量、点数以及货存期间的盘点、检查等，如地磅、轨道衡、电子秤、电子计数器、流量仪、皮带秤、天平仪以及较原始的磅秤、卷尺等。

图 4 - 6　立体仓库货架

（四）养护检验设备

养护检验设备是指商品进入仓库验收和在库内保管测试、化验以及防止商品变质、失效的机具、仪器，如温度仪、测潮仪、吸潮仪、烘干箱、空气调节器、商品质量化验仪器等。

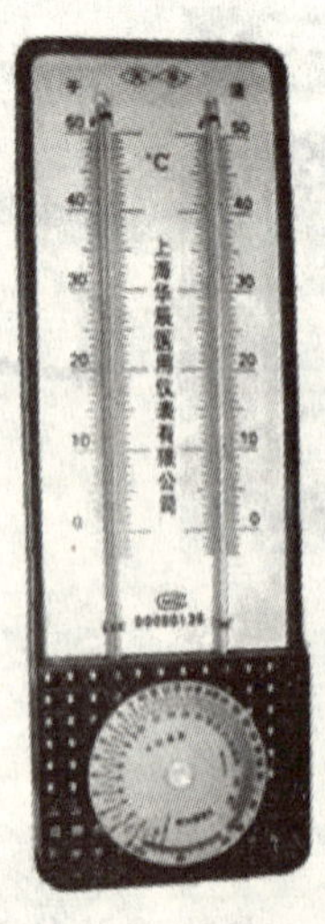

图 4 - 7　干湿球温度计

（五）通风保暖照明设备

通风保暖照明设备根据商品保管和仓储作业的需要而设。

（六）消防安全设备

消防安全设备是仓库必不可少的设备，包括报警器、消防车、手动抽水器、水枪、消防水源、沙土箱、消防云梯等。

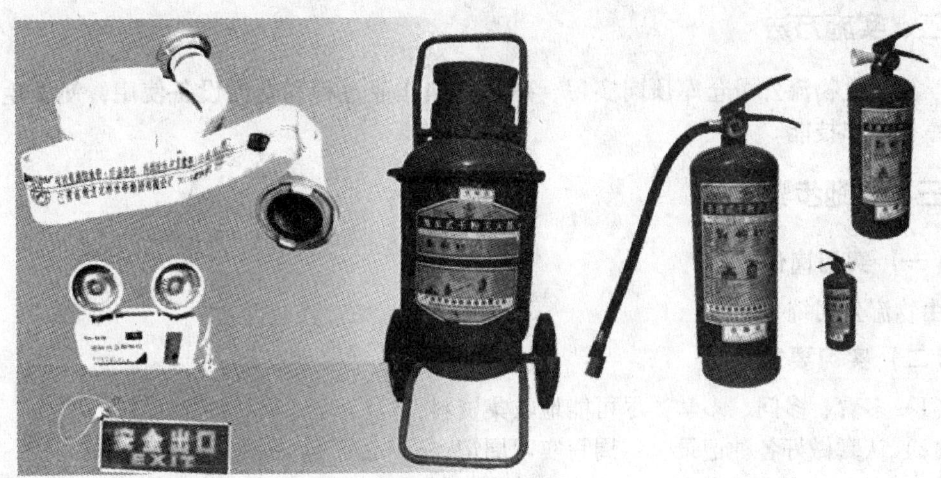

图4－8　消防器材

（七）劳动防护用品

劳动防护用品用于确保仓库职工在作业中的人身安全。

三、仓储设备的选择原则

在选择仓储设备时，应遵循以下原则：

（1）设备型号应与仓库的作业量、出入库作业频率相适应；

（2）计量和搬运作业同时完成；

（3）选用自动化程度高的取物装置；

（4）注意仓储机械设备的经济性。

四、仓储设备的管理方式

根据仓库规模的大小，设备数量的多少以及设备的集中与分散、固定与流动等使用情况来选择设备的管理方式。除少数固定设备统一使用外，其余设备都分散使用。因此，设备的管理方式通常在统一管理的基础上，实行分级管理，专人负责的方式，以确保设备完好，保证仓储业务正常进行。

一、实施工具

学生到物流公司进行各种仓储设备的知识和操作实习，增强实践操作性。

二、实施方法

学生通过物流公司仓库顶岗实习，熟悉仓储作业过程和仓储设备使用，使学生在实践中掌握操作技能。

三、实施步骤

（一）实习岗位

由物流公司统一安排。

（二）实习要求

（1）多看、多问、多学，尽可能地收集资料；

（2）认真做好各种记录，每周写实习周记；

（3）实习结束完成实习报告。

（三）纪律要求

（1）全体人员必须严格服从指导教师、现场工程师的管理与指导。

（2）每名同学必须通过安全考试方能参加实习，并签署“学生实习行为规范保证书”。

（3）实习期间严重违反实习纪律并造成不良影响者，停止实习资格。

（4）因事、因病不能参加实习者，必须以书面假条向实习领导小组请假。

（5）必须严格遵守现场的安全工作制度，保证人身安全和作业安全。

（6）尊重领导和各位师傅，未经允许不得运用各种设备、不得填写报表、票据或回答工作的问题。

（7）上班精神饱满，下班充分休息。

（8）不串台、不串岗、不聚众聊天，不得在当班时间内进行与实习无关活动。

（9）实习期间团结协作，互相帮助。

（四）实习考核

（1）本次实习期为 1 个月，所有学生必须在实习期满后回校。

（2）实习成绩的考核为考勤、现场表现、实习日记、实习报告各占成绩的 20%、40%、15%、25%。

（3）实习期间，学生应根据所发各门课程自学指导书认真自学本学期的所有课程，并按时完成规定的作业。考查课以实习成绩和作业为考核依据，考试课以实习成绩、作

业和独立完成的考卷为考核依据。若实习成绩考核为不合格者，所有课程无成绩。

（4）指导教师抽查，缺席一次扣实习成绩20分，迟到一次扣5分，早退一次扣5分。

（5）实习期间完全服从实习单位的管理制度，如需请假按照实习单位请假制度向部门相关负责人请假，并报告给组长和带队老师。

（6）以下三种情况视实习无成绩：①旷工一次；②缺席两次；③无实习周记者；④无实习报告者。

通过对仓储作业的分析，各种仓储设备的介绍并通过学生的实习切身感受，深刻体会了仓储运作流程、设备管理的制度意义。

任务三 仓储的现场管理

D公司为一家以生产医疗器械为主的跨国公司。它在中国地区进口产品的仓储运输业务委托A公司来完成。D公司一般通过上海海运、空运口岸以及北京空运口岸进口货物，同时货物会发送到除西藏以外的内地所有地区。当D公司的产品进口清关后，A公司在上海或北京的仓库会认真清点实际收到货物的状态、数量、品种。由于D的产品属于医疗器械产品，因此A公司会马上将记载有以上内容的收货变动表提供给D公司，同时将所有产品信息录入仓储管理系统（WMS）。WMS会准确跟踪每一托盘货物的货位、状态、产品代码、批号、到期日等信息。运用WMS了解A物流公司向D公司提供的第三方物流仓储服务。

一、仓储的现场管理

仓储环节的业务流程如图4－9所示。

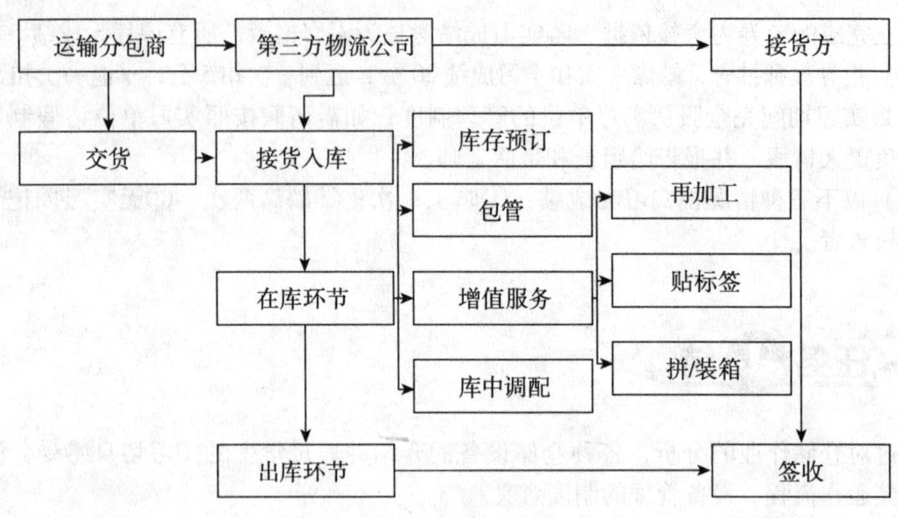

图4-9 仓储业务流程

（一）入库环节

按优化原则自动安排每单进仓货物的存放位置，在入库环节，主要是对入库货物的信息进行采集。除一般货物信息外，还应该特别注意异常入库信息，如入库拒收等情况。

（二）在库环节

在库环节包括针对客户不同需求，进行分拣理货、配货作业，管理对货物的再包装、拆箱、拼箱等增值服务，并同时记录每次服务的账目情况；按货主的要求完成物品的搭配出库；管理货物库存位置的变动情况。完全控制库存业务，记录发生的所有库存水平，提供各种工具以掌握库存的最新信息，包括分析快、慢项目动态及库存价值，也可根据提供的信息准确程度判断市场走向，并作出调整订货点（即订货时机，库存下降到某个值时决定补货，把补货时间的库存量称为订货库存量，又称订货点）、安全库存、订货到交货时间及服务水平等。

（三）出库环节

出库环节即按先进先出原则提货，对出库货物信息进行采集，除采集一般货物信息外，还应注意异常出库信息、货物的去向、提货人、承运人等。

（四）预测分析

预测分析是在公司的库存量减少或订货至交货时间缩短的情况下，保证高质量、可靠供应的关键环节。准确的预测可以帮助货主赢利。采集与分析市场定向、产品生命周期等行业信息，帮助公司预测市场动态并做出相应计划。分析替代行业及可能出现的现象，做出库存计划。

（五）盘点环节

盘点环节是实现货物盘点的有效工具，不仅能够全面盘点，还能对部分货物品种进

行部分抽点。提供关于搁置货物（指外包装不可修复而包装内货物质量不受影响的货物）及过期货物（指货物储存日期已超过其保质期而必须做出处理的货物）的货物销毁申请表。提供实际仓位图，标明仓库的使用情况，帮助库管员进行货物的出入库管理。

二、WMS 软件

第三方物流仓库管理系统（Warehouse Management System，WMS），由许多功能子系统组合而成，如表 4－3 所示。

表 4－3　　第三方物流 WMS 仓库管理系统

<table>
<tr><td rowspan="5">WMS</td><td>入库管理子系统</td><td colspan="2">1. 入库单数据处理（录入）
2. 条码打印及管理
3. 货物转盘及托盘数据登录注记（录入）
4. 货位分配及入库指令发出
5. 占用货位重新分配
6. 入库成功确认
7. 入库单据打印</td></tr>
<tr><td>出库管理子系统</td><td colspan="2">1. 出库单数据处理（录入）
2. 出库项目内容生成及出库指令发出
3. 错误货物或倒空的货位重新分配
4. 出库成功确认
5. 出库单据打印</td></tr>
<tr><td rowspan="2">数据管理子系统</td><td>1. 库存管理</td><td>（1）货位管理查询
（2）货物编码查询库存
（3）入库时间查询库存
（4）盘点作业</td></tr>
<tr><td>2. 数据管理</td><td>（1）货物编码管理
（2）安全库存量管理
（3）客户信息管理
（4）收货人信息管理
（5）未被确认操作的查询和处理
（6）数据库与实际不符记录的查询和处理</td></tr>
<tr><td>系统管理子系统</td><td colspan="2">1. 使用者及其权限设置
2. 数据库备份作业
3. 系统通信开始和结束
4. 系统的登录和退出</td></tr>
</table>

一、实施工具

第三方物流仓储管理系统软件（Warehouse Management System，WMS）。

二、实施方法

运用 WMS 了解 A 物流公司向 D 公司提供第三方物流仓储服务。

三、实施步骤

D 公司为一家以生产医疗器械为主的跨国公司。它在中国地区进口产品的仓储运输业务委托 A 公司来完成。D 公司一般通过上海海运、空运口岸以及北京空运口岸进口货物，同时货物会发送到除西藏以外的内地所有地区。当 D 公司的产品进口清关后，A 公司在上海或北京的仓库会认真清点实际收到货物的状态、数量、品种。由于 D 的产品属于医疗器械产品，因此 A 公司会马上将记载有以上内容的收货变动表提供给 D 公司，同时将所有产品信息录入。WMS 会准确跟踪每一托盘货物的货位、状态、产品代码、批号、到期日等信息。

步骤一：作为 A 公司，每天早上 10 点，通过 WMS 提供 D 公司截至昨日凌晨为止的产品的明细库存数据，包括产品代码、商品描述、总库存数量、破损数量以及占用库存的体积等。

步骤二：D 公司有些产品需要粘贴中文标签和重新包装。在进行这些增值服务作业前，D 公司会向 A 公司下达相应的粘贴标签订单，货物出库时，D 公司会制作产品出货订单，明确给出产品、数量、收货人地址、签收人、联系方式以及运输方式等信息。A 公司收到订单后，通过 WMS 在仓库中找到相应的产品，并按照先到期先出货的规则发货。A 公司仓库每天会汇总一天的发货清单供 D 公司核对。

步骤三：A 公司每天都派专人与承运商和最终收货人联系，追踪每批货物的运输状态，并将发送最终报告给 D 公司。如果在运输过程和收货过程中出现任何问题，A 公司还会特别出具事故通报以提醒 D 公司。

步骤四：D 公司的医疗器械产品绝大部分有失效日期，A 公司每半个月会将 3 个月内失效的产品清单列出供 D 公司参考。每月，A 公司还会提供一份详细的本月进、出货累计报告给 D 公司。另外，A 公司每月会对 D 公司在仓库中的产品进行一次盘点，每年进行一次全面盘点，并将盘点报告交给 D 公司。

通过 WMS 软件在案例中的应用，使学生对仓储现场管理中各业务流程有了明确认知与理解。

任务拓展

西安一家仓储企业，主要从事摩托车的仓储业务，经过几年的发展，成为当地最大的摩托车仓储企业。越来越多的用户希望租赁仓储服务，但是摩托车仓储需要比较大的库房面积，而企业原有的仓库已经全部租赁出去。如何解决仓储面积不足的问题？是投资建设新的仓库还是外包仓库？根据企业自身情况，这家企业最终选择了外包仓库的发展方案，尽管当时这家企业并不一定清楚选择的是第三方物流解决方案，事实上其已经开始了第三方物流业务。短短两年时间里，这家企业从一个传统的仓储企业一跃成为一个面向摩托车行业的第三方物流企业，主要采取了这样的发展模式：

（1）确立了自主发展模式，利用自身的管理经验和知名度；

（2）选择了横向发展模式，从仓储到仓储；

（3）再选择了纵向发展模式，从仓储到运输。

实训要求一：请根据背景资料确立它第一阶段的发展；

实训要求二：请根据背景资料确立它第二阶段的发展；

实训要求三：请根据背景资料确立它第三阶段的发展。

模块五　第三方物流信息技术管理

知识目标

1. 了解自动识别技术的相关概念及种类；
2. 了解 GPS 概念及特点；
3. 了解 GIS 概念及分类；
4. 了解 EDI 概念及其应用；
5. 了解 ERP 概念、特点及发展阶段。

能力目标

1. 利用互联网与实际调研相结合，拟定一份自动识别技术在我国企业或行业应用的调研报告；
2. 通过手机定位系统、地图操作和相关软件，掌握 GPS 的简单操作；
3. 通过外贸实习系统软件的仿真模拟，掌握 EDI 的使用流程；
4. 熟练使用 ERP 供应链软件操作流程。

任务一　自动识别技术

任务描述

在经济全球化、信息网络化的资讯社会到来之时，条码技术引起了世界流通领域的大变革。20 世纪 90 年代，被誉为商品进入国际市场“身份证”的条码技术，使全世界对

它刮目相看。印刷在商品外包装上的条码，像一条条经济信息纽带将全世界各地的生产制造商、出口商、批发商、零售商和顾客有机地联系在一起。各种商品的相关信息犹如投入了一个无形的永不停息的自动导向传送机构，流向世界各地。根据对自动识别技术的了解，利用互联网与实际调查结合，拟定一份自动识别技术调研表。

一、自动识别技术概述

（一）自动识别技术的内涵

自动识别技术是将信息数据自动识读、自动输入计算机的重要方法和手段，它是以计算机技术和通信技术为基础的综合性科学技术。归根结底，自动识别技术是一种高度自动化的信息或者数据采集技术。

（二）自动识别技术的起源

条码最早出现于20世纪40年代，但其实际应用和迅速发展还是在近20年。欧美、日本等国家和地区已普遍使用条码技术，而且正在世界各地迅速推广普及，其应用领域正在不断扩大。20世纪40年代后期，美国乔伍德兰德和贝尼希尔佛两位工程师研究用条码表示食品项目以及相应的自动识别设备，并于1949年获得美国专利。也称作“公牛眼”条码。

条码技术在我国的应用和发展较晚，1988年12月28日，经国务院批准，成立了中国物品编码中心；1991年4月，中国物品编码中心（ANCC）代表我国加入国际物品编码协会EAN。

（三）自动识别技术的特点

（1）准确性：自动数据采集，极大地降低人为错误；

（2）高效性：数据采集快速，信息交换可实时进行；

（3）兼容性：以计算机技术为基础，可与信息管理系统无缝连接。

（四）自动识别技术的种类

1. 条码技术

条码技术的核心是条码符号，由一组规则排列的条、空以及相应的数字字符组成。这种用条、空组成的数据编码可以供机器识读，而且很容易译成二进制数和十进制数。

2. 光学字符识别技术

光学字符识别（Optical Character Recognition，OCR），是图形识别（Pattern Recognition，PR）的一种技术，其目的就是要让计算机知道它到底看到了什么，尤其是文字资料。OCR技术能够使设备通过光学的机制来识别字符。一个OCR识别系统的处理流程如下：首先将标的物的影像输入，其次经过影像前处理、文字特征抽取、比对识别等过程，最后经人工校正将认错的文字更正，将结果输出。OCR 应用较为广泛，例如：书刊自动阅读器，盲人阅读器；书刊资料的再版输入，古籍整理；智能全文信息管理系统，汉英翻译系统；名片识别管理系统；车牌自动识别系统；网络出版；表格、票据、发票识别系统；身份证识别管理系统；教育系统的应用，如无纸化评卷。

3. 磁条（卡）识别技术

磁条是一层薄薄的由定向排列的铁性强化粒子组成的磁性材料（也称为涂料），用树脂黏合剂将这些磁性粒子严密地黏合在一起，并黏合在诸如纸或者塑料这样的非磁性基片媒介上，就构成了磁卡或者磁条卡。磁卡属于磁记录介质卡片。信用卡是磁卡较为典型的应用。账户卡，随着用户提款机（ATM）的出现得到了广泛应用。

4. 光卡识别技术

由半导体激光材料组成的能够存储记录并再生大量情报的卡式媒介体。容量大、安全性高、保密性强。

5. 生物识别技术

生物识别技术是指利用可以测量的人体生物学或行为学特征来识别、核实个人身份的一种自动识别技术。能够用来鉴别身份的生物特征应该具有以下特点：广泛性、唯一性、稳定性和可采集性。

6. 语音识别与视觉识别技术

语音识别技术就是让机器通过识别和理解过程把语音信号转变为相应的文本或命令的高技术，也就是让机器听懂人类的语音。

7. 射频识别技术

射频识别技术适用的领域：物料跟踪、运载工具和货架识别等要求非接触数据采集和交换的场合。目前，最流行的应用是在交通运输（汽车、货箱识别）、路桥收费、保安（进出控制）、自动生产和动物标签等方面。射频识别技术在物流领域中应用较为广泛。

二、条码技术

（一）条码的概念

条码是由一组规则排列的条、空以及对应的字符组成的标记，“条”指对光线反射率较低的部分，“空”指对光线反射率较高的部分，这些条和空组成的数据表达一定的信息，并能够用特定的设备识读，转换成与计算机兼容的二进制和十进制信息。通常对于每一种物品，它的编码是唯一的。

这些条和空可以有各种不同的组合方法，从而构成不同的图形符号，即各种符号体系（也称码制）。不同码制的条码，适用于不同的应用场合。

（二）条码的组成

一个完整的条码的组成次序依次为：静区（前）、起始符、数据符、（中间分隔符，主要用于 EAN 码）、（校验符）、终止符、静区（后）。

其中：静区：没有任何印刷符或条码信息，它通常是白的，位于条码符号的两侧。静区的作用是提示阅读器即扫描器准备扫描条码符号。起始字符：条码符号的第一位字符是起始字符，它的特殊条、空结构用于识别一个条码符号的开始。阅读器首先确认此字符的存在，然后处理由扫描器获得的一系列脉冲。数据字符：由条码字符组成，用于代表一定的原始数据信息。终止字符：条码符号的最后一位字符是终止字符，它的特殊条、空结构用于识别一个条码符号的结束。阅读器识别终止字符，便可知道条码符号已扫描完毕。

图 5－1　条码的组成

（三）条码技术的特点

1. 准确度高、可靠性强

根据有关资料，条码输入平均每 15000 个字符一个错误。如果加上校验位，条码的出错率是千万分之一。

2. 灵活、实用

条码符号作为一种识别手段可以单独使用，也可以和有关设备组成识别系统实现自动化识别，还可和其他控制设备联系起来实现整个系统的自动化管理。而没有自动识别设备时，也可以实现手工键盘输入。

3. 自由度大

识别装置与条码标签相对位置的自由度比较大。条码通常只在一维方向上表达信息，而同一条码在宽度方向上所表示的信息完全相同并且连续，这样即使是标签有部分欠缺，仍可以从正常部分输入正确的信息。

4. 设备简单、操作容易、无须专门训练

5. 易于制作

条码可印刷，被称为“可印制的计算机语言”。条码标签易于制作，对印刷技术设备和材料无特殊要求。

（四）常用条码

1. EAN 码

EAN 码分为标准版（EAN－13）和缩短版（EAN－8）两种。

EAN 码的构成（标准版）。

（1）前缀码。国家代码，由 3 位数字组成，如我国是 690。

（2）制造商代码。由 4 位数字组成，由每个国家自行分配并注册，一厂一码。我国是由国家物品编码中心管理。

（3）商品代码。由5位数字组成，由各厂商根据标准自行确定。

（4）校验码。由一位数字组成。

图5－2　EAN码实例

2. 二维条码

信息的条码，称为二维条码。二维条码技术在代码编制上巧妙地利用构成计算机内部逻辑基础的“0”、“1”比特流的概念，使用若干个与二进制相对应的几何形体来表示文字数值信息，通过图像输入设备或光电扫描设备自动识读以实现信息自动处理。它具有条码技术的一些共性，如每种码制有其特定的字符集，每个字符占有一定的宽度，具有一定的校验功能等，同时还具有对不同行业的信息自动识别功能及处理图形旋转变化等特点。目前二维条码主要有PDF417码、Code 49码、Code 16K码、Data Matrix码、MaxiCode码等。

三、条码技术在物流行业中的应用

在物流领域，条码技术将世界各地的制造商、出口商、批发商、零售商和顾客有机地联系在一起。利用条码技术，可对企业的物流过程建立信息采集跟踪的计算机管理信息系统。通过对生产制造业的物流跟踪，在物料准备、生产制造、仓储运输、市场销售、售后服务、质量控制等多方面进行应用，可以有效地提高企业生产管理的水平。

（一）物料管理

条码技术的应用主要体现在几个方面：

（1）将物料编码，并且打印条码标签。这样不仅实现物料跟踪管理，而且有助于做到合理的物料库存准备，从而有效地降低库存成本。杜绝因物料无序而导致的损失和混乱。

（2）对需要进行标志的物料打印其条码标签，以便于在生产管理中对物料进行单件跟踪，从而建立完整的产品档案。

（3）利用条码技术对仓库进行基本的进、销、存管理，有效地降低库存成本。

（4）通过产品编码，建立物料质量检验档案，产生质量检验报告，与采购订单挂钩，

建立对供应全过程的有效管理和评价。

(二) 仓库管理

条码技术应用于仓库管理主要表现在以下几个方面:

(1) 仓库库位管理。通常按仓库的库位记录仓库货物库存,在产品入库时将库位条码号与产品条码一一对应,在出库时按照库位货物的库存时间可以实现先进先出或批次管理等功能。

(2) 仓库业务管理。这包括出库、入库、盘库、月盘库、移库,不同业务以各自的方式进行,完成仓库的进、销、存管理。

(3) 更加准确地完成仓库出入库操作。在条码仓库管理中采集货物单件信息,实时处理采集数据,掌握入库、出库、移库、盘库数据,这样,使仓库各类作业更加准确。同时能够根据货物单件库存为仓库货物出库提供库位信息,使仓库货物库存更加准确。

(4) 差错处理。一般仓库管理只能根据人机交互完成仓库运输差错处理,而条码仓库管理可以根据采集信息,建立仓库运输信息,直接处理实际运输差错。同时也能根据单件信息及时发现出入库的货物单件差错(入库重号、出库无货),并且提供差错处理。

(三) 市场销售管理

通过在销售、配送过程中采集产品的单品条码信息,完成产品销售链跟踪和管理。通过在销售、配送过程中采集产品的单品条码信息,根据产品单件标志条码记录产品销售过程,完成产品销售链跟踪。此时,应用条码管理就能够发挥积极作用。同时使用条码系统快速准确地记录在途商品的信息,对在途商品进行跟踪和管理。例如在通用汽车公司,有时候一天当中处于在途的汽车可以达到237000辆,而埃克森石油产品有6个月的在途时间,由此可见加强在途商品的有效管理对于企业降低成本是极其重要的。

(四) 产品售后跟踪服务

通过产品的售后服务信息的采集与跟踪,为企业产品售后保修服务提供依据,同时能够有效地控制售后服务中存在的各种问题,如销售产品重要部件被更换而造成保修损失、销售商虚假的修理报表等。

四、射频识别技术

射频识别(Radio Frequency Identification, RFID)技术作为自动识别技术的新兴产物,是目前最热门的技术。它虽然已经出现了一段时间,但是各个厂商格式不一致,目前正在由ISO进行标准化工作。RFID提供了不直接接触采集物品信息的手段,读写距离范围在几毫米到几米,未来将在自动识别技术领域内有着广泛的应用。

(一) RFID的含义及特点

1. RFID的含义

RFID是英文“Radio Frequency Identification”的缩写,中文则称为无线射频身份识

别，是近几年发展起来的一项新的自动识别技术。现有的识别技术，如IC卡、红外线编码识别以及指纹特征识别技术只能实现简单的个人身份认证，如人员考勤等，而无法很好地解决对多个移动的物体和人员进行快速识别和跟踪。而RFID是射频技术和IC卡技术有机结合的产物，它比普通的磁卡和IC卡有使用方便、数据交换速度快、便于维护和使用寿命长等优点。尤其是RFID解决了无源（卡中无电源）和免接触这两大难题，因而可实现多目标识别、运动目标识别而可应用在更多更广泛的场合，所以，无线射频识别技术是21世纪最具发展潜力的技术之一，因而是今后发展的一个重点。

2. RFID的特点

（1）是一种非接触的自动识别技术，因而避免了因接触而产生的故障，所以使用寿命长；

（2）由于RFID为电子数据，可以反复被复写，因此可以回收标签重复使用，且工作距离长，操作方便；

（3）RFID卡片（即标签）完全密封，因而具有良好的防水、防尘、防污损、防磁、防静电等性能，所以能适合在温、湿度变化大、灰尘多、难以保持卡面清洁的矿井下等恶劣环境条件下工作；

（4）RFID卡内具有防碰撞的机制，可实现同时对多个移动目标进行识别；

（5）信号穿透能力强，可穿透墙壁、路面、衣物、人等非金属或非透明等材料的穿透性通信，数据传输量小，感应灵敏，抗干扰能力强，易于维护和操作，如被动式RFID，不需电池就可使用，因而也就没有维护保养的需要；

（6）对无线传输的数据都经过随机序列的加密，并有完善保密的通信协议，且卡内序列号是唯一的，制造商在卡出厂前就将此序号固化，因此安全性高；

（7）数据的记忆容量大。因数据容量会随着记忆规格的发展而扩大，而未来物品所需携带的资料量会越来越大，这样对标签所能扩充容量的需求也增加，而RFID不会受到限制；

（8）RFID在读取上并不受尺寸大小和形状之限制，它不需为了读取精确度而配合纸张的固定尺寸和印刷品质，因而它容易作成小型化和多样化的形状，以配合应用于不同产品。

（二）射频识别技术系统组成

射频识别系统在具体的应用过程中，根据不同的应用目的和应用环境，系统的组成会有所不同，但从射频识别系统的工作原理来看，系统一般由信号发射机、信号接收机、发射接收天线几部分组成。

1. 信号发射机

在RFID系统中，信号发射机在不同的应用场合会以不同的形式存在，典型的形式是电子标签（Tag）。

2. 信号接收机

在RFID系统中，信号接收机一般被称为阅读器（Reader）。阅读器可无接触地读取

并识别电子标签中所保存的电子数据，从而达到自动识别物体的目的。

3. 天线

在 RFID 系统中，天线是电子标签与阅读器之间传输数据的发射、接收装置。由于系统功率、天线的形状和相对位置影响数据的发射和接收，故需要专业人员对系统的天线进行设计、安装。

一、实施工具

通过利用网络信息检索：可从企业官方网站，物流专业网站，物流论坛等获得所需要的相关信息资料查找和分析，利用互联网与实际调查结合，拟定一份自动识别技术调研表。

二、实施方法

填写实训报告，填写表格，回答下列思考题；每小组上交2份实训报告。下周实训课上课时上交实训报告。

三、实施步骤

步骤一：背景介绍。

自动识别技术在物流管理领域内主要适用于物料跟踪、运载工具和货架识别等要求非接触数据采集和交换的场合，尤其是在要求频繁改变数据内容的场合更加适用。在物料跟踪方面，物料无论是在订购之中、运输途中，还是在某个仓库存储着，通过射频识别技术，物料公司的各级人员都可以实时掌握物料的所有信息。对途中运输部分的管理，国内也已经开始应用射频识别技术。一些高速公路的收费站口使用射频识别技术之后就可以不停车收费。铁路系统使用射频技术记录货车车厢编号的试点工作已经开始。

步骤二：自动识别技术在物流配送中心的应用。

（一）配送中心的进货验收作业

对整箱进货的商品，其包装箱上有条码，放在输送带上经过固定式条码扫描器的自动识别，可接受指令传送到存放位置附近。对整个托盘进货的商品，叉车驾驶员用手持式条码扫描器扫描外包装箱上的条码标签，利用计算机与射频数据通信系统，可将存放指令下载到叉车的终端机上。

（二）补货作业

基于条码进行补货，可确保补货作业的正确性，有些拣货错误源于前项的补货作业错误。商品进货验收后，移到保管区，需适时，适量的补货到捡货区；避免补货错误，可在储位卡上印上商品条码与储位码的条码，当商品移动到位后，以手持式条码扫描器读取商品条码和储位码条码，由计算机核对是否正确，这样就可保证补货作业的正确。

（三）以便利店订货簿的方式为例

连锁总部定期将订货簿发给各便利店，订货簿上有商品名称、商品货号、商品条码、订货点、订货单位、订货量等，工作员拿着订货簿巡视各商品以确认所剩陈列数，记入订货量；或到办公室后，用条码扫描器扫描预定商品的条码并输入订货量，再用调制器传出订货数据。

（四）拣货作业

拣货有两种方式：一种是按客户进行拣取的摘取式拣货；另一种是先将所有客户对各商品的订货汇总，一次拣出，再按客户分配各商品量，即整批拣取，二次分拣，成为播种式拣货。对于摘取式拣货作业，在拣取后用条码扫描器读取刚拣取商品上的条码，即可确认拣货的正确性。对于播种式拣货作业，可使用自动分货机，当商品在输送带上移动时，有固定条码扫描器判别商品货号，指示移动路线与位置。

（五）交货时的交点作业

交货时的交点作业通常分为两种形式，一种是由配送中心出货前即复点数量，另一种是交由客户当面或事后确认。对于配送中心出货前的复点式作业，由于在拣货的同时已经以条码确认过，就无须进行此复点作业了。对于客户的当面或事后确认，由于拣货时已用条码确认过，无须交货时双方逐一核对。

（六）仓储配送作业

其实商品的自动辨识方法还可以采用磁卡，IC 卡等其他方式来达成。但以物流仓储配送作业而言，由于大多数的储存货品都具备有条码，所以用条码作自动识别与资料收集是最便宜，最方便的方式。商品条码上的资料经条码读取设备读取后，可迅速，正确，简单地将商品资料自动输入，从而达到自动化登录，控制，传递，沟通的目的。

条码技术已经成为物流现代化的一个重要组成部分。它有力地促进了物流体系各环节作业的自动化，提高物流作业效率，提高作业质量。对物流各环节起着基础性计算机管理作用。

任务二　全球定位系统

在物流配送过程中，经常要涉及货物的运输、仓储、装卸、送递等处理环节，对各个环节涉及的问题，全球定位系统（Global Positioning System，GPS）是非常先进和实用的工具。这将有助于物流配送企业有效地利用现有资源，提高效率。事实上，GPS 技术是全程物流管理中不可缺少的组成部分。通过对车载 GPS 定位平台在物流企业中的应用资料查找和分析，让学生了解 GPS 原理，并通过应用手机定位系统、地图操作和相关软件系统。让学生学会 GPS 的简单操作，了解全球定位系统 GPS 在物流活动中的应用。

一、GPS 概念

简单地说，GPS 是一个由覆盖全球的 24 颗卫星组成的卫星系统。这个系统可以保证在任意时刻，地球上任意一点都可以同时观测到 4 颗卫星，以保证卫星可以采集到该观测点的经纬度和高度，以便实现导航、定位、授时等功能。这项技术可以用来引导飞机、船舶、车辆以及个人，安全、准确地沿着选定的路线，准时到达目的地。

二、GPS 特点

（1）功能多、精度高、覆盖面广，在全球任何位置均可进行车辆的位置监控工作。充分保障了网络 GPS 所有用户的要求都能够得到满足。

（2）定位速度快，有力地保障了物流运输企业能够在业务运作上提高反应速度，降低车辆空驶率，降低运作成本，满足客户需要。

三、GPS 在物流业中的应用

（一）导航功能

三维导航是 GPS 的最基本的功能，其他功能都要在导航功能的基础上才能完全发挥作用。飞机、船舶、地面车辆及步行者都可利用 GPS 导航接收器进行导航。汽车导航系统就是在 GPS 的基础上发展起来的新技术，它由 GPS 导航、自律导航、微处理器、车速传感器、陀螺传感器、CD－ROM 驱动器、LCD 显示器组成。导航系统将成为未来 GPS 应用的主要领域之一。GPS 导航是由 GPS 接收机通过接收 GPS 卫星信号（3 颗以上），得到该点的经纬度坐标、速度、时间、方向等信息。通过车辆无线数据通信系统，将车辆的定位信息以短消息方式传送到指挥监控中心，并显示在电子地图上。同样，无线车载终端也可将指挥中心的命令传送至移动的车辆上，从而可对移动中的车辆进行实时监控和导航。

（二）车辆跟踪功能

GPS 导航系统与 GIS 技术、无线移动通信技术 GSM 及计算机车辆管理信息系统相结合，可以实现车辆跟踪功能。利用 GPS 和 GIS 技术可以实时显示出车辆的实际位置，并任意放大、缩小、还原、换图；GPS 可以随目标移动，使目标始终保持在屏幕上；GPS 还可实现多窗口、多车辆、多屏幕同时跟踪，利用该功能可对重要车辆和货物进行运输跟踪管理。目前，已开发出把 GPS/GIS/GSM 技术结合起来对车辆进行实时定位、跟踪、报警、通信的技术，能够满足掌握车辆基本信息、对车辆进行远程管理的需要，能有效避免车辆的空载现象，同时客户也能通过互联网技术，了解自己的货物在运输过程中的细节情况。

（三）货物配送路线规划功能

货物配送路线规划是 GPS 导航系统的一项重要辅助功能，它主要包括：

1. 自动路线规划

由驾驶员确定起点和终点，由计算机软件按照要求自动设计最佳行驶路线，包括最快的路线、最简单的路线、通过高速公路路段次数最少的路线等。

2. 人工线路设计

由驾驶员根据自己的目的地设计起点、途经点和终点等，自动建立线路库。线路规划完毕后，显示器能够在电子地图上显示设计线路，并同时显示汽车运行路径和运行方法。

利用计算机技术与 GPS/GIS 车辆信息系统相连，使整个运输车队的运行受中央调度系统的控制，中央调度系统可以对车辆的位置、状况等进行实时监控。利用这些信息可以对运输车辆进行优化配置和调遣，极大地提高运输工作的效率，同时能够加强成本控制。另外，通过将车辆载货情况及到达目的地的时间预先通知下游单位配送中心或仓库等，有利于下游单位合理地配置资源、安排作业，从而提高运营效率，节约物流成本。

（四）信息查询

应用 GPS，可以为客户提供主要物标（如旅游景点、宾馆、医院等）数据库，用户能够在电子地图上根据需要进行查询。查询资料可以以文字、语言及图像的形式显

示，并在电子地图上显示其定位位置。同时，监测中心可以利用监测控制台对区域内任意目标的所在位置进行查询，车辆信息将以数字形式在控制台中心的电子地图上显示出来。

（五）话务指挥

GPS 指挥中心可以监测区域内车辆的运行状况，对被监控车辆进行合理调度。指挥中心也可以随时与被跟踪目标通话，实行管理。

（六）紧急援助

通过 GPS 定位和监控管理系统，可以对遇有险情或发生事故的车辆进行紧急援助。监控台的电子地图可显示求助信息和报警目标，规划出最优援助方案，并以报警声、光提醒值班人员进行应急处理。

一、实施工具

收集车载 GPS 定位平台在物流企业中应用的资料，采用归纳法进行整理。让学生了解 GPS 原理，并通过应用手机定位系统、地图操作和相关软件系统。让学生学会 GPS 的简单操作，并撰写实践体会。

二、实施方法

填写表格，回答下列思考题；每小组上交 2 份实训报告（即每大组 2 ~ 3 人分为一小组，具体人员由组长决定）。

三、实施步骤

步骤一：背景介绍。

据中国仓储协会的调查报告显示，我国货物运输量日益增多，但是车辆运营的空载率较高，为 45% 左右。随着通信技术、互联网技术的发展和 GPS（全球定位系统）技术的广泛运用，物流配送企业和客户可以通过局域网和互联网实时跟踪货物及运输车辆的状况，从而为物流配送企业的高效率管理及合理调度提供了基础。利用地理信息系统的地理编码和路径规划功能，利用 GPS 定位确定每辆车的最佳行驶路线，确保在行驶线路上，可以最大限度地将沿途货物送达客户处。

步骤二：用归纳法整理分析车载 GPS 定位系统的主要功能。

（一）实时查询车辆的位置和行驶数据信息

对于所查询车辆的选择可以按单辆车、分组或全部车辆进行，选中车辆的实时位置信息和行驶数据信息将向管理中心报告。

（二）GPS 实时监控车辆行驶状态等信息

管理中心可按单辆车、分组或全部车辆选择，要求车载终端按照预设时间间隔连续上报车辆的行驶状态、实时位置等信息，实现对于车辆的连续的实时监控功能。

（三）轨迹回放

车载 GPS 定位终端上存储的历史轨迹记录可以由管理中心通过无线方式按照时间段提取后存储于管理中心，轨迹点可以在管理中心电子地图上回放以重现车辆的行驶过程。

（四）报警功能

车载 GPS 定位终端设备配置紧急报警开关（轻触开关或按钮），在有紧急情况如遇劫、求助等情况发生时，驾驶人员按下按钮后车载终端会立刻向管理中心发送报警信息，管理中心接收到报警信息后立即以声音提示结合文字提示信息通知值班人员，配合电子地图上位置信息为值班人员提供及时完整的报警信息和处理流程。

（五）越界/偏航/超速报警

管理中心系统记录报警信息并立即以声音提示并结合文字提示信息通知值班人员，配合电子地图上位置信息为值班人员提供及时完整的报警信息和处理流程。当行驶速度接近预设超速报警值时车辆内部蜂鸣器可发出提示音，用以提示司机注意。

GPS 是近年来在物流领域内迅速发展的、最具有开创意义的高新技术之一。随着我国物流业的发展和 GPS 技术应用研究的逐步深入，它在物流配送中的应用将发挥出更大的作用。

任务三　地理信息系统

通过计算机和 GIS 检测平台（http：//gps2. shedi. com）实时查询船舶位置和行驶数据信息，了解 GIS、电子地图原理及在物流方面应用。

一、GIS 概念

地理信息系统（Geographic Information System，GIS）是由计算机硬软件、地理数据和用户组成，通过对地理数据的采集，输入、存储、检索、操作和分析，生成并输出各种地理数据，从而为工程设计、土地利用、资源管理、城市管理、环境监测、管理决策等应用服务的计算机系统。

二、GIS 分类

地理信息系统可按研究区域、研究内容和功能分类，如图 5-3 所示。

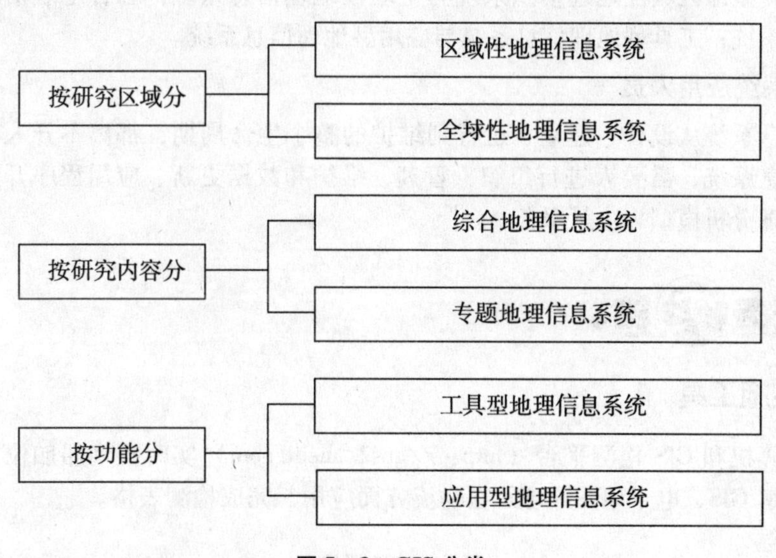

图 5-3 GIS 分类

三、GIS 的基本构成

完整的 GIS 主要由计算机硬件系统、计算机软件系统、空间数据和系统应用人员四个部分构成。

（一）计算机硬件系统

GIS 硬件配置一般包括四个部分：计算机主机、数据输入设备（包括：数字化仪、图像扫描仪、键盘等）、数据存贮设备（包括：活动硬盘、磁盘阵列等）以及数据输出设备（包括：绘图仪、打印机等）。

（二）计算机软件系统

GIS 系统软件多由计算机厂家为用户提供。按其功能可分为如下：

（1）数据输入：将系统外部的原始数据传输给系统内部，并将这些数据从外部格式转换为内部格式的过程；

（2）数据存贮：数据存储涉及地理元素的位置、连接关系属性等。数据库的操作包括数据格式的选择和转换、数据的连接、提取等；

（3）数据分析与处理：指对数据进行分析和指标测量，通过函数转换来进行数据预处理和错误改正；

（4）数据输出：指将地理信息系统内的数据经过分析、转换、重新组织以用户可以理解的方式提交给用户的过程。

（三）空间数据

不同用途的 GIS 其地理空间数据的种类、精度都是不同的，但基本上都包括三种互相联系的数据类型即区域性地理信息系统与全球性地理信息系统；综合地理信息系统与专题地理信息系统；工具型地理信息系统与应用型地理信息系统。

（四）系统应用人员

地理信息系统从设计、建立、运行到维护的整个生命周期，都离不开人的作用。完整的地理信息系统，需要人进行组织、管理、维护和数据更新、应用程序开发，并灵活采用多种地理分析模型为决策服务。

一、实施工具

通过计算机和 GIS 检测平台（http：//gps2. shedi. com）实时查询船舶位置和行驶数据信息，了解 GIS、电子地图原理及在物流方面应用，完成检测表格。

表 5－1　船舶检测数据信息

船名	速度	经度	纬度	位置	时间	一月行驶里程

二、实施方法

通过企业官方网站，物流专业网站，物流论坛等获得所需要的相关信息检索，填写表格，了解地理信息系统技术目前主要应用于哪些行业或者哪类企业？通过本次实践写下你的体会。

GIS 技术在物流管理中的应用主要体现在物流信息系统架构、配送网络规划、配送中心选址、配送车辆调度等方面，完善该应用研究对降低物流成本、增加经济效益和增强企业核心竞争力具有重要意义。

任务四　电子数据交换技术

要求学生通过 simtrade 外贸实习系统软件，以虚拟企业的身份从事网上贸易活动，并根据各个业务环节的需要制作各种单据。通过电子数据交换（EDI）实训，使学生对外贸单证在外贸业务中的使用流程有一个全面的了解，从而能更加系统地理解外贸专业知识。

一、电子数据交换（EDI）技术产生背景

20 世纪 60 年代以来，全球市场竞争也出现了新的特征。价格因素在竞争中所占的比重逐渐减小，而服务性因素所占比重增大。在整个贸易链中，绝大多数的企业既是供货商又是销售商，计算机大量普及已使计算机应用从单机应用走向系统应用。在这样的背景下，以计算机应用、通信网络及数据标准化为基础的 EDI 应运而生。EDI 迅速在世界各国家得到广泛的应用。

二、电子数据交换（EDI）技术

国际标准化组织（ISO）于1994年确认了EDI的技术定义：为商业或行政事务处理，按照一个公认的标准，形成结构化的事务处理或消息报文格式，从计算机到计算机的电子传输方法。EDI系统是按照同一规定的一套通用标准格式，将标准的经济信息，通过通信网络传输，在贸易伙伴的电子计算机系统之间进行数据交换和自动处理，俗称“无纸化贸易”，被誉为一场“结构性的商业革命”。

EDI最开始是用于集装箱远洋运输，后来逐渐推广到其他运输方式。在公路货运中，它可以用于传递货单、发票、海关申报单、进出口许可证的国内凭证，描绘货物的品种、数量、重量、尺寸以及其他重要相关信息。

三、EDI技术在我国第三方物流中的应用

我国EDI技术的研究应用是从20世纪80年代起步的。“七五”期间，交通部组织以上海为试点的集装箱运输工业性试验项目，为集装箱运输单证及其流转程序的规范化和标准化奠定了基础。“八五”期间交通部完成了国际集装箱多式联运工业性试验推广项目，使我国国际集装箱运输的运行模式进一步与国际接轨，为推进和实现EDI技术创造了良好环境。进入20世纪90年代，EDI技术进入快速发展阶段，1995年6月，国际集装箱运输项目的EDI通过可行性研究报告，国家计委随后又将它列入“九五”重点科技项目，从此进入了集装箱运输EDI项目技术攻关和示范工程建设的快车道。第三方物流是供应商与客户之间的桥梁，它对调节产品供需、缩短流通渠道、解决经济的流通规模及降低流通成本起着极为重要的作用。

一、实施工具

计算机模拟实验室、simtrade外贸实习系统软件。

二、实施方法

本实训要求学生通过国际贸易实习系统软件注册成立进出口企业，并以虚拟企业的身份从事网上贸易活动，并根据各个业务环节的需要制作各种单据。内容包括：公司注册、贸易信息发布和查询、建立业务关系、远程合同签订、支付（开证、审证）、单证制定（运输、投保、报检、报关）、制单结汇等。本实训要求所有学生以2~3人为一组，轮流充当进、出口企业以及海关、银行、商检、货代等角色，指导教师则通过登录教师后台管理系统对学生的贸易过程进行跟踪指导、审核管理。

三、实施步骤

要求每个学生至少完成一笔交易的全过程，且交易过程中的每个环节要留下记录，即要完成能反映整个交易的询盘、报盘、还盘、合同制定、催证、改证、制单等业务实施过程的询盘信、报盘信、还盘信、合同、信用证审核单、发票、装箱单等整套单证的填写、缮制。

通过深入 EDI 的具体流程，使学生全面了解 EDI 在外贸业务中的使用流程，从而加强学生对所学专业理论知识的理解、实际操作的动手能力，从而达到对 EDI 系统有一个较完整的认识。

任务五　企业资源信息技术

企业之间的竞争是基于效率的竞争，随着企业规模的增加，原有的管理模式很难适应现代企业的流程管理，因此供应链的信息化管理尤为重要。通过该实训，使得学生从软件层面较系统地掌握企业供应链管理的关键环节，通过对采购管理、销售管理、库存管理和存货管理四个模块核心业务的学习，从实际操练建账与基础设置，销售业务，物料需求计划，采购管理，库存管理，存货核算，期初、期末业务处理，深入供应链业务的具体流程，能加强学生对所学专业理论知识的理解、实际操作的动手能力，从而对所学理论有一个较系统、完整的认识，最终达到理论与实践相结合的目的。

本次实训以一个完整的较复杂的工业企业 6 月的业务为蓝本：①核算体系建立。增加操作员，建立账套并设置相关参数信息。根据企业的账套信息，建立账套，并正确设置账套参数；②启用各总账，并进行基础档案设置。③设置基础科目及进行总账、采购、销售、库存、应收系统期初余额录入。④日常业务中处理采购入库业务和相关账表查询。⑤日常业务中处理销售出库业务和相关账表查询。⑥日常业务中处理库存业务和相关账表查询。⑦日常业务中处理各种往来业务和相关账表查询。⑧进行各出入库成本计算和月末结账工作所有工作结束之后，将账套结账，并输出保存。并就整个供应链软件操作流程实训做出总结。

一、企业资源信息技术发展背景

20 世纪 70 年代初，美国出现了一种新的管理技术——计算机辅助编制的物料需求计划（Material Requirements Planning，MRP）。到了 20 世纪 90 年代，随着全球经济一体化进程及 Internet 技术的出现，企业竞争空间进一步扩大发展，企业管理在 MRPⅡ等方法与技术的基础上延伸和发展成为另一门新的管理技术——企业资源计划（Enterprise Resource Planning，ERP）。

二、ERP 概念

ERP（Enterprise Resource Planning）是一种面向供应链的管理思想和工具。企业资源计划系统，以管理会计为核心。进入 ERP 阶段后，系统增加了包括财务预测、生产能力、调整资源调度等方面的功能，成为企业进行生产管理及决策的平台工具。

三、ERP 发展的四个主要阶段

ERP 是一个庞大的管理信息系统，要讲清楚 ERP 原理，我们首先要沿着 ERP 发展的四个主要的阶段。

ERP 初阶（一）：MRP 基本构成

1. 主生产计划

主生产计划（Master Production Schedule，简称 MPS）是确定每一具体的最终产品在每一具体时间段内生产数量的计划，它要求具体到产品的品种、型号等。

2. 产品结构与物料清单

产品结构与物料清单（Bill of Material，BOM）MRP 系统要正确计算出相关物料需求的时间和数量，系统首先要能够知道制造的产品结构和所要使用到的物料。

3. 库存信息

在 MRP 系统中，库存信息是保存所有产品、零部件、在制品、原材料等存在状态的数据库。产品零部件、在制品、原材料等统称为“物料”。

ERP 初阶（二）：二十世纪七十年代闭环 MRP

20 世纪 60 年代时段的 MRP 还不够完善，其主要缺陷是没有考虑到生产企业现有的

生产能力和采购的有关条件的约束。同时，它也缺乏根据计划实施情况的反馈信息对计划进行调整的功能。正是为了解决以上问题，MRP 系统在二十世纪七十年代发展为闭环 MRP 系统。闭环 MRP 系统除了物料需求计划外，还将生产能力需求计划、车间作业计划和采购作业计划也全部纳入 MRP，形成一个封闭的系统。

ERP 初阶（三）：二十世纪八十年代的 MRPII

闭环 MRP 系统的出现，使生产活动方面的各种子系统得到了统一。但它所涉及的仅仅是物流，而这也造成了数据的重复录入与存储，甚至造成数据的不一致性。于是，在二十世纪八十年代，人们把生产、财务、销售、工程技术、采购等各个子系统集成为一个一体化的系统，并称为制造资源计划（Manufacturing Resource Planning）系统，英文缩写还是 MRP，为了区别物流需求计划（亦缩写为 MRP）而记为 MRP Ⅱ。

MRPⅡ管理模式的特点：

（1）计划的一贯性与可行性；

（2）管理的系统性；

（3）数据共享性；

（4）动态应变性；

（5）模拟预见性；

（6）物流、资金流的统一。

ERP 初阶（四）：二十世纪九十年代的 ERP 系统

进入 20 世纪 90 年代，面向企业内部资源全面计划管理的思想逐步发展为 90 年代怎样有效利用和管理整体资源的管理思想，ERP（Enterprise Resource Planning）——企业资源计划也就随之产生。ERP 是在 MRPⅡ的基础上扩展了管理范围，给出了新的结构。

一、实施工具

计算机模拟实验室、ERP 供应链系统。

二、实施方法

实训组织方法为：①供应链账套初始化的组织：为学生分发账套号，并指定学生账套的保存路径；指导学生根据账套要求，完成电子账套的基础数据的录入工作；②供应链账套日常业务的组织：指导学生根据综合实验资料；独立进行供应链软件应用；引导学生进行账簿查询；③供应链账套的期末处理：指导学生进行对账与结账工作；组织学生统一输出并储存电子账套；④对整个实训进行总结。

三、实施步骤

以学生为中心，学生应在教师的指导下自主的完成实训任务。教师向学生布置任务，介绍相关资料和学习资源，进行必要的指导，解答相关问题，控制学习进度，监督检查学生实训过程并及时纠正错误。大量的工作要由学生根据教师的要求和模拟企业的现实情况，寻求各种资源和信息，自主的完成。

具体实施步骤：

（1）讲解模拟实训要求；

（2）实训老师讲解相应的过程并布置任务，学生根据实训资料现场操作，老师现场进行指导讲解；

（3）在每个阶段都需要指导学生存储并输出账套资料；

（4）对电算实训进行总结。

ERP 的实施实现了物流信息的准确化、标准化和集成化。ERP 系统本身比较复杂，进行 ERP 实施需要物流企业转变观念。进行业务流程梳理，甚至需要变革原有的业务流程。

1. 什么是全球定位系统技术？
2. 全球定位系统技术有哪些特点？请简要加以说明。
3. 全球定位系统技术目前主要应用于哪些行业或者哪类企业。
4. 什么是 EDI？简述 EDI 的组成。
5. 地理信息系统技术有哪些特点？有哪些分类？请简要加以说明。
6. 简述条码技术在物流信息系统中的应用。
7. 自动识别技术目前主要应用于哪些行业或者哪类企业（每种自动识别技术调研 2 家企业）？请进行如下的调研。

表 5－2　自动识别技术企业应用情况

序号	种类	企业名称	应用部门或领域	应用具体情况	应用效果	自动识别技术相关设备
1	条码技术					
2	射频识别技术					

模块六　第三方物流营销管理

知识目标

1. 了解物流市场营销环境的含义，物流营销组合的相关含义；

2. 认识客户需求的规律性，掌握物流需求层次分析法；

3. 了解第三方物流市场细分和定位的含义和方法，掌握物流服务产品的定价方法和技巧；

4. 了解物流企业促销的方式和策略。

能力目标

1. 会针对某一项目要求设计市场问卷调查表，根据物流公司想要了解市场需求进行的设计调查规划；

2. 根据企业要求能对市场细分和定位作出操作流程和服务标准，结合所学知识从运营成功的企业中吸取定价成功的经验；

3. 能使用归纳法，熟练收集各种媒介资料，了解物流成功企业的促销策略。

任务一　第三方物流市场调查

对于任何物流企业的营销活动，物流市场营销环境所包括内部和外部环境都极为重要，它们都是能有效使企业客观了解掌握市场需求和动态的重要手段。

一、物流市场营销环境与营销组合

任何物流企业的营销活动，环境因素的影响都极为重要，环境的优劣、特点和变化都对物流营销的方向、内容和发展产生影响。特别是第三方物流企业，它既有服务经营的一般规律，又有物流营销的特性。

（一）物流市场营销环境的含义

物流市场营销环境是与物流企业市场营销活动有关的各种内外界条件和因素的综合。

环境一般可以分为宏观环境和微观环境。宏观环境指的是给物流企业造成市场机会和环境威胁的主要力量，包括政治法律环境、经济环境、社会文化环境、科技环境和自然环境等，涉及面广，因素多为企业不能控制。微观环境指的是直接影响物流企业在目标市场上开展营销活动的因素，包括物流企业、供应商、营销中介、竞争者、客户和社会公众等。这些因素与企业物流活动紧密相连，直接影响物流企业为客户服务的质量，企业可以通过自身的努力加以控制，掌握发挥有利的优势，搞好物流营销活动。

（二）第三方物流营销组合分析

1. 物流营销组合的原则

（1）注重规模的原则

物流业的效益取决于其规模，所以制定营销组合时首先要确定某个客户或某几个客户的物流需求具有一定规模，然后为其设计有特色的物流服务。

（2）注重合作的原则

物流企业本身不一定必须拥有完成物流业的所有功能，物流企业在做好自身核心物流业务的同时，将非核心业务交给其他物流企业完成，才能取得更大的物流效益。所以，物流营销组合还应该包括与其他物流企业进行联合工作。

（3）注重回报的原则

对企业来说，市场营销的真正价值在于为企业带来短期或长期收入和利润的能力。一方面，追求回报是营销发展的动力；另一方面，回报是维持市场关系的必要条件。物流企业要满足客户物流需求，为客户提供价值。必须要注重产出，注重物流企业在营销活动中的回报。

2. 4C 营销组合

市场营销管理由四个基本步骤组成，它可表示为：

R—STP—4P—IC

R 指市场营销环境研究。市场营销环境研究是营销管理的第一步，旨在发现市场机会和威胁，并设法利用机会，避免威胁。

STP 指目标市场决策。该阶段是在对营销环境研究的基础上，决定企业的服务对象。它可分为市场细分（S）、选择目标市场（T）、市场定位（P）。

4P 指市场营销组合。目标市场确定后，企业应制定进入该市场的策略。市场营销组合就是企业对可以控制的各种手段的综合应用。也有学者认为可由 4C 替代 4P，4P 所采纳的是卖方而非买方的观点，而顾客在考虑一项产品或服务时，并不会站在卖方的立场，因此 4P 中的每一个 P，都应通过其对应的 C 来表达，这样才能更贴近买方。如表 6－1 所示。

表 6－1　　4P 与 4C 的对应

4P	4C
产品（Product）	顾客价值（Customer value）
价格（Price）	顾客成本（Cost to the customer）
地点（Place）	便利性（Convenience）
促销（Promotion）	沟通（Communication）

IC 指市场营销实施。该阶段的主要任务是实施所指定的市场营销组合，进入目标市场，实现经营目标。它由营销执行（I）和营销控制（C）组成。营销执行包括制订营销计划、明确营销职责、控制销售费用、管理营销资料、统筹销售时机、理顺销售渠道、选聘营销人员和做好售后服务等；营销控制包括年度计划控制、赢利能力控制、效率控制和战略控制。

3. 物流营销组合对第三方物流企业的促进作用

（1）第三方物流公司的核心资产是服务营销组合。第三方物流公司是在外部客户管理、控制和提供物流作业服务的公司，只要能提供配套服务，就可称其为物流公司，而不必在乎是否有资产基础。它的核心资产是服务营销组合。

（2）第三方物流公司是核心资产的运作效果。采用第三方物流服务，客户企业可获得降低成本、提高顾客服务水平、增加企业柔性、改进生产效率、集中企业主业、提高物流专业水平等收益。美国田纳西州大学的一份研究报告称，大多数企业使用第三方物流服务可以获得以下好处：作业成本可降低 62%，核心业务可集中 56%，雇员可减少 50%，资产可减少 48%。目前，国际上各大汽车厂商为集中精力发展核心业务，都把物流业务外包给专业的物流公司。

二、市场调查问卷设计

设计好问卷，是搞好市场调查的关键环节。能否根据实际情况，巧妙地设计好问卷，对访问调查是否成功有着很大的影响。询问的形式可分为以下几种：

（1）自由回答题。调查者不加任何限制的提出问题，也没有事先拟出答案，由被调查者自由回答。

（2）是非题。要求被调查者在“是”或“非”、“有”或“无”等两项中选择其一。

（3）选择题。在事先拟定好的答案中，被调查者任选一个或数个。

（4）顺位题。被调查者根据自己的感受，对问卷提及的内容按顺序进行排列。

（5）评判题。请被调查者对某一问题的自我喜欢和感受程度作出评定。

（6）对比题。请被调查者在所需调查的各个项目中，将不同产品进行对比，做出自己的评价。

在设计问卷时不要将问题一般化，避免笼统发问，不要提可能使人难堪的问题。还应当注意所提问题的顺序安排，开头提出的问题应较容易回答，并且具有一定的趣味性，再逐渐将询问深入。

一、实施工具

通过 OFFICE 办公软件绘制表格，设计市场调查表。

二、实施方法

通过所学知识，结合日常生活中接触较多的日用品，为宝洁公司旗下的各品牌洗发水设计一份市场调查表。

三、实施步骤

步骤一：设计市场调查表。

表 6－2　　宝洁公司洗发水市场调查表

问　题	选　项	数　量
1. 请问您知道宝洁公司的洗发水吗（如海飞丝、潘婷等）	A. 知道——→继续	
	B. 不知道——→跳到第 5 题	
2. 以下洗发水您最常用哪一种	A. 海飞丝	
	B. 潘婷	
	C. 沙宣	
	D. 伊卡璐	
	E. 飘柔	

续 表

问 题	选 项	数 量
3. 您觉得使用后的效果如何	A. 一般	
	B. 好	
	C. 非常好	
4. 您会继续使用吗	A. 会	
	B. 不会	
5. 您使用的规格为	A. 小包装袋	
	B. 中等瓶装	
	C. 大瓶装	
	D. 其他	
6. 您觉得产品外形设计对购买的影响如何	A. 没影响	
	B. 一般	
	C. 很大影响	
7. 您选用的价格为	A. 10元以下	
	B. 10~20元	
	C. 20~30元	
	D. 30元以上	
8. 选购洗发水时会优先考虑哪个因素	A. 价格	
	B. 功能	
	C. 品牌	
	D. 电视广告	
	E. 朋友介绍	
	F. 其他	
9. 您选择洗发水的主要目的是	A. 去头屑	
	B. 柔顺	
	C. 止痒	
	D. 直发	

续 表

问 题	选 项	数 量
10. 您一般会在哪里购买	A. 超市	
	B. 商店	
	C. 批发市场	
	D. 药房	
11. 您选择在以上地方购买的原因	A. 方便	
	B. 品质保证	
	C. 服务态度好	
	D. 便宜	
	E 其他	
12. 以下洗发水促销方式中，最吸引您的是……	A. 有赠品	
	B. 现场打折	
	C. 抽奖活动	
	D. 有护发素配套	
13. 您会选择多重功效的洗发水？例如水疗等	A. 会	
	B. 不会	
14. 您认为洗发水的广告给您留下印象的是	A. 画面	
	B. 宣扬的效果	
	C. 代言人的气质	
	D. 没印象	
15. 您信任广告宣传的效果吗	A. 相信	
	B. 半信半疑	
	C. 不相信	
16. 希望您现在用的洗发水有何需要改进的地方	A. 价格	
	B. 效果	
	C. 效果更贴近广告效果就好	
	D. 降价	
	E. 使用效果够不够好	
	F. 香味	
	G. 没有	

步骤二：使用调查问卷进行调查。

注意在调查过程中对被调查者做好解释工作，及时解答他们的疑惑，最后做好整理统计数据工作。

通过第三方物流市场问卷调查的设计和统计实践，认识到第三方物流营销组合对第三方物流企业的积极促进作用。

任务二　第三方物流客户需求分析

第三方物流客户需求是指一定时期内社会经济活动对生产、流通、消费领域的各种资源配置作用而产生的对物流人、财、物等方面的要求，可以涉及物流的各个要素。

第三方物流客户需求是指一定时期内社会经济活动对生产、流通、消费领域的原材料、成品和半成品、商品及废旧物品、废旧材料等的配置作用而产生的对物流在空间、时间和费用方面的要求，涉及运输、库存、包装、装卸搬运、流通加工以及与之相关的信息需求等物流活动的诸多方面。

一、客户需求的一般规律性

客户的物流需求产生于其内生要求。从经济学角度分析，需求与效率和效益结合在一起。一般而言，客户物流只有在其外部物流供给的效率和效益超过其内部物流满足时，才会去寻求第三方物流的需求。此外，客户物流希望得到的第三方物流服务，还在于取得更迅速的市场先机，取得企业的竞争力。

（一）物流需求的特性

1. 物流需求的空间和时间特性

物流需求会因时间和空间的变化而异，例如销售的增长或下降，季节性变化的波动等。物流需求的这种空间和时间的维度，要求物流企业必须知道物流需求量在何处发生，何时发生，仓储位置以及平衡运输资源等。

2. 物流需求的不规则和规律性需求

物流企业通过对物流需求的分组，确定不同的服务水平。如果需求是“规律性的”，则需求变化是趋势性的；如果需求是“非规律性的”，则需求变化就是随机的。

3. 物流独立需求和派生需求

一般情况下，需求会来自许多的不同的客户，他们独立采购，物流量只是物流企业能够满足量很少的一部分，这种需求往往被称作“独立需求”；有时，物流需求是特定计划下的派生，如某汽车制造厂商需“物流”一批新轮胎，其原因在于该厂商制造了一种新车型而配套需要，这种需求则称之为“派生需求”。

（二）本质需求

客户物流是经济活动中的特殊群体，当他们购买物流服务时，作为“消费者”，希望得到“消费者剩余”；而在出售其产品时，又作为“生产者”，希望得到“生产者剩余”。就物流服务而言，如果一种服务方案不是由最低成本的物流企业提供，则此时客户物流的资源配置就是低效率的，在这种情况下，将物流需求从高成本物流提供者转到低成本物流提供者就会降低客户物流的总成本并增加总剩余。同样，对物流企业来说，如果一种物流服务方案不是被对方评价最高的物流需求者“购买”，则资源配置也是低效率的。在这种情况下，使该服务方案的“消费”从出价低的买者转到出价高的买者，就会增加总剩余。而我们知道总剩余的走势将决定市场的运行效率，它们的构成内容又决定了客户的需求，因此，效率和效益承担的是客户物流的本质需求。

（三）市场竞争力

从性质上看，竞争力是一种能力，是企业在一个竞争性市场中取得企业行为绩效的创造力和持续力的总称。从效果上讲，竞争力是一种优势，是企业获得一种区别于竞争对手的稳定地为市场提供更优越价值的地位。从目的上分析，竞争力创造出企业生存和发展的社会活动空间。

二、影响客户物流需求的因素

（一）行业分布与需求

行业是指经营同类产品或业务的企业集合。行业构成了物流服务的市场细分基础，同一行业的企业有着相同的物流需求和物流的产品，它们比行业之外的企业差异性更小。对第三方物流企业而言，不可能在企业规模和能力既定的条件下，去满足所有的物流需求。满足基本相同的物流需求意味着更低的成本和更好的客户关系。

（二）地域分布与需求

就大多数企业而言，所满足的总是一定地理区域内的消费群的消费需求，对这些潜在的物流需求者而言，他们的物流需求就与地理区域的人文因素有关。在人口众多的区域，需求量大，物流的量也就随之增大；在经济收入高的地区，消费力强，物流的量自然也不会低。

（三）规模大小与需求

对于提供专业化第三方物流服务的企业来说，接受服务企业的规模与物流需求量有着直接联系。企业规模大，意味着投入和产出量大，企业规模小，则反之。那些规模大的物流需求者，往往可以成为第三方物流企业的高端客户。为之服务，可以得到比较稳定的物流业务，也可以据此扩展企业的新客户，但往往这些客户成为物流业内激烈争夺的对象。所以，让此类客户成为固定消费群是第三方物流企业的营销重点。

三、客户物流需求层次分析法

第三方物流服务是一种产品，而这个产品最大特性就是个性化，这种服务的个性化，源于物流需求的个性化，因此，开发第三方物流产品，最关键的是对客户的物流需求进行分析，好的需求分析是物流服务成功的关键因素之一。这里介绍一种典型的客户物流需求方法——层次分析法。在层次分析法中，需求分析的层次同定制的方案的层次是相对应的，如图 6－1 所示。

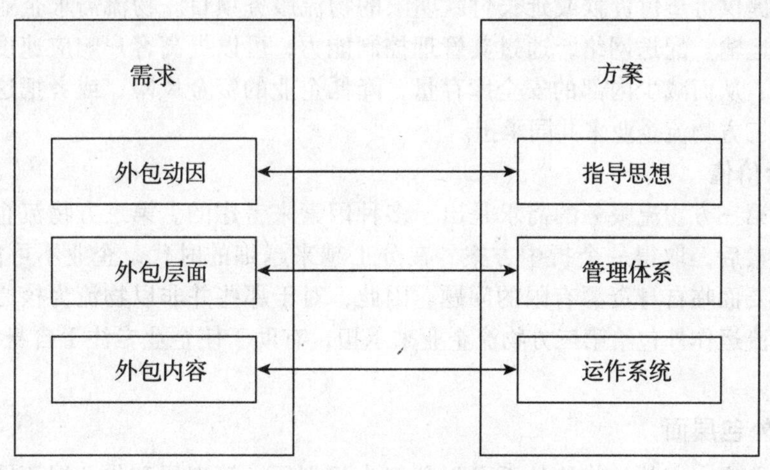

图 6－1 需求分析与物流方案层次对应关系

（一）外包动因

客户选择第三方物流企业，一般有以下几个关注点：

1. 成本价值

客户希望通过与第三方物流企业的合作，降低成本。这类客户多是在市场上已经取得一定市场份额，他们关注的不是大幅提高服务水平的问题，而是在现有的服务水平基础上如何降低成本的问题。采用第三方物流能够降低成本，主要表现在以下方面：企业将物流业务外包给第三方物流公司，以支付服务费用的形式获得服务，而不需要自己内部维持运输设备、仓库等物流基础设施和人员来满足这些需求，从而使得公司的固定成本转化为可变成本。

2. 服务能力价值

客户关注的是通过第三方物流企业的能力，提高自身的服务水平。对于附加价值较高的产品，或刚刚进入市场的产品，往往对第三方物流企业的服务能力非常关注。利用第三方物流企业信息网络和节点网络，能够加快对客户订货的反应能力，加快订单处理，缩短从订货到交货的时间，进行门到门运输，实现货物的快速交付，提高客户满意度；通过其先进的信息和通信技术可加强对在途货物的监控，及时发现、处理配送过程中的意外事故，保证订货及时、安全送达目的地，尽可能实现对客户的承诺；产品的售后服务，送货上门，退货处理，废品回收等也可由第三方物流企业完成，保证企业为客户提供稳定、可靠的高水平服务。

3. 资金价值

有些客户，一般资金不足或较重视资金的使用效率，不愿意自己在物流方面投入过多的人力和物力。针对这种需求，第三方物流企业要充分展现自己在物流方面的能力和投资潜力，提供可垫付货款或延长付款期限的物流服务项目。物流需求企业如果利用第三方物流的运输、配送网络，通过其管理控制能力，可以提高客户响应速度，加快存货的流动周转，从而减少内部的安全库存量，降低企业的资金风险，或者把这种分险分散一部分给第三方物流企业来共同承担。

4. 复合价值

客户对第三方物流服务的需求是出于多种因素来考虑的。第三方物流企业需要综合考虑多个因素后，取得一个折中方案。在分工越来越细的时代，企业不可能面面俱到，任何企业都要面临自身资源有限的问题。因此，对于那些并非以物流为核心业务的企业而言，将物流运作外包给第三方物流企业来承担，有助于使企业专注于自身的核心业务，提高竞争力。

（二）外包层面

一个企业客户完整的物流体系可以分解为规划层、管理层和作业层不同的层面。如表6-3所示。规划层关注的是长期的对物流的绩效有重要影响的问题；管理运作层则侧重于物流过程的组织、计划和协调；作业层关注的是具体物流活动的安排、执行。目前在我国，比较常见的外包是执行运作和管理层面的外包，其中执行层面的外包占有绝对优势。

表 6－3　不同层面的物流管理活动

物流活动	物流层面		
	规划层	管理层	作业层
选址	设施的数量、规模和位置	库存定位	线路选择、发运、调度
运输	运输方式的选择	阶段性服务的内容	确定补货数量、时间
订单处理	选择、设计订单录入系统	优先处理客户订单原则	分配订单
客户服务	设定标准	执行标准	执行标准
仓储	布局、位置选择	阶段性空间选择	供应订货
采购	制定政策	选择供应商洽谈合同	发出订单

（三）外包内容

获取客户外包内容的途径一般有两种：一种是客户将自己的物流需求列出来，对于物流管理比较健全的公司，一般采用这种形式；另一种就是客户对自己的物流需求没有明确的定义，则需要第三方物流服务企业通过调研获得。

一、实施工具

自制调查问卷表。

二、实施方法

通过设计好的问题，在调研过程中比较全面地了解和记录客户的物流需求。

三、实施步骤

步骤一：确定调查的主要内容，可以设计如下调查问卷的形式。

某物流公司客户需求问卷调查

尊敬的顾客：

您好！

本调查表旨在了解贵公司在仓储、运输、货代等方面的需求信息，在此基础上我们将为您量身定制出高效的物流服务解决方案。

一、货品情况

1. 货品具有什么性质、特点？（易燃；易爆；易碎；易受虫害；易受潮等）

2. 货品包装情况？（纸箱；桶装；托盘等）
3. 单件货品重量及体积？
4. 有多少品种及规格？

二、仓储

1. 您所需要储存的货量有多大？需要多大面积的仓库？
2. 您所要的仓库对地理位置有无特殊要求？
3. 您对库房结构、雨篷、照明有无特殊要求？
4. 在发货时是否需要对整箱包装拆零分发？
5. 在发货原则上，您是否严格要求先进先出？
6. 您对盘点有何要求？（盘点频率；盘点方法）
7. 您是否需要贴标签、改包装、条码扫描等延伸性服务？

三、运输、配送

（一）市内配送

1. 配送量、票据及目的地
(1) 平均每天或每月配送量；
(2) 平均每天送货票数、配送点数；
(3) 配送点平均每月货量；最大、最小货量各是多少？
2. 车辆类型选择
(1) 平板车或厢式车，或有其他需求？
(2) 车辆吨位、大小、长度？

（二）国内长途运输

1. 运输量、票数及目的地
(1) 平均每天每月货量、目的地点数；
(2) 平均每天送货票数、目的地点数；
(3) 目的地平均每月货量；最大、最小货量各是多少？
(4) 目的地在全国的分布状况；
(5) 零担、整车在总运输量中所占比重。
2. 车辆类型选择
(1) 平板车或厢式车，或有其他需求？
(2) 车辆吨位、大小、长度？
3. 进出口货代
(1) 运输方式是以海运为主，或以空运为主？各占多大比重？
(2) 以进口为主，或以出口为主？
(3) 平均每天或每月货量；
(4) 平均每天出口/进口票数、目的地/起点点数；
(5) 目的地/起点平均每月货量；最大、最小货量各是多少？

4. 运输时间的要求

(1) 您对各目的地要求在多少时间范围内送到?

(2) 您要求加急出库的占总票数多少比例?

(3) 您对送货签收单回收时间有何规定?

四、物流信息系统与报表

1. 您对仓库管理软件有何要求?

2. 您对运输跟踪系统有何要求?

3. 在物流 IT 系统方面，您还有何具体要求?

4. 我公司可提供以下报表:

(1) 入库确认书;

(2) 出库确认书;

(3) 每日/每月货物进出库报告;

(4) 任一时点库存报告;

(5) 每月盘点报告;

(6) 每月运输清单;

(7) 每月物流营运指标报告 (KPI)。

对于以上报表，您有何看法? 您是否还需要其他报表?

五、仓储及运输保险

1. 您是否对委托我公司保管的货物投保?

2. 您是否对委托我公司承运的货物投运输险?

3. 我公司可为您代投运输险，您有何具体要求?

六、费用支付

1. 您在收到我公司开具的发票后，付款期限多长?

2. 采用何种付款方式? (转账; 电汇; 支票等)

步骤二：使用问卷调查表进行调查。可以采用现场调查或者发放调查问卷的方式进行，以获得相关信息。

通过对目标企业进行针对性的市场需求分析与调查，能够将学到的理论知识应用到实践，解决实际问题。

通过对客户需求的规律分析、影响因素的阐述，利用层次分析法来确定这种个性化的服务，从而使企业抢占市场先机，获得企业的竞争力。

任务三　第三方物流市场细分与定位

在物流市场上，有很多需求相似的客户群，如何针对这些相似的客户群找出不同点，进行精确定位，从而细分市场，提高产品和服务的竞争力，是本任务需要学习的要点。

一、第三方物流市场细分

（一）物流市场细分的概念

物流市场细分是指企业根据客户需求的不同特征将这个市场划分为若干客户群的过程。每个客户群是一个具有相同特征的细分市场或子市场。企业针对不同的细分市场，采取相应的市场营销组合策略，使物流企业营销的产品更符合各种不同特点的客户需要，从而在各个细分市场上扩大市场占有率，提高产品和服务的竞争能力。

（二）物流市场细分的标准

企业可以根据不同性质和物流市场的特点，对其进行细分。

1. 地理区域

一般分为区域物流和跨区域物流。

2. 客户规模

可分为大客户（对物流业务要求多的客户，是企业的主要服务对象）；中等客户（对物流业务要求一般的客户，是企业的次要服务对象）；小客户（对物流业务需求较少的客户，是物流企业较小的服务对象）。

3. 客户行业

一般可以将市场细分为：农业、工业商业和服务业等细分市场。

4. 客户所有制性质

一般将客户分为：三资企业（外商以合资、合作或独资的形式在大陆境内开办的

企业）；国有企业（生产资料归国家所有的企业）；民营企业（生产资料归公民私人所有、以雇用劳动为基础的企业）；其他企业或组织，除以上三种形式以外的其他企业或组织。

三资企业、国有企业、民营企业客户特征的具体比较如表6－4所示。

表6－4　　三资企业、国有企业和民营企业客户特征比较

序号	比较项目	三资企业	国有企业	民营企业
1	对物流的认识	有认识	一般	一般
2	市场开发成本	较低	高	一般
3	合作的难易	容易	难	一般
4	客户维护成本	较低	高	较高
5	合作层面	较高	低	低
6	利润空间	较高	不确定	低
7	营销手段	品牌为主	品牌与关系营销	品牌与关系营销

5. 物品属性

按客户物品的属性可将市场分为：生产资料市场（用于生产的物品资料市场，其数量大，地点集中，物流活动要求多且高）；生活资料市场（用于生活需要的物品资料市场，其地点分散，及时性要求高）；其他资料市场（除以上两个细分市场以外的所有物质资料市场）。

6. 服务方式

根据客户所需物流服务功能的实施和管理的要求不同而细分市场，按服务方式可将物流市场分为：综合方式服务市场；单一方式服务市场。

7. 外包动因

这个在前面章节中已提到相关内容，分为：关注成本型；关注能力型；关注资金型；复合关注型。

（三）物流市场细分的步骤

美国市场学家麦卡锡提出了细分市场的七个步骤，这对服务市场的细分具有参考价值。

第一步，选定产品市场范围；

第二步，列出企业所选定产品市场范围内所有潜在顾客的各种需求，主要是心理的、行为的和地理的特征；

第三步，企业将列出的各种需求交由不同类型的顾客挑选出他们最迫切的需求，最后集中顾客的意见，选择几个作为市场细分的标准；

第四步，检验每一个细分市场的需求，抽掉它们的共性、共同需求，突出它们的特殊需求作为细分标准；

第五步，根据不同消费者的特征，划分相应的市场群，并赋予一定的名称；

第六步，进一步分析每一细分市场的不同需求与购买行为及其原因，并了解要进入细分市场的新变量，使企业不断适应市场的发展变化；

第七步，决定市场细分的大小及市场群的潜力，从中选择使企业获得有利机会的目标市场。

二、第三方物流市场定位

物流企业通过市场细分确定了所要进入的目标市场，如何进入目标市场，这就需要对市场上的竞争状况做进一步分析，以确定企业自身的市场位置，即物流市场定位的问题探讨。

（一）物流市场定位的概念

市场定位是由美国的两位广告经理艾尔·列斯（ALRIES）和杰克·特罗（JACK TROUT）首先提出来的。他们认为：定位是以产品为出发点，针对潜在顾客的思想，是你对未来的潜在顾客心智所下的工夫。即要为产品在潜在顾客的大脑中确定一个合适的位置。

物流市场定位是指物流企业根据市场竞争状况和自身资源条件，建立和发展差异化优势，以使自己的服务在消费者心目中形成区别并优越于竞争者服务的独特形象。定位为物流服务差异化提供了机会，使每家企业及其服务在客户心目中都占有一席之地，形成特定的形象从而影响其购买决定。

（二）物流服务市场定位方法

物流企业的市场定位是物流企业为了将自己的物流服务有针对性地进行推广或销售的一种客户定位，是企业将服务推出市场的最佳切入点。企业可从以下几个方面进行市场定位。

1. 按经营层面定位

物流企业应该明确定位自己的核心经营层面，有了核心经营层面，才有可能形成核心优势，树立品牌形象。

（1）运作层。企业只提供比较初级的物流管理服务，物流企业本身不涉及客户内部的物流管理和控制，只是根据客户的要求，整合社会物流资源，完成特定的物流服务。

（2）管理层。包括销售预测、库存的管理和控制等专业的物流环节，对物流公司的管理水平要求很高，因此能够提供专业化的物流管理的物流企业，往往可以得到较大的利润空间。

（3）规划层。服务内容包括物流设施、物流体系和物流网络的规划，这是物流领域中最富技术含量的一块领域，由于其专业性太强，主要由咨询公司完成这一业务。

（4）混合型。混合型的经营模式是企业在核心能力得到加强的基础上不断拓展自己的经营层面，往其他经营层面延伸。

2. 按主导区域定位

主导区域的定位是企业设定自己的核心业务的覆盖范围，在主导区域内，企业依靠自身的物流网络能够完成相关的物流服务。

（1）自身的投入能力。主导区域覆盖的区域越大，投入的资金越多。

（2）管理水平。主导区域覆盖面越广，管理难度越大。如果管理能力不强，过快的扩展自己的覆盖网络可能造成管理的时空和客户服务质量的降低。

（3）客户的需求分析。对现有的客户群进行分析，将业务比较多的区域设为主导区域。

（4）营运成本分析。通常情况下，主导区域覆盖的面越广表明提供服务的能力越强，同时有利于企业品牌的宣传，但需要的成本也越高。如果企业投入能力不足，对于主导区域不能覆盖的地方业务，可以通过联盟等协作办法解决。

3. 按主导行业定位

物流企业为了建立自己的竞争优势，一般将主营业务定位在一个或几个行业。因为不同的行业，其物流的运作模式是不同的。专注于特定行业可以形成行业优势，增强自身的竞争能力。物流企业在我国现阶段可以重点考虑的行业有：电脑、家电、通信、电子、汽车、化工、食品、服装、医药、家具等。

4. 按客户关系定位

物流企业与客户的关系可分为普通合作伙伴关系和战略合作伙伴关系。普通合作伙伴关系是合作双方根据双方签订的合作文件进行业务往来，在合作过程中双方的职责有比较明确的界限；战略合作伙伴关系的双方职责不再有明确的界限，合作双方为了共同的利益，在很大程度上参与对方的经营决策。

5. 按服务水平定位

服务水平分为基本服务、标准服务、增值服务三种。确定服务水平的一般原则如下：

（1）对于重点客户，一般要提供增值服务。重点客户的划分可以采用加权综合评估法，评估指标一般包括客户带来的利润空间、客户潜在的利润空间、客户的行业影响力、合作关系定位等。经过综合评分后，可采用20/80定律（即20%的客户能给企业带来80%的利润，80%的客户只能给企业带来20%的利润）将得分最高的20%客户列为重点客户，提供比较高级别的服务。

（2）对于可替代性强的业务，也要提供增值服务。一般的运输、仓储等业务，可替代性强，如果只是提供基本服务，往往很难将自己与竞争对手区分开来。在此情况下，可以开发增值服务项目。而对于新开发的业务，一般还没有竞争对手提供，单凭基本服务就可能对客户有很大吸引力，一般不提供增值服务。

（3）服务水平的确定是动态的过程，必须适时调整。服务水平的确定的动态性表现在以下两方面：一方面，客户是动态的，重点客户也是不断变化的。非重点客户可能发展成为重点客户，重点客户也可能退为非重点客户；另一方面，增值服务是一个相对概念，当该服务还没有普及推广时，是增值服务，当该服务成为行业普遍行为时，就成为标准甚至基本服务了。

一、实施工具

制定符合企业需求的操作流程、服务标准。

二、实施方法

根据企业提出的服务要求，进行市场定位分析，制定相应操作流程、服务标准。

三、实施步骤

步骤一：了解某通信企业的物流要求和考核标准。

步骤二：针对企业的需求，进行市场细分和定位，采取的主要做法如下。

（一）制定科学规范的操作流程

由于该通信企业的货物具有科技含量高、货值高、产品更新换代快、运输风险大、货物周转及仓储要求零库存的特点。第三方物流企业对所有业务操作都按照服务标准设定工作和管理程序进行，先后制定了出口、进口、国内空运、陆运、仓储、运输、信息查询、反馈等工作程序，每位员工、每个工作环节都按照设定的工作程序进行，使整个操作过程井然有序，提高了服务质量，减少了差错。

（二）提供24小时的全天候服务

针对客户24小时服务的要求，实行全年365天的全天候工作制度。周六、周日（包括节假日）均视为正常工作日，厂家随时出货，随时有专人、专车提供操作。在通信方面，相关人员从总经理到业务员实行24小时的通信畅通，保证了对各种突发情况的迅速处理。

（三）提供门到门的延伸服务

普通货物运送的标准一般是从机场到机场，由货主自己提货，而快件服务的标准是从“门到门”、“库到库”，而且货物运输的全程在严密的监控之中，因此收费也较高。对于该通信公司的普通货物虽然是按普货标准收费的，但提供的却是门到门、库到库的快件服务，这样既提高了货物运输及时性，又保证了安全。

（四）提供创新服务

从货主的角度出发，推出新的、更周到的服务项目，最大限度地减少货损，维护货主信誉。为保证客户的货物在运输中减少被盗的事情发生，在运输中间增加了打包、加

固的环节；为防止货物被雨淋，又增加了一项塑料袋包装；为保证急货按时送到货主手中，还增加了手提货的运输方式，解决了客户的急、难问题，让客户感到在最需要的时候能及时快速的得到帮助和解决。

（五）充分发挥第三方物流企业的网络优势

该物流企业经过几十年的建设，在全国拥有了比较齐全的海、陆、空运输与仓储设施，形成了遍布国内外的货运营销网络，通过其网络，在国内为该通信公司提供服务的网点城市已达98个，实现了提货、发运、对方派送全过程的定点定人、信息跟踪反馈，满足了客户的要求。

（六）对客户实行全程负责制

对于出现的问题，物流公司对运输的每一个环节负全责，积极主动协助客户解决，并承担责任和赔偿损失，确保了货主的利益。

通过案例阐述使学生了解物流市场细分和定位的含义、步骤与方法。

任务四　第三方物流服务产品的开发与定价

现代经济的迅速发展，人们个性化需求的不断变化使得产品的生命周期在迅速缩短，看看移动通信业的差异化案例，从而理解物流服务产品的开发意义。

一、第三方物流服务产品的开发

经济的发展，需求的变化以及技术的进步等因素，使产品生命周期在迅速缩短。在物流领域更新也是如此，如运输服务中的 GIS、GPS 等高端信息技术的运用，仓储服务从传统的保管服务到现在的自动化仓库服务及海关监管仓库等无不体现出这一点。因此，只有通过新产品的开发，才可以满足消费者个性化需求，使企业在竞争中处于有利地位，提高企业活力。

（一）新产品的概念

所谓物流服务的产品包括产品的原理、性能、用途、包装、服务等的变革和创新。物流企业可以通过收购，即购买整家公司、购买专利或获得使用他人产品的许可证来得到新产品；也可以自己开发新产品，包括新发明的产品、改良的产品、调整的产品及新的品牌等。

（二）新产品的开发策略

为了减少失误，企业在开发新产品时应制定相应的策略。

1. 全新产品开发

在市场上从未有过的首创产品，能实现此产品开发，会产生很高的附加值，能极大提高企业的竞争力，但往往成本过高一般企业很难采用。

2. 改进型开发

对现有产品加以改进来满足客户的新的需求。着眼点在于使现有设备不做过大改动，技术力量可得到充分利用，即使新产品不成功，损失也不大。

3. 多类型开发

开发某种新产品，在投入市场的时候，制造出多种类型，是不同类型产品满足客户不同需求，经过一段时间市场营销逐渐向少数类型集中，提高产品开发的成功率。

4. 仿制竞争者开发

在竞争者产品的基础上进行改进，往往成本较小，已获得成功，但也容易被替代。

（三）新产品开发的程序

1. 设想与构思

新产品的设想来源于顾客的需求、科研单位的成果、竞争者的启发、销售人员和中间商提供的信息、经营者的思考等。构思过程则需要集思广益，争取从多方面受到启发，以激发创造意识，产生灵感。

2. 创意整理

即对收集到的各种构思进行筛选。应注意两种情况：错用，采用了不合理的构思，造成新产品的失败；误舍，将合理的构思漏掉，使企业失掉了本来会很有竞争力的新产品。在整理过程中不能仅凭主观感觉就下结论，要得到实际资料的印证。

3. 产品概念的形成和检验

构思经过选定之后，即形成了产品的概念，但是客户能不能接受这一概念还不清楚，因此在产品试制前还应进行产品概念检验，从多方面分析一下产品能不能达到预想的效果；潜在顾客描绘，考虑将来的购买者可能包括哪些客户，已确定产品用什么样的功能

满足需求；顾客试用，以获得“顾客印象”用来与主观概念相对照。

4. 产品全面审核、市场检验阶段

从技术和经济的角度对新产品进行综合评价，将产品进行试销，目的在于检验正式销售条件下消费者对产品的反应。出于竞争的考虑，试销工作应迅速进行，还要注意保密性。

5. 正式投产和上市

该阶段应注意上市时机、上市地点、目标客户和营销策略的运用。

二、第三方物流服务产品的定价

（一）定价目标

在市场经济条件下，影响产品定价的因素繁多，企业的最终目的是使企业能生存、发展和壮大，为达到这一目标企业必须适应瞬息万变的市场变化，而价格使企业为实现其目标必须运用的最重要的手段之一。在产品定价和企业目标之间，产品定价应服从和服务于企业目标，通常有以下几种：

（1）生存：当遇上生产过剩或激烈竞争，或者要改变消费者的需求时，需要把维持企业生存作为主要目标。

（2）实现企业利润最大化：作为具有独立利益的经济实体，企业必然希望从自己的产品上能获得最高利润。它应当是一个长期目标，应从时间上、空间上、产品结构上综合考虑。

（3）保持和增加市场占有率：此时，企业的产品和服务的价格就应围绕着如何通过产品价格的变化来实现其市场占有率的增加。

（4）提高产品质量：在物流企业中，因其提供的产品多数为各种劳务，不同物流企业提供的劳务质量的高低会直接影响消费者的消费决定。

（5）应付和防止竞争：这种定价目标的确定是以对市场价格有决定性影响的竞争者的价格为基础，出于竞争的需要分别采用低于竞争者、与竞争者持平或高于竞争者的定价，使自己在竞争中处于有利的地位。

（二）定价方法

（1）成本加成定价法：在产品的成本（变动成本和固定成本）上加一个标准的加成。

（2）目标利润定价法：它能给企业带来正在追求的利润。

（3）认知价值定价法：将价格建立在顾客对产品的认知价值的基础上。这种方法利用在营销组合中的非价格变量，在购买者心目中建立起认知价值，价格就建立在捕捉住的认知价值上。

（4）价值定价法：利用相当低的价格出售高质量的产品。该法认为价格应该代表了向消费者供应高价值的产品。

（5）通行价格定价法：这是给予竞争者价格的一种定价方法，很少注意自己的成本或需求。

（6）密封投标定价法：这是一种竞争性的定价法。定价在很大程度上取决于预期的竞争者将制定怎样的价格。

（三）定价技巧

基础价格是单位产品在生产地点或者经销地点的价格，尚未计入折扣、折让、运费等对商品或劳务价格的影响，但在市场经济条件下，随着企业的增多，竞争的加剧，现实中的产品或劳务市场往往处于动态变化之中。为了适应这种市场的变化，企业还需考虑或利用灵活多变的定价策略或技巧，修正或调整商品或劳务的基础价格。

1. 利用消费者错觉定价

（1）非整数定价。即通常所说的“取九舍十”的定价策略，在一定程度上能满足消费者这种在商品使用价值相同的情况下，价格可能便宜些的心理。

（2）期望定价法。这种定价不带尾数，凑到整数上，使得商品显得高级给人感到有竞争力，能显示出名牌产品过硬的质量，最重要的是在于满足消费者自我炫耀的需要，心理上能得到更大满足。

（3）降低起售点。这种小包装使得消费者一次拿出的货币量小，容易从预算中挤出来，对消费者来讲风险小，使用好可以再买，使用不好也损失不大。

2. 激发消费者购买动机定价

这类技巧是通过让价、折价或是消费者获得其他好处，鼓励消费者多买本企业的产品，达到扩大销售的目的。主要形式有：

（1）现金折扣：对按约定日期或提前以现金付款的客户，根据其所购产品原价给予一定的优惠。

（2）数量折扣：根据每次或某一时间段内的客户需要服务业务的数量或金额的大小，分别给予买家不同的价格待遇的定价技巧。通常以交易活动中最小数量的价格作为基础价格，凡超过数量起点的交易，卖方给予买方一定的价格折扣，数量越大，折扣越大，成交价格也越低。可分为累计折扣和非累计折扣。

（3）季节折扣：指企业在淡季给予客户一定的价格折扣，以刺激客户需要。

3. 差别定价技巧

差别定价是根据交易对象、交易时间和地点等方面的不同，制定出两种或多种不同价格以适应消费者的不同需求，从而扩大销售，增加收益。

（1）按不同的客户差别定价

即企业按照不同的价格把同一种商品或服务卖给不同的顾客。

（2）按产品部位差别定价

即企业对于处在不同位置或服务分别制定不同的价格，即使这些产品或服务的成本费用没有差别。

一、实施工具

可上网收集资讯，对移动通信业差异化价格的分析。

二、实施方法

通过学习产品的开发和定价，以移动通信业的差异化价格分析其在市场上成功推出并运营的实施策略问题。

三、实施步骤

步骤一：背景介绍。

移动通信业长期以来一直由政府实行管制政策，属于政府行政垄断的行业，同时移动通信业是典型的高固定成本、低边际成本的行业，具有自然垄断的特性。在政府监管的同时，该企业也理性经营，摒弃单纯的价格竞争，采取非价格竞争手段的一个有益尝试——差异化定价策略。

步骤二：分析差异化定价策略，可通过上网查找相关信息和资料，整理得到。

（1）品牌差异化：随着竞争格局的转变，移动通信运营企业的位置、角色会不断发生变化，品牌上的竞争会成为焦点，用户对运营商品牌和服务品牌的忠诚度成为竞争的一个核心。虽然移动通信运营商已建立了如“全球通”、“神州行”、“如意通”等企业或产品品牌，但由于消费者目标群体的进一步细分以及移动通信服务的细分还不够充分，使得用户对不同品牌的价值认知的差异化还没有完全建立，只有当用户对不同品牌建立起不同的认知度时，才能最终实现差异化定价策略。

（2）产品差异化：移动通信话音业务市场经过多年的发展，已进入成熟期。移动增值业务和移动数据业务在现在和未来移动通信市场竞争中发挥着越来越重要的作用。通过新业务研发和业务组合实现移动通信服务的差异，并运用“先动策略”使企业在市场竞争中处于领先的优势。

（3）服务差异化：通过提供不同等级的服务去满足不同用户的需求。如提供大客户个性化服务、普通用户规范化服务等差异化服务。根据“80/20”法则，对大客户实行个性化服务，建立客户经理负责制是开发和稳定大客户市场的关键。

从案例分析中，认识到第三方物流服务产品在开发和定价中的策略、程序和方法。

任务五　第三方物流促销

全球最大的网上书店亚马逊网上书店2002年年底开始赢利，这是全球电子商务发展的福音。美国亚马逊网上书店自1995年7月在美国开业以来，经历了7年发展历程，随着电子商务发展受挫，许多追随者纷纷倒地落马之时，它却顽强地活了下来并脱颖而出，创造出令人振奋的业绩。究其原因，正是被许多人称为电子商务发展“瓶颈”和最大障碍的物流拯救了亚马逊，是物流创造了亚马逊现在的业绩。通过对全球最大的网上书店——亚马逊网上书店的资料查找和分析，了解第三方物流促销在物流企业市场营销活动中的重要性。

促销（Promotion）是指企业把产品和提供服务的信息通过各种方式传递给消费者和用户，促进其了解、信赖并购买本企业的产品或服务，以扩大产品销售为目的的企业经营活动。其实质就是企业与消费者或用户之间的信息沟通。由于物流服务具有非实体性和不可储存性的特点，因此，物流企业促销就是物流企业把其向客户提供物流服务的方式、内容、信息等通过一种或几种有效的途径传递给客户以达到吸引客户，提高企业业务量，增加利润目的的企业经营活动。

一、物流企业促销的主要方式

按照信息传递的载体，物流促销可分为人员促销和非人员促销两大类，良好的营销组合具体包括广告、人员推销、营业推广、公共关系四种主要方式。

（一）广告

广告是一种典型的非人员推销方式。它是指物流企业通过一定的传播媒介，以付费的方式将有关物流企业服务信息传递给目标客户的促销方式。物流企业的广告促销通过综合运用文字、声音、图像、色彩等手段，增强信息传递的表现力，使客户易于接受。

其次由于广告具有公众性，有利于物流企业树立良好的形象，提高其知名度。

（二）人员推销

人员推销是一种最直接的推销方式。它是指物流企业派出或委托推销人员，向客户或潜在客户面对面的介绍本企业所提供的服务，以获取更多的业务量。由于在人员推销过程中信息沟通是直接的，不仅可以促成交易，而且有利于推销人员配合企业整体营销活动来发现并满足客户的需求，使企业与客户建立长期稳定的业务联系。因此，人员推销是物流企业促销活动中最重要的一种推销方式。

（三）营业推广

营业推广是指在短期内能迅速刺激物流服务需求，吸引客户，增加物流企业业务量的各种促销方式。随着市场竞争的日益激烈，营业推广的使用日益受到企业的重视，但营业推广只是一种在短期内效果明显的促销方式，企业不宜经常采用，以防止急功近利、陷入促销的误区。

（四）公共关系

公共关系是指物流企业在营销过程中为使自身与社会公众建立和保持良好的关系所进行的有组织的活动过程。公共关系的核心是共同信息，促进相互了解，宣传企业，提高企业的知名度，为企业创造一个良好的发展环境。与其他三类相比，公共关系是一种更为间接的促销方式。

二、物流企业促销策略

（一）物流企业人员推销策略

人员推销以其独特的优势成为物流企业生产经营活动的重要内容和主要环节，也成为物流促销组合中最不可缺少的促销方式，在现代物流企业市场营销中占有相当重要的位置。推销人员可以运用的策略有很多种，比较常用的策略有：

1. “刺激—反应”策略

该策略基于“刺激—反应”这一心理过程，在推销员不了解客户需求的情况下，通过使用正确的刺激性语言、图片、条件和行动等说服客户购买。这种策略在上门推销和电话推销物流服务时效果较好。

2. “启发—配方”策略

该策略基于“刺激—反应”这一心理过程，推销员事先争取与客户一起讨论客户的业务项目，弄清客户的需求和态度。然后推销员再向客户陈述介绍本企业所提供的服务，说明企业的服务项目如何能满足客户的需求，引起客户的兴趣，促使交易的达成。

3. “需要—满足”策略

该策略通过推销员与客户的交流，使客户意识到自己的真正需求，并希望满足这些需求。推销员再站在客户的立场上向客户推荐本企业所提供的服务，使客户感受到推销员成了他们的参谋，从而较顺利地推动成交。

（二）物流企业广告策略

物流企业广告是指物流企业通过各种传播媒介，以付费的形式将本企业的产品和服务等信息传递给客户的一种以促进销售为目的的非人员推销方式。

1. 广告目标

具体的广告目标是企业对广告活动进行有效的决策、指导和监督及对广告活动效果进行评价的依据。物流企业要实施广告决策首先应确定广告活动的目标。

（1）创造品牌目标。以此为广告目标，则物流企业目的在于开发新产品和开拓新市场。它通过对物流服务的性能、特点和增值作用的宣传介绍，提高客户对服务产品的认知程度，其中着重要求提高新产品的知名度、理解度和客户对厂牌标记的记忆度。

（2）保牌广告目标。其目的在于巩固已有的市场阵地，并在此基础上深入开发潜在市场和刺激购买需求。它主要通过连续广告的形式，加深对已有商品的认识。广告目标的重点在于保持客户对广告产品的好感、偏好和信心。

（3）竞争广告目标。其目的在于加强产品的宣传竞争，提高市场竞争能力。广告目标重点是宣传本产品的优异之处，使客户认知本产品能给他们带来什么好处，以增强偏好度并决定选购。

2. 广告媒体及其选择

（1）广告媒体。它是广告者向广告对象传递信息的载体，是支撑广告活动的物质技术手段。不同媒体的市场覆盖面、市场反应程度、可信性等均有不同的特点，如表 6－5 所示。

表 6－5　　常用媒体主要特点

媒体种类	覆盖范围	反应程度	可信性	寿命	保存价值	信息容量	制作费用	吸引力
报纸	广	好、快	好	较短	较好	大而全	较低	一般
杂志	较窄	差、慢	好	长	好	大而全	较低	好
广播	广	好、快	较好	很短	差	较小	低廉	较差
电视	广	好、快	好	很短	差	较小	很高	好
邮寄	很窄	较慢	较差	较长	较好	大而全	高	一般
户外	较窄	较快	较差	较长	较好	较小	低	较好
互联网	广	较快	较好	短	差	一般	高	一般

（2）选择广告媒体应考虑的因素。除了要认清各种媒体的特点，做到扬长避短外，还应考虑物流企业及产品的特性、目标客户的媒体习惯、媒体的传播范围及影响力、媒体成本等因素。

3. 广告预算

广告预算是物流企业根据广告计划在一定时间内对开展广告活动费用的估算，是企

业进行广告宣传活动投资资金的使用计划。

4. 广告效果评价

广告效果评价是企业制定广告决策的最后一个步骤，它是完整广告活动中不可缺少的重要内容。其分类主要有两个方面：一是广告传播效果，即物流企业广告对于客户知晓、认知和偏好的影响，它是以客户对物流企业认识程度的变化情况或客户接受广告的反应等间接促销因素为根据来确定的效果；二是广告效果，即物流广告推出后对企业产品销售的影响。

（三）物流企业营业推广策略

该策略是物流企业在特定的目标市场中，迅速刺激需求和鼓励购买而采取的非经常发生的推销努力。其作用就是通过某种营业营销刺激，以极强的诱惑力，使对方中间商或消费者迅速做出购买决策，产生即时购买效应。

1. 营业推广的特点

（1）刺激需求效果显著。营业推广以“机不可失失不再来”的较强吸引力，给客户提供了一个特殊的购买机会，可以促使客户立即购买。针对性强、促销见效快。

（2）形式具有局限性。如提供咨询服务、现场示范、赠送纪念品等，但这些形式如果运用不当，攻势过强，容易引起客户的反感，有损企业和产品的形象。

2. 营业推广的形式

（1）针对最终客户的营业推广。可以鼓励老客户继续使用，促进新客户使用，动员客户购买新的服务产品。引导客户改变购买习惯、培养顾客对本企业的偏爱等活动。可以采用：向客户赠送赠品、优惠券、鼓励客户尝试新服务等。

（2）针对物流中间商的营业推广。目的是鼓励中间商大量购买，吸引其扩大经营，动员有关中间商积极推销某些服务产品。可以采用：推广津贴、结合各种奖励的销售竞赛、更高的佣金、提供设施、共同广告等。

（3）针对推销人员的营业推广。鼓励他们热情推销产品，或促使他们积极开拓新市场。可以采用：有奖销售、比例分成、免费提供培训及技术指导等。

（四）物流企业公共关系策略

物流企业公共关系是指物流企业为搞好与社会公众的关系，促进公众对企业的认识、理解及支持，树立良好的企业形象，提高企业的知名度和美誉度而进行的现代管理活动。

1. 物流企业公共关系的特点

（1）从公关目标来看，公关注重长期效应。物流企业公共关系追求的目标是与社会公众利益的一致，通过一系列有计划的活动，树立和保持企业的声誉和形象。这一目标的达成，不是一朝一夕能够实现的，需要企业长期的积累，不断努力才能成功。

（2）从公关对象来看，公共注重双向沟通。物流企业进行公共关系活动，就是要一方面将有关产品及组织的各种信息及时、准确、有效的传播给公众，争取公众对企业的了解和理解，提高企业的知名度和美誉度，为企业树立良好形象；另一方面还要从广大

公众中收集有关市场需求信息、价格信息、产品及企业形象信息、竞争对手信息及其他有关的信息，为协调企业与公众的关系打下基础。

(3) 从公关手段看，公共注重间接促销。物流企业公共关系活动是通过对各种传播手段的运用，搞好与公众的关系，树立企业的形象，进而促进产品的销售。

2. 物流企业公共关系活动的方式

(1) 利用新闻媒介扩大企业宣传。物流企业应争取尽可能多的机会与新闻单位建立联系，通过新闻媒介向社会公众介绍企业及其产品。一方面可以节约广告支出，另一方面由于新闻媒介具有较高的权威性，覆盖面广，企业借助于新闻媒介的宣传效果要远远好于广告。

(2) 支持公益活动。物流企业通过赞助如体育、文化教育、社会福利等社会公益事业，使公众感到企业不单是一个经济实体，而且也能主动肩负社会责任，为社会的公益事业作出贡献。

(3) 组织专题公关活动。物流企业可以通过组织或举办新闻发布会、展览会、联谊会、庆典、开放参观等专题公关活动，介绍企业情况，沟通感情，增进了解，扩大宣传，树立形象。

(4) 加强内部员工的联系。物流企业可以组织内部员工进行一些文娱活动、体育活动、旅游或演讲等，还可以组织各种座谈会来交流思想，协调各部门及员工之间的关系。通过开展活动来培养员工的集体意识，增强企业凝聚力。

一、实施工具

上网收集亚马逊网上书店的资料，采用归纳法进行整理。

二、实施方法

通过对全球最大的网上书店——亚马逊网上书店的资料查找和分析，了解第三方物流促销策略在物流企业市场营销活动中的重要性。

三、实施步骤

步骤一：背景介绍。

全球最大的网上书店亚马逊网上书店 2002 年年底开始赢利，这是全球电子商务发展的福音。美国亚马逊网上书店自 1995 年 7 月在美国开业以来，经历了 7 年发展历程，随着有几年电子商务发展受挫，许多追随者纷纷倒地落马之时，它却顽强的活了下来并脱颖而出，创造出令人振奋的业绩。究其原因，正是被许多人称为电子商务发展“瓶颈”和最大障碍的物流拯救了亚马逊，是物流创造了亚马逊现在的业绩。

步骤二：用归纳法整理分析其成功之处。

1. 亚马逊的促销手段

在电子商务举步维艰的日子里，亚马逊推出了创新、大胆的促销策略——为顾客提供免费的送货服务，并且不断降低免费送货服务的门槛。到目前为止，亚马逊已经三次采取此种促销手段。前两次免费送货服务的门槛分别是99美元和49美元，2005年8月亚马逊又将免费送货的门槛降低一半，开始对购物总价超过25美元的顾客实行免费送货的服务，以此来促进销售业务的增长。免费送货极大地激发了人们的购买热情，使那些对电子商务心存疑虑、担心网上购物价格昂贵的网民们迅速加入亚马逊消费者的行列，从而使亚马逊的客户群扩大到了5000万人，由此产生了巨大的经济效益。

2. 开源节流

亚马逊赢利的秘诀在于给顾客提供的大额购买折扣及免费送货服务，然而此种促销策略也是一柄双刃剑：在增加销售的同时产生巨大的成本。如何消化由此带来的成本呢?亚马逊的做法是在财务管理上不遗余力的削减成本：减少开支、裁减人员，使用先进便捷的订单处理系统降低错误率，整合送货和节约库存成本……通过降低物流成本，相当于以较少的促销成本获得更大的的销售收益，再将之回馈于消费者，以此来争取更多的顾客，形成有效的良性循环。

3. 完善的物流系统

亚马逊虽然是一个电子商务公司，但它的物流系统十分完善，一点也不逊色于实体公司。比如，以下几个方面：

（1）在配送模式的选择上采取外包的方式。它将国内配送业务委托给美国邮政和UPS，国际物流委托给国际海运公司等专业物流公司，自己则集中精力去发展主营和核心业务。

（2）将库存控制在最低水平，实行零库存运转。亚马逊公司的库存图书很少，维持库存只有200种最受欢迎的畅销书。一般情况下，亚马逊是在顾客买书下了订单后，才从出版商那里进货。购书者以信用卡像亚马逊公司支付书款，而亚马逊却在图书售出46天后才向出版商付款，这就使得它的资金周转比传统书店要顺畅得多。

（3）降低退货比率。由于对商品品种选择适当，价格合理，商品质量和配送服务等能满足顾客需要，所以亚马逊保持了很低的退货比率，为0.25%，而传统书店一般为25%左右。

（4）为邮局发送商品提供便利，减少送货成本。采用“邮政注入”方式减少送货成本，即使用自己的货车或有独立的承运人将整卡车的订购商品从亚马逊的仓库送到当地邮局的库房，再由邮局向顾客送货，这样就免除邮局对商品的处理程序和步骤，为邮局发送商品提供便利条件，也为自己节省了资金。

（5）根据不同商品类别建立不同的配送中心，提高配送中心作业效率。这样做有利于提高配送中心的专业化作业程度，使作业组织简单化、规范化，既能提高配送中心作业的效率，又可降低配送中心的管理和运转费用。

(6) 采取“组合包装”技术，扩大运输批量。亚马逊建议顾客在订货时不要将需要等待的商品和有现货的商品放在同一张订单中。这样在发运时，承运人就可以将来自不同顾客、相同类别、而且配送中心也有现货的商品配装在同一货车内发运，从而缩短顾客订货后的等待时间，也扩大了运输批量，提高运输效率，降低了运输成本。

任务小结

通过物流企业促销的方式、策略的阐述，使学生理解物流企业促销最终起到的就是提高企业业务量，增加利润目的的企业经营活动。

任务拓展

K 物流公司在某大城市对超市进行市内配送时，由于受到车辆进城作业的限制，想寻求当地的搬家公司（M 公司）提供配送车辆支持。但是 M 公司开出的配送价格是半天（6 小时）或 200 千米以内为 200 元/车，大大超过了 K 物流公司可接受的 120 元/车的底线。

实训要求一：对 M 公司做市场调查，清楚该公司核心业务——搬家作业的集中时间。

实训要求二：结合自己配送时间的需求，找出时间交错点。

实训要求三：对于 M 公司，提供一份详细可行性合作意向说明，主要阐明合作的“双赢”效应。

实训要求四：针对在价格和服务方面的磋商和测算，实现双方达成 80 ~ 90 元/车的价格成交共识。

模块七　第三方物流成本管理

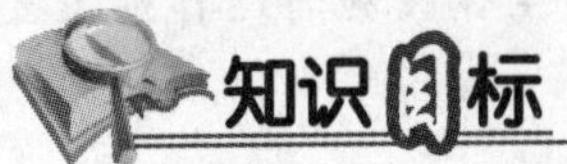

1. 了解第三方物流成本预测方法的原理及分类；
2. 掌握第三方物流成本的预测方法；
3. 掌握第三方物流成本决策在行业中的应用；
4. 了解第三方物流成本预算的步骤与目标定位；
5. 掌握第三方物流成本核算的方法；
6. 掌握第三方物流成本控制方法。

1. 利用时间序列法预测第三方物流成本；
2. 利用重心法确定物流网点位置，为第三方物流成本决策提供依据；
3. 应用相关理论和方法控制第三方物流成本。

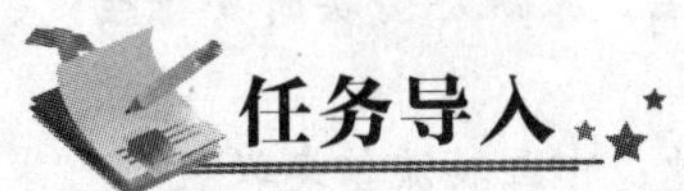

安利（中国）的物流成本决策

同样面临物流资讯奇缺、物流基建落后、第三方物流公司资质参差不齐的实际情况，国内同行物流成本居高不下，而安利（中国）的储运成本仅占全部经营成本的4.6%。安利能够实现低成本经营得益于其科学的物流决策。

1. 非核心环节业务外包决策

安利的“店铺＋推销员”的销售方式，对物流储运有非常高的要求。安利的物流储运系统，其主要功能是将安利工厂生产的产品及向其他供应商采购的印刷品、辅销产品等先转运到位于广州的储运中心，然后通过不同的运输方式运抵各地的区域仓库（主要包括沈阳、北京及上海外仓）暂时储存，再根据需求转运至设在各省市的店铺，并通过家居送货或店铺等销售渠道推向市场。与其他公司所不同的是，安利储运部同时还兼管着全国近百家店铺的营运、家居送货及电话订货等服务。所以，物流系统的完善与效率，在很大程度上影响着整个市场的有效运作。此外，安利采用了适应中国国情的“安利团队＋第三方物流供应商”的全方位运作模式。核心业务如库存控制等由安利统筹管理，实施信息资源最大范围的共享，使企业价值链发挥最大的效益。而非核心环节，则通过外包形式完成。如以广州为中心的珠三角地区主要由安利的车队运输，其他绝大部分货物运输都是由第三方物流公司来承担。另外，全国几乎所有的仓库均为外租第三方物流公司的仓库，而核心业务，如库存设计、调配指令及储运中心的主体设施与运作则主要由安利本身的团队统筹管理。

2. 仓库半租半建决策

从安利的物流运作模式来看，投资决策的实用主义是值得国内企业借鉴的。在美国，安利仓库的自动化程度相当高，而在中国，很多现代化的物流设备并没有被采用，因为美国土地和人工成本非常高，而中国这方面的成本比较低。两相权衡，安利弃高就低。正如安利的一位负责人所说“如果安利中国的销售上去了，有了需要，我们才考虑引进自动化仓库”。

3. 物流信息化决策

安利单在信息管理系统上就投资了9000多万元，其中主要的部分之一，就是用于物流、库存管理的AS400系统，它使公司的物流配送运作效率得到了很大地提升，同时大大地降低了各种成本。安利先进的计算机系统将全球各个分公司的存货数据联系在一起，各分公司与美国总部直接联机，详细储存每项产品的生产日期、销售数量、库存状态、有效日期、存放位置、销售价值、成本等数据。有关数据通过数据专线与各批发中心直接联机，使总部及仓库能及时了解各地区、各地店铺的销售和存货状况，并按各店铺的实际情况及时安排补货。在仓库库存不足时，公司的库存及生产系统亦会实时安排生产，并预定补给计划，以避免个别产品出现断货情况。

资料来源：中国物流信息联盟网

任务一　第三方物流成本预测与决策

由于第三方物流成本的构成较为复杂，其成本控制与优化往往包括多个技术环节，由此，第三方物流成本管理对于提高第三方物流企业竞争力是至关重要的。所以，结合实际管理的需要，本模块的内容如下：任务一：第三方物流成本的预测与决策；任务二：

第三方物流成本的预算与核算；任务三：第三方物流成本的控制。

在第三方物流成本管理中，第三方物流成本预测是确定目标成本和选择达到目标成本最佳途径的重要手段。加强成本预测工作，可以挖掘企业内部一切潜力，即以尽可能少的人力、物力、财力来实现企业的经营目标，保证企业获得最佳的经济效益。从这种意义来说，成本预测过程，实际就是成本决策过程。第三方物流成本决策是对要决策问题进行系统的调查研究，弄清历史和现状，掌握第一手信息，然后通过方案论证和综合评估以及对比择优，提出切实可行的方案供决策者参考。因此，第三方物流成本预测与决策是第三方物流管理的重要组成部分。本任务通过对第三方物流成本预测和决策方法的介绍及举例，了解数学方法在第三方物流成本预测和决策环节的实际应用。

一、第三方物流成本预测

第三方物流成本预测是在企业经营决策的总目标下，对成本可能达到的水平进行科学估计。在第三方物流成本管理中，物流成本预测具有十分重要的意义。企业要在激烈的竞争中立于不败之地，就必须对未来的状况做出正确估计，并以这种估计为决策和计划提供科学依据，减少物流成本决策的主观性和盲目性。

（一）物流成本预测的原理

物流成本之所以能预测，是因为事物的发展变化总呈现出一定的规律或表现出一定的特征；这些规律或特征就是预测的理论依据，即预测原理，主要有：惯性原理、类推原理、相关原理、概率原理等。在进行物流成本预测时，根据预测原理对不同的对象选择不同的预测模型进行预测。

1. 惯性原理

事物的发展变化过程常常表现出它的延续性，通常称这种表现为“惯性现象”。客观事物运动的惯性大小，取决于本身的动力和外界因素制约的程度。研究对象的惯性越大，说明延续性越强，越不易受外界因素的干扰而改变本身的运动倾向。例如，社会物流成本的惯性就比企业物流成本大，因为它不易受到外界因素的影响。惯性原理是时间序列分析预测方法的理论依据。

2. 类推原理

许多特性相近的客观事物，它们的变化有相似之处，通过分析类似事物相互联系的规律，根据已知事物的变化特征，推断具有近似特性预测对象的未来状态，这就是所谓的类推预测。基于类推原理的预测方法，适合两种事物的发展规律或发展特征具有明显相似性，且两事物在发展时间上存在先后差别的场合。例如，一个拟建的配送中心与另一地区的配送中心在物流需求及运行环境大体相当的情况下，就可以利用类推预测的方法，预测新建配送中心的物流成本。

3. 相关原理

任何事物的变化都是在与其他事物的相互影响下发展的。事物之间的相互影响常常表现为因果关系。深入分析研究对象与相关事物的依存关系和影响程度，是揭示事物变化特征和规律的有效途径，并可用以预测其未来状态。基于相关原理的预测方法适合于事物之间存在明确的因果关系或存在统计学上明显的相关性的预测场合。例如，企业物流成本往往与其物流业务量有关，我们可以利用物流业务量来预测物流成本。

4. 概率原理

由于预测对象受到社会、经济、科技等各类因素的影响，使其未来状态带有不确定性。影响的因素越多，关系越复杂，预测对象的未来状态就越难估计。预测对象的未来状态，实际上是一个随机事件。因此，可以用概率来表示这一事件发生可能性的大小。在预测中，常采用概率论和数理统计方法求出随机事件出现各种状态的概率，然后根据概率判断准则去推测预测对象的未来状态。

（二）物流成本预测的基本概念

所谓物流成本预测，就是指依据物流成本与各种技术经济因素的依存关系，结合发展前景及采取的各种措施，并利用一定的科学方法，对未来期间的物流成本水平及其变化趋势作出科学的推测和估计。

物流成本预测能使企业对未来的物流成本水平及其变化趋势做到“心中有数”，并能与物流成本分析一起为企业的物流成本决策提供科学的依据，以减少物流成本决策中的主观性和盲目性。

（三）物流成本预测的分类

按对象的范围物流成本预测可以分为宏观预测和微观预测。宏观预测是指对大系统的综合的、总体的预测，例如对整个流通领域物流成本的预测。它要求对整个流通领域在物资流通的整个过程中所消耗的成本进行预测。而微观预测是对个别具体的物流企业物资流通过程中所支付的成本进行预测。

按时间的长短物流成本预测可以划分为短期预测和长期预测。一般把一年或一年以内的预测称为短期预测，短期预测由于预测的时间短，不确定因素和影响因素较少，所以预测结果比较准确。一般把一年以上的预测统称为长期预测，长期预测由于预测的时间比较长，有许多不确定因素的影响，所以预测结果一般不是很精确，需要经过搜索新的信息或数据对预测方案和预测结果不断地进行完善和修补。

按预测目的所用方法不同物流成本预测可分为定性预测和定量预测。定性预测是指

预测者依靠熟悉业务知识、具有丰富经验和综合分析能力的人员与专家，根据已掌握的历史资料和直观材料，运用个人的经验和分析判断能力，对事物的未来发展作出性质和程度上的判断；然后，再通过一定的形式综合各方面的意见，作为预测未来的主要依据。在定性预测法中主要有集合意见法、德尔菲法、主观概率法、历史类比法、经济指标法、调查预测法等。定量预测是根据过去和现在的资料，运用一定的数学方法，建立预测模型，对现象未来的变化数值做出预测。定量预测法包括时间序列分析预测法、回归分析预测法等。

（四）物流成本预测的步骤

第三方物流成本在进行预测时，通常分为以下几个具体步骤：

1. 确定预测目标

进行物流成本预测，首先要有一个明确的目标。物流成本预测的目标取决于企业对未来的生产经营活动所欲达成的总目标。物流成本预测目标确定之后，便可明确物流成本预测的具体内容，根据以搜集必要的统计资料和采用合适的预测方法。

2. 搜集和审核预测资料

在进行物流成本预测前，必须掌握大量的、全面的、有用的数据和情况，并对原始资料进行加工整理和审核推算，以便去伪存真、去粗取精。对审核调整后的数据要进行初步分析，画出统计图形，以观察统计数据的性质和分布，作为选择适当预测模型的依据。

3. 选择预测模型并进行预测

在进行预测时，必须对已搜集到的有关资料进行分析研究，了解预测对象的特性，同时根据预测的目标和各种预测方法的适用条件及性能，选择出合适的预测模型，借以揭示有关变量之间的规律。预测方法选用是否得当，将直接影响预测的精确度和可靠性。

4. 分析评价与修正预测值

分析评价就是对预测结果的准确性和可靠性进行验证。预测结果受资料的质量、预测人员的分析判断能力、预测方法本身的局限性等因素的影响，未必能确切地估计预测对象的未来状态，此外，各种影响预测对象的外部因素在预测期限内也可能出现新的变化。因而要分析各种影响预测精确度的因素，研究这些因素的影响程度和范围，进而估计预测误差的大小，评价预测的结果。预测误差不可避免，但若超出了允许范围，就要分析产生误差的原因，以决定是否需要对预测模型加以修正。在分析评价的基础上，通常还要对原来的预测值进行修正，得到最终的预测结果。

5. 提交预测报告

将预测的最终结果编制成文件和报告，提交上级有关部门，作为编制计划、制定决策和拟定策略的依据。预测报告应概括预测研究的主要活动过程，列出预测的目标、预测对象及有关因素的分析结论、主要资料和数据、预测方法的选择和模型的建立，以及模型预测值的评价和修正等内容。

（五）物流成本预测的方法

物流成本预测的典型方法主要有时间序列分析预测法、回归分析法和集合意见法。时间序列分析预测法，即利用物流成本时间序列资料来预测未来状态；回归分析法，即依靠所掌握的历史资料，找出所要预测的变量和与它相关的变量之间的关系，从而达到所要预测的变量和与它相关的变量之间的关系，从而达到预测未来的状态；集合意见法，即主要依靠管理人员的过去经验和综合分析能力来预测未来状态。前两种方法属于定量分析法，第三种方法属于定性分析法。这两类方法必须结合起来使用，必须将定性与定量方法相结合使用，才能取得较客观的预测结果。

1. 时间序列分析预测法

把被预测量按照时间顺序排列起来，构成一个所谓的时间序列，从所构成的这一组时间序列过去的变化规律，来推断今后变化的可能性及其变化趋势、变化规律，这就是时间序列预测法。时间序列预测法是基于预测的惯性原理，运用过去时间序列的数据进行统计分析，推测事物的发展趋势，同时又充分考虑到事物发展偶然因素的影响而产生的随机性，用加权平均等方法对数据加以适当的处理，进行趋势预测。时间序列预测法简单，便于掌握和计算，且能够充分利用原时间序列的各项数据，但准确程度不高，且不能向外延伸进行外推预测，只适用于短期的物流成本预测。时间序列预测法又分为简单平均、加权平均法、趋势平均法和指数平滑法。下面介绍时间序列预测法中最常用的两种方法——趋势平均法和指数平滑法。

（1）趋势平均法

趋势平均法是建立在移动平均值计算基础之上的物流成本预测方法。移动平均值的计算是对原时间序列按一定的时间跨度逐项移动，计算一系列时间序列平均值，形成一个新的时间序列，以消除短期的、偶然的因素引起的变动，显现出长期趋势。在移动平均值的计算中包括的过去观察值的实际个数，必须从一开始就明确规定。每出现一个新观察值，就要从移动平均中减去一个最早观察值，再加上一个最新观察值，计算移动平均值。因而，移动平均从数列中所取点数一直不变，只是包括最新的观察值。

时间序列预测法的基本思路是把时间序列作为随机变量序列的一个样本，应用概率统计的方法，尽可能减少偶然因素的影响，作出在统计意义上较好的预测。

趋势平均法预测公式为：

某期预测值 = 最后一期移动平均数 + 推后期数 × 最后一期趋势移动平均数 （7 - 1）

其应用实例见例题 7 - 1。

【例题 7 - 1】

某配送中心 2006 年 1—12 月各月的实际物流成本如表 7 - 1 所示，试利用趋势平均法预测该配送中心 2007 年第一季度各月的物流成本（设移动周期数为 5）。

根据表 7 - 1 的有关数据，代入式（7 - 1）进行预测：

2007 年 1 月物流成本 = 88.2 + 3 × 1.4 = 92.4（万元）

2007 年 2 月物流成本 =88.2 +4 ×1.4 =93.8（万元）

2007 年 3 月物流成本 =88.2 +5 ×1.4 =95.2（万元）

表 7 –1　　某配送中心 2006 年各月的实际物流成本　　单位：万元

月份	实际物流成本	移动平均数	变动趋势	趋势移动平均数
1	72.0			
2	80.0			
3	80.0	77.0		
4	82.0	79.0	2.0	
5	71.0	81.0	2.0	
6	82.0	82.0	1.0	2.2
7	90.0	85.0	3.0	2.0
8	85.0	88.0	1.0	1.4
9	97.0	89.0	–0.8	
10	86.0	88.2		
11	87.0			
12	86.0			

趋势平均法计算简单，但他把各期数据对将要发生的数据的影响视为同等的，预测精度较低，只适合数据变化趋势明显的近期预测。

（2）指数平滑法

指数平滑预测法是一种特殊的加权移动平均预测法，它给过去的观测值不一样的权重，赋予近期数据更大的权值。该方法操作简单，只需要本期的实际值和本期的预测值便可预测下一期的数据，当预测数据发生根本性变化时还可以进行自我调整。适用于数据量较少的近短期预测。

设 F_n 表示下期预测值，F_{n-1} 表示本期预测值，D_{n-1} 表示本期实际值，a 为平滑指数（其取值范围为 $0 < a < 1$），则 F_n 的计算公式为：

$$F_n = F_{n-1} + a(D_{n-1} - F_{n-1}) = aD_{n-1} + (1-a)F_{n-1} \quad (7-2)$$

由上式类推下去，可得展开式：

$$F_n = aD_{n-1} + a(1-a)D_{n-2} + a(1-a)^2D_{n-3} + \cdots + a(1-a)^{n-l}D_{n-l} + (1-a)^lF_{n-l} \quad (7-3)$$

以上表明，指数平滑法在预测时，分别以 a，$a(1-a)$，$a(1-a)^2$ 等系数对过去各期的实际数据进行加权。远期的实际值影响较小，因而其权重也较小；近期的实际值影响较大，因而其权重也较大。显然，这种预测方法更符合客观实际，但 a 的确定具有较大的主观因素。其具体的计算过程见例题7－2。

【例题7－2】

某物流企业2006年3—12月的实际物流成本如表7－2所示，设4月的物流成本预测值为3月的实际值，试利用指数平滑法预测该企业2007年1月的物流成本（设$a=0.8$）。

根据式（7－2）滑动计算，计算结果填入表7－2第三栏。表7－2计算结果表明，该企业2007年1月的物流成本应为281.61万元。

表7－2　　某物流企业的实际物流成本及预测　　单位：万元

年月	实际值（x_i）	预测值（F_i）$a=0.8$
2006.3	245	—
2006.4	250	245.00
2006.5	256	249.00
2006.6	280	254.60
2006.7	274	274.92
2006.8	255	274.18
2006.9	262	258.84
2006.10	270	261.37
2006.11	273	268.27
2006.12	284	272.05
2007.1	—	281.61

2. 回归分析法

回归分析法是通过对观察值的统计分析来确定它们之间的联系形式的一种有效的预测方法。从量的方面来说，事物变化的因果关系可以用一组变量来描述，因为因果关系可以表述为变量之间的依存关系，即自变量与因变量的关系。运用变量之间这种客观存在着的因果关系，可以使人们对未来状况的预测达到更加准确的程度。

回归分析法的主要步骤是：

（1）进行相关关系分析

分析预测变量间是否存在相关关系以及相关程度；若没有相关关系，则不能利用回归预测模型进行预测。

（2）确定预测模型

若变量间存在相关关系，则需要确定变量间是线性关系还是非线性关系，可以通过散点图进行分析。

(3) 建立回归预测模型

根据上一步的分析结果，计算模型系数，具体写出变量间的回归方程式，并进行初步检验。

(4) 利用模型进行预测

根据要求，利用模型进行预测计算。

(5) 统计检验

预测值是否可信，其波动范围如何，需做置信度的检验，评定预测结果。

回归分析法分为一元线性回归预测和多元线性回归预测，这里我们重点介绍一元线性回归预测。

利用线性回归分析法时，首先要确定自变量 x 与因变量 y 之间是否线性相关及其相关程度，判别的方法主要有“散布图法”与“相关系数法”。所谓散布图法，就是将有关的数据绘制成散布图，然后依据散布图的分布情况判断 x 与 y 之间是否存在线性关系；所谓相关系数法，就是通过计算相关系数 r 判别 x 与 y 之间的关系。相关系数可按式（7－4）进行计算：

$$r = \frac{\sum x_n y_n - n\bar{x}\bar{y}}{\sqrt{[\sum x_n^2 - n(\bar{x})^2][\sum y_n^2 - n(\bar{y})^2]}} \tag{7-4}$$

判断标准如表 7－3 所示。

表 7－3　相关系数相关性判断

相关系数的数值	$\lvert r\rvert \geq 0.7$	$0.3 < \lvert r\rvert < 0.7$	$\lvert r\rvert \leq 0.3$	$\lvert r\rvert = 0$
因变量与自变量的关系	强相关	显著相关	弱相关	BHD 不相关

其次，估计参数。在确认因变量与自变量之间存在线性关系之后，便可建立回归直线方程：

$$y_i = b_0 + b_1 x_i \tag{7-5}$$

一个好的估计量，应满足一致性、无偏性和有效性的要求。线性回归模型参数的估计方法通常采用最小平方法。根据最小二乘法原理，得到 b_0，b_1 两参数的计算公式：

$$\begin{cases} b_0 = \dfrac{\sum x_n^2\bar{y} - \bar{x}\sum x_n y_n}{[\sum x_n^2 - n(\bar{y})^2]} \\ b_1 = \dfrac{\sum x_1 y_1 - n\bar{x}\bar{y}}{\sum x_n^2 - n(\bar{x})^2} \end{cases} \tag{7-6}$$

其中：$\bar{x} = \frac{1}{n}\sum_{i=1}^{n} x_i$，$\bar{y} = \frac{1}{n}\sum_{i=1}^{n} y_i$

二、第三方物流成本决策

物流成本预测本身并不是目的，它是为物流成本决策服务的，管理的关键在于决策，可见物流成本决策在物流成本管理中的重要性。物流成本决策是根据物流成本分析和物流成本预测所得的相关数据和结论，运用定性和定量分析相结合的办法，选择最佳成本方案的过程。

具体来说，就是以物流成本分析和预测的结果为基础建立适当的目标，拟定几种可以达到该目标的方案，根据成本效益评价从几个方案中选出最优方案的过程。

（一）第三方物流成本决策的含义与原则

1. 第三方物流成本决策的含义

决策是指决策者为了达到某种特定的目标，根据客观的可能性，在调查、预测和对现象规律性认识的基础上，运用科学的方法，从若干个可供选择的方案中，选出一个令人满意的方案作为未来行动的指南。

物流成本决策是指针对物流成本，在调查研究的基础上确定行动的目标，拟订多个可行方案，然后运用统一的标准，选定适合本企业的最佳方案的全过程。

2. 第三方物流成本决策的原则

在物流成本决策中，要强调科学决策。因此决策必须遵从一些基本原则，即最优化原则、系统原则、信息准全原则、可行性原则和集团决策原则。最优化原则要求以最小的物质消耗取得最大的经济效益或以最低的成本取得最高的产量和最大的市场份额，获取最大的利润等等；系统原则要求决策时要应用系统工程的理论与方法，以系统的总体目标为核心，以满足系统优化为准绳，强调系统配套、系统完整和系统平衡，从整个经营管理系统出发来权衡利弊；信息准全原则要求不仅决策前要使用信息，就是决策后也要使用信息，通过信息反馈，了解决策环境的变化与决策实施后果同目标的偏离情况，以便进行反馈调节，根据反馈信号适当修改原来的决策；可行性原则要求决策必须可行，决策前必须从技术上、经济上以及社会效益上等方面做全面考虑；集团决策原则要求决策不能靠少数领导“拍脑袋”，也不是找某几个专家简单地讨论一下，或靠少数服从多数进行决策，而是依靠和充分运用智囊团，对要决策问题进行系统的调查研究，弄清历史和现状，掌握第一手信息，然后通过方案论证和综合评估以及对比择优，提出切实可行的方案供决策者参考。

（二）第三方物流成本决策的内容与分类

1. 第三方物流成本决策的内容

第三方物流成本决策与第三方物流活动的内容相关，包括：运输成本决策、仓储成本决策、配送成本决策、包装成本决策、流通加工成本决策、装卸搬运成本决策和物流信息成本决策等。

2. 第三方物流成本决策分类

根据决策学理论，物流成本决策可以归纳为以下几种类型。

（1）战略决策与战术决策

战略决策是一类关系到全局性的、带方向性和根本性的决策，这种决策产生的影响是深远的，在较长时间范围内会对企业物流成本产生影响。例如，物流企业配送中心的选址决策、仓库是租赁或自建决策等就对企业物流成本产生基础性影响。战术决策是为了保证战略决策的实施对一些带有局部性、暂时性的或其他执行性质的问题所作的决策。例如运输决策、库存控制决策等就是战术决策。

（2）规范性决策和非规范性决策

规范性决策是指在管理工作中，经常遇到的一些重复出现的问题，这些问题的决策一般来说有章可循，有法可依，凭借已有的规章制度就可以解决。例如，物流成本的预算与控制决策就属于规范性决策。非规范性决策是指偶然发生的或初次出现的非例行活动所作出的决策，这种决策依赖于决策者的经验智慧和判断能力。

（3）单目标决策和多目标决策

决策目标仅有一个，称为单目标决策；若决策目标不止一个，就称为多目标决策。

（4）个人决策和集体决策

个人决策效率高，但决策有局限性，风险也较大，适合于物流成本战术性决策或非规范性决策问题。集体决策能充分发挥集体智慧，信息比较全面，可以避免局限性，但决策过程较长，涉及的领导人较多，对一些紧急的决策问题，常常不能当机立断。

（5）确定型决策与非确定型决策

确定型决策是指所决策的问题的未来发展只有一种确定的结果，决策者的任务就是分析各种可行方案所得的结果，从中选择一个最佳方案。例如企业常常用到的量本利分析决策就是确定型的物流成本决策。非确定型决策是指决策所处理的未来事件的各种自然状态的发生具有不确定性，这种不确定性又分为两种情况，一种是可判明其各种自然状态发生的概率，这种类型的决策，不论选取何种方案，都要冒一定的风险，故称为风险型决策；另一种是指对未来的自然状态虽有一定程度的了解，但又无法确定其各种自然状态发生的概率，故称为非确定型的决策。

（三）第三方物流成本决策的方法

第三方物流成本决策的方法很多，最常用的有量本利分析法、期望值决策法、线性规划法、重心法等。

1. 量本利分析法

量本利分析，又称本量利分析，是成本—业务量—利润关系分析的简称。作为一种定量分析方法，量本利分析能在变动成本计算模式的基础上，以数学模型与图形来揭示固定成本、变动成本、营业量、单价、营业额、利润等变量之间内在的规律性联系，从而为预测和决策规划提供必需的财务信息。

量本利分析所考虑的因素主要包括固定成本 a、单位变动成本 b 、营业量 x 、单价 p 、营业额 px 和营业利润 P 等。这些变量之间的关系表示为：

$$利润 = 总收益 - 总成本$$

$$P = px - (a + bx) = (p - b)x - a \tag{7-7}$$

式（7－7）是建立量本利分析的数学模型的基础，是量本利分析的基本公式。

利润等于零的点称为盈亏平衡点，记盈亏平衡点的营业量为 x'，则由 $(p-b)x-a=0$ 得

$$x' = a/(p - b) \tag{7-8}$$

利润大于零，称为赢利，故赢利的营业量 x 必须满足 $x > x' = a/(p-b)$；利润小于零，称为亏本，故亏本的营业量为 $x < x' = a/(p-b)$。

实践中常常会使用到量本利分析图，如图 7－1 所示。量本利分析图不但能够反映固定成本、变动成本、营业量、营业额和盈亏平衡点、亏损区和利润区，而且还可以反映贡献边际、安全边际及其相关范围，甚至可以提供单价、单位变动成本和单位贡献边际的水平。

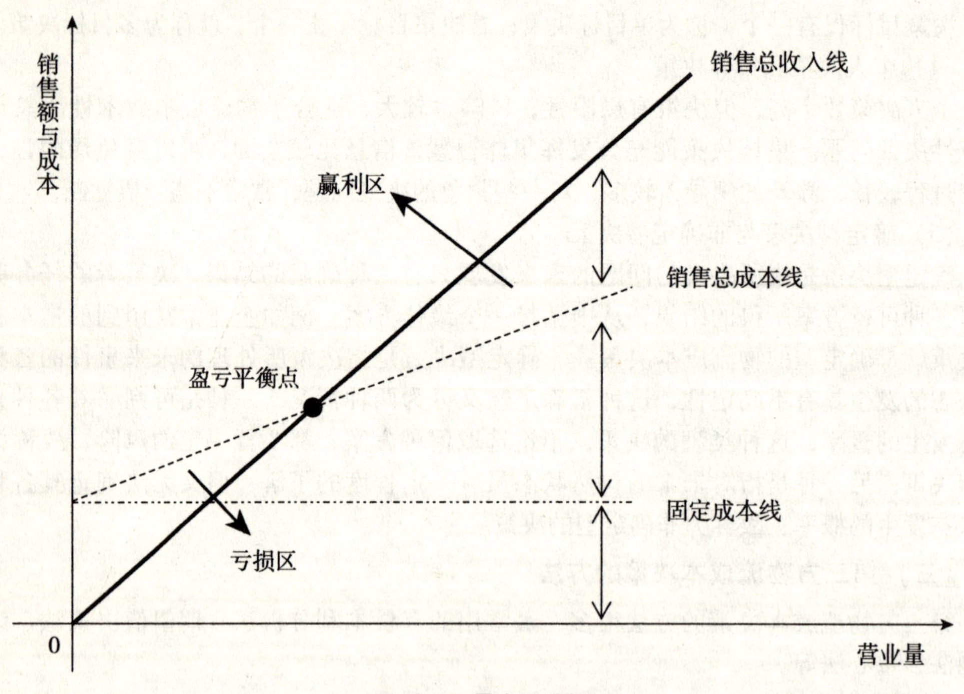

图 7－1　量本利分析

【例题 7－3】

某企业每年需用包装箱 36000 件，外购每件单价为 25 元，现该企业辅助车间有剩余生产能力可以生产这种包装箱，经测算自制时固定制造费用 10 万元，每件需支付直接材料 11 元，直接人工 4 元，变动性制造费用 2 元。要求：

（1）作出该包装箱是自制还是外购的决策；

（2）假定全年包装箱的需用量不知道，自制包装箱时辅助车间每年需追加固定成本

320000 元。要求做出该包装箱是自制还是外购的决策分析。

解：(1) 已知单价 p 为 25 元，固定制造费用 a 为 100000 元，自制的变动生产成本 b 为 11 +4 +2 =17 (元)。

首先计算盈亏平衡点产量：

$x' = a/(p - b) = 100000/(25 - 17) = 12500$(件)

现该企业每年需用包装箱 36000 件，大于亏平衡点产量，故选择自制方案。

(2) 固定制造费用 a 为 320000 元

计算盈亏平衡点产量：

$x' = a/(p - b) = 320000/(25 - 17) = 40000$(件)

故，如果包装箱全年需求量低于 40000 件，宜外购；若超过 40000 件，宜自制。

2. 期望值决策法

期望值决策法适用于风险型决策问题。所谓风险型决策是指决策者对未来的情况无法作出肯定的判断，但可判明其各种情况发生的概率。期望值决策法的步骤如下：

(1) 通过调查、研究，掌握决策所需的有关资料和信息；

(2) 列出决策条件表格；

(3) 根据决策条件表格给出的决策条件，计算各种策略下的期望收益值；

(4) 根据决策准则进行决策，期望收益最大者为最优策略。

【例题 7 -4】

某商店要拟订 1 月、2 月、3 月某食品的日进货计划，该商品进货成本为每箱 60 元，销售价格为 110 元，即当天能卖出去每箱可获利 50 元，如果当天卖不出去，剩余一箱就要由于降价处理等原因亏损 20 元。现市场需求情况不清楚，但有前两年同期 180 天的日销售资料，如表 7 -4 所示。问应怎样拟订日进货计划才使利润最大。

解：

(1) 根据前两年同期日销售量资料，进行统计分析，确定不同日销售量的概率，见表 7 -4。

表 7 -4　　日销售资料

日销售量（箱）	完成日销售量天数（天）	概率
50	36	36/180 =0.2
60	72	72/180 =0.4
70	54	54/180 =0.3
80	18	18/180 =0.1
合计	180	1.0

(2) 根据每天可能的销售量，编制不同进货方案的条件收益表，如表 7 -5 所示。

表 7－5　　不同进货方案的条件收益表

销货量 \ 进货量	50	60	70	80	期望利润
	(0.2)	(0.4)	(0.3)	(0.1)	(元)
50	2500	2500	2500	2500	2500
60	2300	3000	3000	3000	2860
70	2100	2800	3500	3500	2940
80	1900	2600	3300	4000	2810

日进货量 50 箱，售出 50 箱，则条件利润为 50×50＝2500 元；若需求量大于 50 箱，利润仍为 2500 元；又日进货量 60 箱而售出 50 箱，则条件利润为 50×50－（60－50）×20＝2300 元。其他情况的收益计算方法类似。

（3）计算各个进货方案的期望利润值。各个方案的期望利润值是在收益表的基础上，将每个方案在不同自然状态下的利润值乘以该自然状态发生的概率值之和。例如，日进货量 60 箱方案的期望利润值为 2300×0.2＋3000×0.4＋3000×0.3＋3000×0.1＝2860。

（4）决策。从期望利润值可以看出：日进货量 70 箱的计划方案的期望利润值为最大。因此，最佳方案为日进货量 70 箱。

3. 线性规划法

线性规划法用于物流成本决策的典范就是解决合理运输问题。合理的货品运输不仅能节约物流成本，提高货品运动的速度，而且还由于它能有效连接生产与消费，从而既可以有利于物流服务和货品附加价值的实现，又能有效地促进生产商按需生产。为了制定在产销平衡条件下的运量规划方案，就必须建立数学模型，运用数学方法来解决。

货品运输模型是线性规划法在货品运输中的应用，具体表现形式如下：要将某类货品从 m 个产地 $A_1, A_2, \cdots, A_m$ 运往 $B_1, B_2, \cdots, B_n$ 个销地；产地 $A_i(i=1, 2, \cdots, m)$ 的发运量为 $a_i(i=1, 2, \cdots, m)$；销往 $B_j(j=1, 2, \cdots, n)$ 的需要量为 $b_j(j=1, 2, \cdots, n)$；已知从产地 A_i 运到 B_j 的单位运价为 $C_{ij}(i=1, 2, \cdots, m, j=1, 2, \cdots, n)$。则从产地 A 运往销地 B 的商品运量应满足：

$$\sum_{i=1}^{m} a(i) = \sum_{j=1}^{n} b(j) \text{（总产量与总销量平衡）} \quad (7-9)$$

如用 X_{ij} 表示由 A_i 到 B_j 的商品运量，而 X_{ij} 又满足下列约束条件：

$$\sum_{j=1}^{n} X(ij) = a_i(i=1, 2, \cdots, m) \quad (7-10)$$

（从每个产地运往各销地去的货品数量等于此产地总产量）

$$\sum_{i=1}^{n} X(ij) = b_j(j=1, 2, \cdots, m) \quad (7-11)$$

（从各地运去的某种商品总量等于各销地需要量）

$$X_{ij} \geqslant 0 \quad (i = 1, 2, \cdots, m, j = 1, 2, \cdots, n) \tag{7-12}$$

（货品运量最小为零，不能为负数）

现在确定一个最合理的产销地联系方案，各值满足上述各约束条件，同时总的运费或运输吨千米最小。

$$\min(f) = \sum_{i=1}^{m}\sum_{j=1}^{n} C(ij)X(ij) \tag{7-13}$$

（1）单纯形法

对于运输问题，一般采用单纯形法求解。

【例题7-5】

有三个起运站，四个目的地，起运站供应量分别为50、50、75，而目的地的需求量分别为40、55、60、20，各起运站到目的地的单位运费分别为：

$C_{11} = 3$, $C_{12} = 1$, $C_{13} = 4$, $C_{14} = 5$, $C_{21} = 7$, $C_{22} = 3$, $C_{23} = 8$, $C_{24} = 6$, $C_{31} = 2$, $C_{32} = 3$, $C_{33} = 9$, $C_{34} = 2$。试确定优化方案及最优运费。

解：

运输问题可表述为：

$\min f(x) = 3X_{11} + X_{12} + 4X_{13} + 5X_{14} + 7X_{21} + 3X_{22} + 8X_{23} + 6X_{24} + 2X_{31} + 3X_{32} + 9X_{33} + 2X_{34}$

约束条件为：

$$\begin{cases} X_{11} + X_{12} + X_{13} + X_{14} = 50 \\ X_{21} + X_{22} + X_{23} + X_{24} = 50 \\ X_{31} + X_{32} + X_{33} + X_{34} = 75 \end{cases}$$

$$\begin{cases} X_{11} + X_{21} + X_{31} = 40 \\ X_{12} + X_{22} + X_{32} = 55 \\ X_{13} + X_{23} + X_{33} = 60 \\ X_{14} + X_{24} + X_{34} = 20 \end{cases}$$

其中 $X_{ij} \geqslant 0$

用单纯形法解得：$X_{13} = 50$, $X_{22} = 40$, $X_{23} = 10$,
$X_{31} = 50$, $X_{32} = 15$, $X_{34} = 20$

总运费为：$f(x) = 50 \times 4 + 40 \times 3 + 10 \times 8 + 40 \times 2 + 15 \times 3 + 20 \times 2 = 565$。

（2）表上作业法

表上作业法在寻求运输网络系统的优化方案时一般采用最小费用法。

最小费用法就是直接以商品运输费用最小作为目标函数来求得最优运输方案。一般是利用单位运价表和产销平衡表等表格，运用霍撒克法则进行表上作业，通过编制初始运输方案及其制定、调整，求出运费最省的优化方案。

【例题7-6】

编制被运输货品的产销平衡表和单位运输价格如表7-6所示，试用最小费用法求出运输的最优方案。

表7-6　　货品产销平衡表

产地＼销地	A	B	C	D	E	发运量
甲	3	2	3	5	3	100
乙	3	3	1	3	4	300
丙	7	8	4	2	2	600
丁	7	8	4	2	2	800
需求量	250	300	350	400	500	1800

(1) 用最小元素法安排初始方案

所谓最小元素法，就是运费最小的元素尽可能地优先供应。我们把单位运价列为 C_{ij} ($i=1, 2, \cdots, m$, $j=1, 2, \cdots, n$)，其中 i 为产地数，j 为销售地的数目。在一般情况下，初始方案在产销平衡表方格中填上数字的格子数目是“产地数+销地数-1”，但在按最小元素法做初始运输方案时，有时会遇到不需要或不能供给的情况，就在本应填数的表格内加“0”，仍然计数，如表7-7所示。

表7-7　　货品产销平衡表

产地＼销地	A	B	C	D	E	发运量
甲	3	2/50	3/50	5	3	100
乙	3	3	1/300	3	4	300
丙	7	8	4	2/400	2/200	600
丁	5/250	4/250	7	7	8/300	800
需求量	250	300	350	400	500	1800

(2) 用矩阵对角法进行初步调整

用任意两个成矩形对角的有运量的运价之和跟该矩形另外两个对角的支价之和相比较，如果前者小于后者，不需调整；如果前者大于后者，作反向调整。

在本例中，$\begin{bmatrix} 2/50 & 3/50 \\ 3 & 1/300 \end{bmatrix}$ 呈矩形对角，并且 $2+1<3+3$。

显然，不需要再作调整。此外，在 $\begin{bmatrix} 2/400 & 2/200 \\ 7 & 8/300 \end{bmatrix}$ 中，$2+8>7+2$，因此，需要进行调整，调整如下：

从而变成 $\begin{bmatrix} 2/100 & 2/500 \\ 7/300 & 8 \end{bmatrix}$

这样，原始方案变为表7-8：

表7-8　　商品产销平衡表

产地＼销地	A	B	C	D	E	发运量
甲	3	2/50	3/50	5	3	100
乙	3	3	1/300	3	4	300
丙	7	8	4	2/100	2/500	600
丁	5/250	4/250	7	7/300	8	800
需求量	250	300	350	400	500	1800

(3) 用霍撒克法则检验

$$\begin{cases} d_{ij} = V_i + U_j \\ A_{ij} = C_{ij} - (V_i + U_j) \end{cases} \qquad (7-14)$$

式 (7-14) 的含义是：

(1) 式表示有运量的运价等于相应的行位势与列位势之和；

(2) 式表示空格里检验数等于原表相应格的运价减去相应各格行位势与列位势之和。

在本例中，按霍撒克法则的计算公式进行具体的计算。

第一步，与原方案中分配有运量的格相对应，取出单位运价表中的数列成位势表。

第二步，先令带圆圈的个数较多的行或列位势为“0”，依据公式 $d_{ij}=V_i+U_j$，依次求出各行、列的位势，见表7-9。

表 7－9　　行、列位势表

产地＼销地	A	B	C	D	E	V_i
甲		②	③			−2
乙			①			−4
丙				②	②	−5
丁	⑤	④		⑦		0
U_j	5	4	5	7	7	

第三步，根据公式，用空格价减所在行、列位势之和，得到不带圈方格的检验数，如表7－10所示。

表 7－10　　方案调整表（一）

产地＼销地	A	B	C	D	E	V_i
甲	0	② (−)	③		−2 (+)	−2
乙	2	3	①		1	−4
丙	7	9	4	② (+)	② (−)	−5
丁	⑤	④ (+)	2	⑦ (−)		0
U_j	5	4	5	7	7	

此矩阵出现负值－2，需要按封闭回路调整。

封闭回路的做法是从出现负值的方格出发，沿水平或垂直方向，遇有运量格转90度，形成一个封闭的回路，依次标上（＋）、（－）号。并将所有标有负号的转角格中最小运量作为调整数。各正号加上基数，各负号减去基数，结果如表7－11所示。

表 7－11　方案调整表（二）

销地 产地	A	B	C	D	E	发运量
甲			50		50	100
乙			300			300
丙				150	450	600
丁	250	300		250		800
需求量	250	300	350	400	500	1800

再用霍撒克法则检验，如表 7－12 所示。

表 7－12　方案检验表

销地 产地	A	B	C	D	E	V_i
甲	2	2	③	2	③	-4
乙	4	5	①	2	3	-6
丙	7	9	6	②	②	-5
丁	⑤	④	0	⑦	1	0
U_j	5	4	7	7	7	

以上各元素的检验数都不小于 0，证明调整后的方案为最优。

(4) 比较初始方案与最优方案的运费

初始方案运费为：

$2\times50+3\times50+1\times30+2\times400+2\times200+5\times250+4\times250+8\times300=6400$（元）。

而最优方案费为：6000 元。

优化后的运输方案可以节省运费：$6400-6000=400$（元）。

4. 重心法

重心法是一种模拟方法。这种方法将物流系统中的需求点和资源点看成是分布在某一平面范围内的物体系统，各点的需求量和资源量分别看成是物体的重量，物体系统的重心作为物流网点的最佳设置点，利用求物体系统重心的方法来确定物流网点的位置。

如在某计划区内，有 n 个资源点和需求点，各点的资源量或需求量为 $W_j(j=1, 2, \cdots, n)$，它们各自的坐标是 $(X_j, Y_j)(j=1, 2, \cdots, n)$。需设置一个网点，设网点的坐标为 (x, y)，网点至资源点或需求点的运费率为 C_j，根据求平面中物体系统重心的方法有：

$$\begin{cases} \bar{x} = \sum C_j W_j X_j / \sum C_j W_j \\ \bar{y} = \sum C_j W_j Y_j / \sum C_j W_j \end{cases} \tag{7-15}$$

代入数字，实际求得（x，y）的值即为所求物流网点位置的坐标，记为（x^0，y^0）。

【例题 7 −7】

图 7 −2 所示为某计划区域内资源点与需求点的分布情况，各点资源量，需求量和运费率列于表 7 −13。需在该地区设置一个配送中心 D，只考虑运输费用，求 D 的最佳位置。

表 7 −13　　各点资源量，需求量和运费率

	资源量或需求量	至 D 点的运费率
A_1	2000	0.5
A_2	3000	0.5
B_3	2500	0.75
B_4	1000	0.75
B_5	1500	0.75

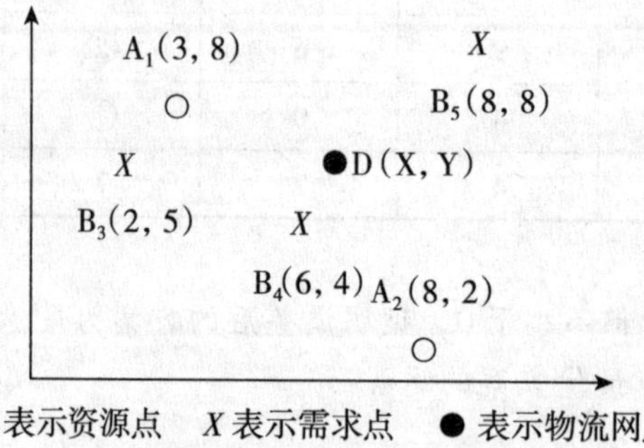

图 7 −2　计划区域内资源点与需求点的分布情况

解：先由重心法公式（7 −15），求得重心坐标（$\bar{x}$，$\bar{y}$）

$$\bar{x} = \frac{2000 \times 0.5 \times 3 + 3000 \times 0.5 \times 8 + 2500 \times 0.75 \times 2 + 1000 \times 0.75 \times 6 + 1500 \times 0.75 \times 8}{2000 \times 0.5 + 3000 \times 0.5 + 2500 \times 0.75 + 1000 \times 0.75 + 1500 \times 0.75} = 5.16$$

$$\bar{y} = \frac{2000 \times 0.5 \times 8 + 3000 \times 0.5 \times 2 + 2500 \times 0.75 \times 5 + 1000 \times 0.75 \times 4 + 1500 \times 0.75 \times 8}{2000 \times 0.5 + 3000 \times 0.5 + 2500 \times 0.75 + 1000 \times 0.75 + 1500 \times 0.75} = 5.18$$

则（5.16，5.18）就是配送中心的位置。

一、实施工具

收集我国典型第三方物流企业成本的历年统计资料，采用归纳法进行整理相关数据和资料。

二、实施方法

应用回归分析法对第三方物流企业成本进行预测，掌握物流企业成本的变化趋势。

三、实施步骤

步骤一：背景介绍。

第三方物流企业是物流行业的重要组成部分，其成本的规模直接决定了企业的效率及发展趋势，利用回归分析法对第三方物流企业的成本进行分析，并对未来成本进行预测的方法在实践中正被普遍采用。

步骤二：用回归分析法预测第三方物流企业成本。

大致可分为以下步骤：

（1）对统计数据进行相关性分析；

（2）建立回归方程；

（3）应用数据对方程参数进行标定；

（4）利用数据判定模型精度；

（5）对未来成本进行预测。

第三方物流成本预测与决策是相辅相成的两个环节。成本预测为成本决策提供数据基础；成本决策是成本预测的最终结果。多种预测方法的应用对于提高第三方物流成本的准确性具有重要意义，继续发展并丰富第三方物流成本预测方法仍将是今后物流研究的一个重要方向；成本决策对于改善第三方物流服务、增强企业市场竞争力、提高第三方物流服务效率都具有十分重要的意义。

任务二 第三方物流成本预算与核算

了解第三方物流成本预算的步骤，掌握不同企业的成本核算方法，熟悉第三方物流成本核算的基本原则。

一、第三方物流成本预算

成本预算是给每一个独立的工作任务分配全部费用，以获得度量项目执行的成本基线，即预算基准线（budgeted cost for work scheduled，BCWS）。

计划完成的前提条件是获取所需要的资源（投资）。预算则表现为一种资源分配计划，该计划表明了对项目管理人员的一种约束，要求在这种约束的范围内完成项目目标和任务。因此，成本预算可以作为一种比较标准，一种度量资源实际使用量和计划量之间差异的基线标准。由于管理者的任务不仅是完成预定的目标，而且也必须使得目标的完成具有效率。即尽可能地在完成任务的前提下节省资源，才能获得最大的经济效益。所以，管理者必须小心谨慎地控制资源的使用。

成本预算在整个计划实施过程中起到十分重要的作用。在项目的实施中，通过不断收集和报告有关进度和费用的数据，可对未来问题和相应费用做出预估，从而使管理者可以对预算进行控制，必要时（如偏差过大时）可以对预算进行修正。

（一）第三方物流成本预算的步骤

无论采用什么方法来编制第三方物流成本的预算，一般都要经历如下步骤：

1. 将第三方物流的总预算成本分摊到各项活动

根据第三方物流项目成本估算确定除第三方物流项目总预算成本之后，将总预算成本按照第三方物流项目工作分解结构和每一项活动的工作范围，以一定的比例分摊到各项活动中，并为每一项活动建立总预算成本。

2. 将活动总预算成本分摊到工作包

这里根据活动总预算成本，确定出每项活动中各个工作包具体预算的一项工作。其做法是将活动总预算成本按照构成这一活动的工作包和所消耗的资源数量进行成本分摊。

3. 对每个工作包预算进行分配

即确定各项成本预算支出时间以及每一个时点所发生的累计成本的支出额，从而确定出第三方物流项目成本预算方案。

（二）第三方物流成本预算的结果

第三方物流成本预算的结果包括如下两个方面：

1. 第三方物流项目各项活动的成本预算

这方面的成本预算提供了各项活动的成本定量，在第三方物流活动的实施过程中，将以作为各项活动实际资源耗费量的标准。

2. 第三方物流项目成本基准计划

成本基准计划说明了第三方物流项目的累计预算成本与第三方物流项目进度之间的对应关系，它可以用度量和监督第三方物流项目的实际成本。

二、第三方物流成本核算

（一）第三方物流成本核算的目标定位

应用作业成本法核算第三方物流成本主要达到如下两个目标：

1. 计量成本对象的成本

也就是正确计算出第三方物流的作业体系中所有相关作业的物流成本，并汇总出整体物流作业成本。

2. 通过作业管理（ABM）为有效的成本管理提供信息

第三方物流的作业体系中所有相关作业的物流成本的每一明细物流成本都为其相应的物流作业（物流服务）提供了可供管理参考的相配套的成本信息，有利于管理决策。

这样即可实现第三方物流的作业成本核算与作业成本管理的结合，以及作业管理与业务优化的结合。

（二）第三方物流成本核算的成本体系

第三方物流成本核算的成本体系安排主要有以下两部分。

1. 相应的会计体系安排

会计体系是应用作业成本法核算第三方物流的基本数据与基础科目的结合。

（1）会计科目体系安排。基本的费用会计科目与作业体系会计科目；

（2）会计账户体系安排。为每一项作业设置一套账户，需按照物流作业成本核算的需要所规定的作业账户，同时增加作业动因与成本动因两个过渡性（辅助性）账户；

（3）相关的集成数据体系。作业动因与成本动因的数据统计以及作业量的统计数据体系。

2. 相应的配套表格

配套表格是应用作业成本法核算第三方物流的对应单据的汇总，是实现物流与成本流或资金流的基本工具。

（1）作业量、作业动因与成本动因的数据统计的统计表。

（2）作业流程表单。按照物流作业设计的物流流程表单，第三方物流的整体物流流程都需按照物流作业成本核算的需要所规定的作业流程来具体运营第三方物流企业；因此成本的流转应该按照作业流程来结转。

（3）作业成本的核算矩阵报表：它是反映与描述成本项目与作业成本关系的一张表格。核算矩阵报表可以把所有与作业成本相关的要素联系起来了，并形成对应关系。它可以准确地得出每个作业的成本；图表中的每一列的成本之和即为该作业的作业成本，每一行的成本之和即为该成本项目的成本；作业成本应该等于成本项目之和。

（三）第三方物流作业成本法核算的具体步骤

在说明第三方物流作业成本法核算的具体步骤的同时，结合第三方物流中的配送中心（DC）的物流成本的作业成本法核算案例加以说明。

（1）首先确定第三方物流成本中直接成本与间接成本项目，直接成本是指直接可以归集到物流成本对象；间接成本项目通过作业成本法核算的每一个物流作业成本中心的作业成本再分配到物流成本对象；因此批次物流总成本为直接成本与从作业成本库中分配来的作业成本之和。本配送中心（DC）的相关分析如表 7－14 所示。

表 7－14　　资源动因分析

资源账户	资源总量	分配方法	资源动因
工资	17150000	归属	工作分配
津贴	1540000	归属	工作分配
直接包装材料	4610000	归属	材料需求
设施折旧	560000	分配	占有面积
办公用品	370000	归属	用品需求
设备折旧	250000	直接分配	运转时间
维修费用	190000	直接分配	维修时间
公共设施	130000	直接分配	工作时间
其他账户	200000	分配	其他动因
总计	25000000		

（2）分析并且确定第三方物流的所有物流成本对象：它是作业成本分配的归属，常见的成本对象有：产品、服务、批次、客户、推销通道、销售地域。本例中配送中心

（DC）的物流成本的作业成本法核算仅计算单批次的物流成本。

（3）分析并且确定第三方物流的所有作业中心，也就是相应的单一成本中心：在此必须对第三方物流的整体企业作经营程序的分析（类似于企业价值链的分析）。经营程序的分析是对公司完成经营工作的步骤的分析，是公司对经营过程按照科学方法划分和定义制定的各职能部门的工作流程。公司在每一程序都要投入一定资源，经过作业处理，将本程序形成的产品或服务交给下一个程序，上下程序之间具有一定的内在联系。程序分析可以使管理当局明确公司经营过程中发生那些作业，以便于计算作业量，归集作业成本。在分析作业中心时，尤其应把握适度与适量的原则，做到物流作业量的合理：作业数量太多，不仅不能得到更多有用的信息，而且造成实施困难，引起分析的紊乱；作业数量太少，难以揭示作业改进的机会，不能满足第三方物流实施 ABC 考核与分析的目标。

图 7－3 中的所有第三方物流的作业中心就是第三方物流的对应的成本核算对象以及成本归集中心。本配送中心（DC）的作业主要有修料、保管搬运、保管物料、发料、发料搬运、其他作业。

（4）分析并且确定第三方物流的所有作业动因的消耗的资源动因以及其相应的资源要素。资源动因是将资源成本归集到作业中心的标准。本配送中心（DC）的所有作业资源动因，见核算总表 7－15。

表 7－15　　作业成本总表　　单位：元

资源账户	收料作业	保管搬运作业	保管作业	发料作业	发料搬运作业	其他作业	总计	资源动因
工资	108000	52000	83000	40000	57000	16810000	17150000	工作分配
津贴	23500	10800	18000	8500	12200	1467000	1540000	工作分配
直接包装材料	0	0	0	0	0	4610000	4610000	材料需求
设施折旧	1400	0	22400	4200	0	532000	560000	占用面积
办公用品	2800	1100	2800	900	400	362000	370000	用品需求
设备折旧	3100	1400	6500	1800	1200	236000	250000	运转时间
维修费用	4000	2600	7100	2400	1900	172000	190000	维修时间
公用设施	600	200	5700	1200	300	122000	130000	工作时间
其他账户	1940	720	3980	3440	920	189000	200000	其他动因
作业成本总计	145340	68820	149480	62440	73920	24500000	25000000	

由此可以得到物流作业总成本为 25000000 元。

（5）分析并且确定第三方物流的所有作业中心的作业动因：物流作业动因就是将物

流作业成本库中的成本分配到成本对象的依据与基本标准，它在作业成本库与作业成本对象间建立了对应的因果联系。根据作业成本模型的要求，物流作业动因应该同时具备如下三个条件：

其一，物流作业动因应反映物流服务对物流作业的需求，主要是要求作业应当反映相关的资源使用情况。

其二，物流作业动因与基本的物流成本动因相关，主要是要求物流作业动因应该与引起物流成本发生的根本原因相联系。

其三，物流作业动因应当可以计量，主要是要求物流作业动因必须可以计量以满足作业成本会计核算基本的计量属性。

（1）计算单位物流作业成本。用各作业成本库的作业成本除以该作业动因总数得到每个作业成本库的单位作业成本：但有时将有着共同作业动因的作业成本组成一个收料作业成本库，如本例就将收料作业成本与收料搬运作业成本合在一起，形成共同一成本库，因为二者的共同作业动因收料次数；同样，发料作业成本与发料搬运作业成本形成一个发料作业成本库，如图 7 - 3 所示。

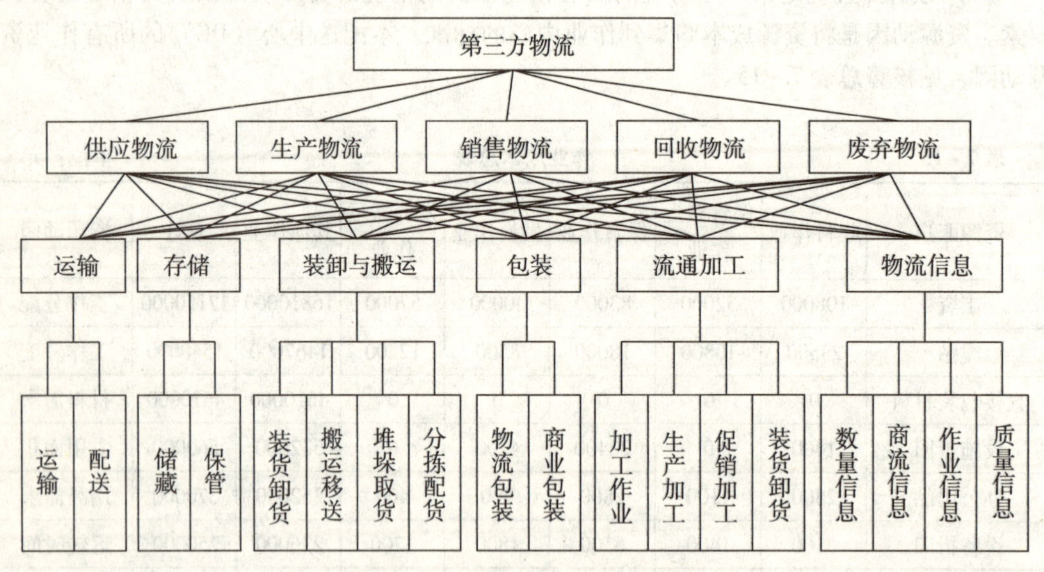

图 7 - 3 第三方物流的作业成本模式

（2）计算出相应的单次成本后再在不同批次之间按照作业动因分摊到相关批次上。

（3）将物流作业成本分配到相应的成本对象上：因为第三方物流没有具体的产品，所以其物流作业成本分配只分配到其上一级的物流作业，层层推进形成总的物流成本。根据相关的成本汇总成作业成本总表。单位作业成本计算过程如图 7 - 4 所示。

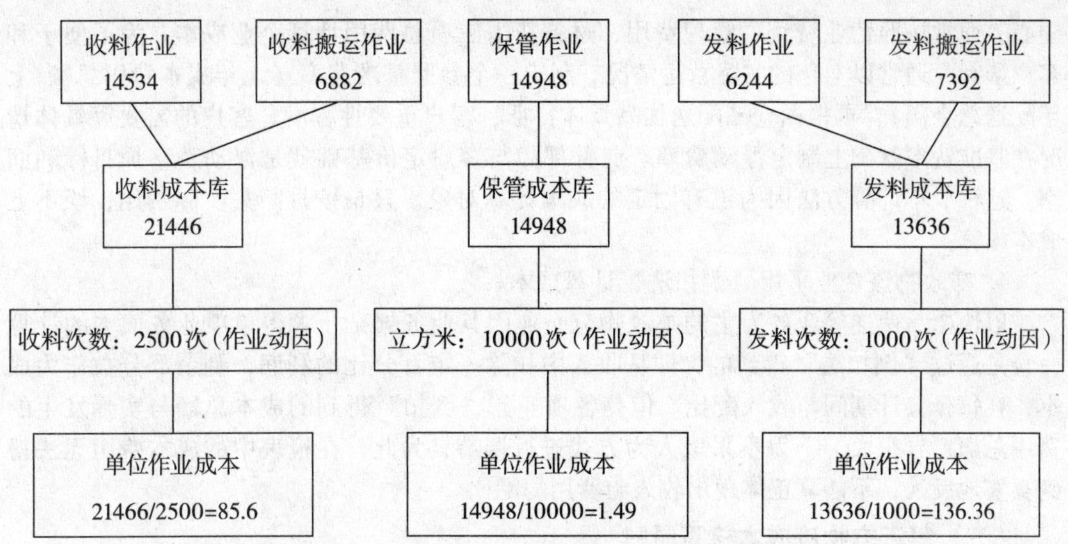

图7-4　共同作业动因的作业单位作业成本计算

（四）第三方物流企业成本核算方法

目前第三方物流企业的成本核算在理论上尚没有基本的方法，在实务中也没有可参考的模式，各企业的成本核算大多根据企业性质的不同及对物流成本概念的理解，采用不同的传统成本核算方法。

1. 大型第三方物流企业多采用生产企业成本核算方法

资产型、多功能、大规模的第三方物流企业，把对外提供物流服务视为一种无形产品，把相关物流功能整合成的合同服务看做企业的一个生产品种，以此作为成本计算对象，采用生产企业常用的品种法将各成本项目细分为直接材料、直接人工、间接费用，而营业费用、管理费用作为期间费用。但由于直接材料、直接人工占企业总体成本的比重很小，而间接费用比重却很大，同时这些企业又缺乏合理有效的间接费用分配方法，而是采用按月分摊的方法，无形中削弱了间接费用与各个合同服务之间的关联度，从而影响各个成本计算对象成本信息的准确性。

2. 以运输为主的物流企业的成本核算方法

传统运输转型的物流企业，均沿用了交通运输企业成本核算方法。这些企业的成本计算对象有的以业务划分，如货运业务、装卸业务；有的以营运工具划分，如货柜车、散货车、空调车；有的以运输路线来划分，并把成本费用的构成细分为运输营运成本、仓储成本、管理费用，运输营运成本与仓储成本的简单累加就构成该类企业的物流成本。这种核算方法没有从企业整体业务考虑来确定成本计算对象，无法提供不同业务或者不同客户的成本，更无法计算企业提供增值服务的成本。

3. 仓储配送中心通常采用统一费率法

当前一些为生产企业从事物料仓储配送、为大型连锁超市从事商品配送的仓储配送中心，通常按照营业费用、管理费用、财务费用三项总费用计算企业成本。为了便于和客户谈判，通常以上年的实际营运情况，制定一个参照基准费率（上年成本费用总额/上年配送总金额），再根据仓储配送物品具体特征、客户重要性程度、客户的需要等具体情况在基准费率基础上制定浮动费率。业务部门与客户定价基础就是浮动费率加目标利润率。这种成本计算方法因为没有固定的成本计算对象，只是按月归集实际费用，谈不上成本核算。

4. 邮政物流企业采用“倒扣法”计算成本

以快递、速递等业务为主的邮政物流企业因其业务繁杂，求得单项业务成本的计算一直是通过“倒扣法”得到的，即从收入中扣除一定百分比的利润，剩余部分被作为成本，在每个会计期间与收入配比。但是各项业务“倒扣”得到的成本总额与实际发生的费用总额差异很大，不得不采取人为方式进行调节，为此，在报表中的成本费用无法得到真实地反映，不能真正体现出收入与费用的配比。

（五）第三方物流成本核算原则

第三方物流企业在进行成本核算过程中必须遵循一定的原则，以确保物流成本信息的可靠性和相关性。一般来说，成本核算原则包括合规性原则、实际成本原则、分期核算原则、权责发生制原则、配比原则、重要性原则、一贯性原则等。针对第三方物流企业的营运特点，这里重点讨论合规性原则、权责发生制原则和配比原则。

1. 合规性原则

计入第三方物流企业物流业务成本的各项支出，都必须符合国家法律法规和制度规定，不符合规定的支出不能计入物流业务成本。根据我国《企业会计准则》的规定，第三方物流企业发生的资本性支出、对外投资支出、对外筹资支出以及营业外支出不得计入物流业务成本。

2. 权责发生制原则

权责发生制是指收入和费用应该按实际发生的期间进行认定和归属，并与有关资产或债务一起记录为该期间的经济业务，而不论与该项收入和费用有关的现款时在什么期间收到或支付。根据这一原则，凡是按收入实现原则应属本期的收入和按配比原则应属本期的费用，不论其是否已收到和支付现款，也不论其何时收到和支付现款，都确认为本期的收入和费用；凡不属于本期的收入和费用，即使在本期已收到和支付现款，也不能确认为本期的收入和费用。

第三方物流企业在物流业务成本核算中应遵循权责发生制原则，目的在于明确本期物流业务费用的确认问题，即应正确处理待摊费用、预提费用和长期待摊费用等。在成本核算时，对于已经发生的支付，如果其受益期不仅包括本期，而且还包括以后各期，就应按其受益期分摊，不能全部列于本期；对于虽未发生的费用，但却应由本期负担，则应先预提计入本期费用中，支出发生时不再列入费用。第三方物流企业不能利用待摊费用。预提费用和长期待摊费用人为地调节物流业务成本，使成本核算失去真实性。

3. 配比原则

配比原则强调某一会计期间收入与成本的配比以正确计算该会计期间的利润。配比原则依据是受益原则，即谁受益，费用归谁负担。第三方物流企业在进行成本核算时要考虑费用的发生是否与其所获得的收入相匹配。如果某项费用的发生与某一物流业务收入获取直接相关，则应将该项费用确认为该物流业务的直接费用，与其收入直接配比来确定该项物流业务的损益；如果某项费用的发生与某一物流业务收入获取间接相关，则应将该项费用确认为该项物流业务的间接费用，通过选择适当的非配标准分配计入该项物流业务成本，与其收入间接配比来确定该项物流业务的损益；如果某项费用的发生与某一物流业务收入获取不相关，则不应将该项费用计入该项物流业务的成本。

在第三方物流企业物流业务费用构成复杂的情形下，如何正确遵循配比原则在第三方物流企业的物流业务成本核算中显得非常重要。

一、实施工具

查询数据，编制某一第三方物流企业的资源因分析表。

二、实施方法

应用作业成本法，结合作业成本法的操作步骤，完成对第三方物流企业的成本核算。

三、实施步骤

步骤一：确定成本项目。
步骤二：分析成本对象。
步骤三：分析作业中心。
步骤四：确定资源动因及要素。
步骤五：分析作业中心的作业动因。

第三方物流成本预算与核算是第三方物流成本管理的重要组成部分。成本预算是通过收集相关数据，对未来问题作出预估，对既有资源进行优化分配，从而实现对成本的控制；成本核算是对成本预算的具体执行，作业成本法在第三方物流成本核算中应用较为广泛，对于成本管理具有重要实用价值。

任务三　第三方物流成本控制

掌握第三方物流成本的控制方法，了解成本控制的基本程序，了解成本控制的理论组成及相关性。

第三方物流成本在第三方物流企业成本中占的比重很大，是现代企业竞争最重要的领域之一。企业必须高度重视物流成本，追求低成本、高效率的物流运作绩效目标，而加强第三方物流运作管理的关键是控制并最终降低各种物流费用。

一、第三方物流成本控制的基本理论

第三方物流企业成本控制把成本、服务水平等要素作为一个动态系统来研究，使用信息系统及时准确地进行信息的获取、处理、输出和反馈，是实现第三方物流企业作业成本控制的重要基础。控制同系统、信息是紧密联系在一起的，第三方物流企业成本控制的对象是一个系统，核心是对生产费用要素的一种有目的的控制，必须用系统的观点和方法去分析、组织和实施，才能达到控制的目的，而控制又是系统管理的基础，同时，控制必须依靠信息，信息是联系施控系统和受控系统的手段，必须依靠信息才能完成第三方物流企业系统控制调节工作。因此，第三方物流企业作业成本控制必须以信息论、系统论和控制论作为它的方法论基础，分析与探讨第三方物流企业作业成本控制的原理、作用机制、信息反馈和系统结构，并以此来指导成本控制工作，提高控制效果。各种理论为物流成本控制系统提供了有效的工具如图 7 - 5 所示。

第三方物流成本控制是企业在物流活动过程中根据事先制定的物流成本标准，对实际发生的物流成本进行监督，及时发现差异，找出原因，采取措施加以纠正，从而保证物流成本目标的完成。通过物流成本控制，可以降低物流成本，提高企业的经济效益。第三方物流成本的控制不仅局限在降低物流成本方面，还应当延伸到第三方物流企业总体战略甚至供应链战略的制定和实施方面。

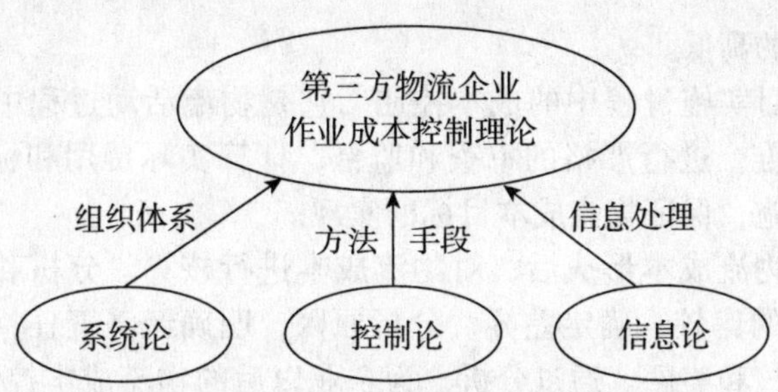

图 7－5　第三方物流企业作业成本控制理论基础

二、第三方物流成本控制的任务

第三方物流成本控制工作是在成本计划（预算）的基础上展开的。它是根据各项工作需要的实际费用与预算进行比较，对成本费用进行评价，并对未完成项目进行预测，使成本控制在预算范围之内。随着项目的进展，根据项目实际发生的成本情况，经常及时地分析项目成本管理的实际绩效，对项目成本出现的偏差和问题及时修正，不断修正原先的成本估算。对项目的最终成本进行预测的工作也属于项目成本控制的范畴。图 7－6 是项目成本控制的反馈图。

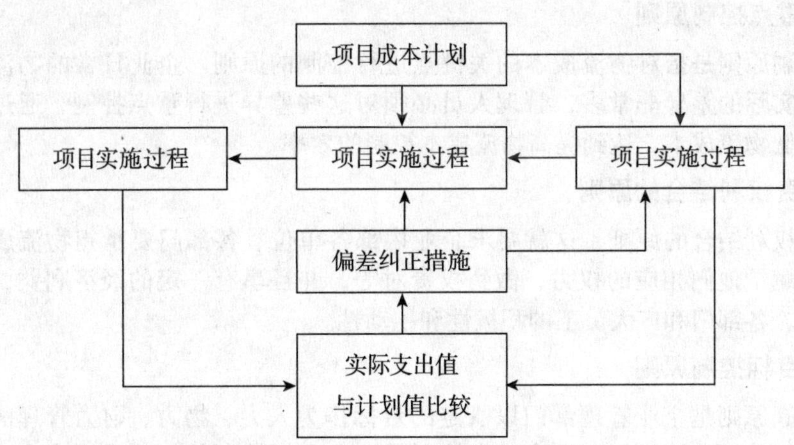

图 7－6　项目成本控制反馈

要实现对于项目成本的全面控制和管理，最根本的任务是要控制项目各方面的变动，即项目变更，从而实现全面控制成本变动的目标。物流成本控制的种类很多，通常按时间分为事前控制、事中控制和事后控制三种。现代物流成本控制不仅要注重事中控制，还必须重视事前控制和事后控制。

事前控制：是指采用目标成本法进行物流成本控制或采用预算法对于可能引起项目成本变化因素进行物流成本控制。事前控制是第三方物流成本控制非常重要的环节，它直接影响到物流成本的高低。

事中控制：是项目实施过程中的成本控制。它是物流活动过程中发生的各项费用按照预定的成本费用标准，进行严格的审查和监督，计算实际费用和标准费用的差异，分析差异，采取纠正措施，保证物流成本目标的实现。

事后控制：指在物流成本形成后，对物流成本进行核算、分析和考核。它通过实际物流成本和标准成本的比较，确定差异，分析原因，明确经济责任，对物流成本的责任单位和责任人进行考核和奖惩。通过分析，为企业以后的物流成本控制提出意见和建议，进一步完善物流成本控制标准，从而降低物流成本。

三、第三方物流成本控制的原则

（一）全面性原则

全面性原则就是对物流成本进行全过程、全方位和全员的控制。企业要有物流成本的理念，具有长期发展的物流成本观念，实行全面的物流成本控制。

（二）经济性原则

经济性原则就是以最少的投入取得最佳的经济效益，也就是节约人力、物力、财力等资源，这是提高企业经济效益的核心和物流成本控制的核心，也是物流成本控制的基本原则。

（三）重点控制原则

重点控制原则是指对物流成本的关键点进行控制的原则。企业日常的物流成本项目多，计划与实际的差异非常多，管理人员必须对这些差异进行重点控制，通过对关键点的控制来降低物流成本，达到提高物流成本控制的效率。

（四）责权利结合的原则

坚持责权利结合的原则，这就要求企业内部各单位、各部门要承担物流成本控制的责任，同时赋予他们相应的权力，做到权责对等，并且享有一定的经济利益，这样才能调动各单位、各部门和广大员工的积极性和主动性。

（五）目标控制原则

目标控制原则是企业管理部门以既定的目标作为人力、物力、财力管理的基础，从而实现企业的各项经济指标。物流成本控制是企业目标控制的一项重要内容，以目标物流成本为依据，控制企业的物流活动，降低物流成本，提高经济效益。

四、第三方物流成本控制的程序

第三方物流成本控制贯穿于第三方物流企业生产经营过程的始终，一般来说，第三方物流成本控制包括以下程序：

（一）制定成本控制标准

为了有效地控制各项费用，需要建立一种标准，作为检查、衡量、评价实际成本水

平的依据。第三方物流成本控制标准是企业物流各项支出、资源消耗的数量限制。一般来说，物流成本控制标准越细、越具体，越有利于物流成本控制。

（二）监督物流成本的形成

为了降低成本、减少浪费，成本控制需要落实到每一个环节，根据各个环节中成本形成的不同特点进行监督、控制，将损失和浪费制止在项目过程之中。根据物流成本控制标准，经常对物流成本的各项目进行检查、评比和监督，不仅要检查指标本身的执行情况，还要检查影响指标的因素。

（三）衡量和分析成本差异

在项目实施过程中，要经常对比实际工作的进度和费用支出情况进行测算，并与项目目标和成本标准相比较，由此发现影响项目顺利推进的问题。成本差异是用实际成本与成本目标和成本预算相比较而测算得出的，测算的方法有三种：

（1）直接观察法。即直接接触受控机构或对象，了解情况，收集第一手材料作出判断。

（2）统计分析法。即根据统计报表和其他统计资料分析受控对象的实际工作情况。

（3）例会报告法。通过定期或不定期的会议或下属的报告调查受控对象的情况。

（四）成本反馈控制

当实际结果与控制标准之间出现差距时，应及时反馈到有关责任部门，使其能够深入分析产生差距的原因，对症下药迅速采取纠正措施，保证成本目标的完成。纠偏的方法有很多，如可以通过重新修订计划或修改目标来纠正偏差；可通过其他的组织职能来纠正偏差；还可以用改善领导或指导的方法来纠正偏差。

五、第三方物流成本控制方法

（一）目标成本控制法

目标成本法是为了更好地实现物流成本控制的目标，从战略的高度与企业的战略目标相结合将物流成本控制扩大到产品生产的全过程，从而实现全过程的物流成本控制的一种方法。

目标成本法与传统成本方法相比，目标成本法不是局限于在企业内部计算成本，它需要更多的信息，企业有了这些信息后，就可以实现对物流成本的控制。目标成本法运用价值工程法实现了总体战略目标管理，降低了成本价值，具有全过程和全员以及全方位的成本管理方法的特点。

（二）标准成本法

标准成本法是以预先运用技术测定等科学方法制定的标准成本为基础，将实际发生的成本与标准成本进行比较，核算和分析成本差异的一种成本计算方法。

标准成本法是在科学管理之父泰勒的生产过程标准化思想影响下产生的，1904 年美国效率工程师哈尔顿·爱默生首先在美国铁道公司应用标准成本法；1911 年美国会计师卡特·哈利逊第一次设计出一套标准成本制度；1920 年美国成本会计师协会召开的首届年会设计了一套实际成本和标准成本相结合的方法；1923 年随着间接费用差异分析方法的形成，标准成本制度进入了实施阶段。1930 年卡特·哈利逊写成了《标准成本》一书，它是世界上第一部论述标准成本制度的专著；1932 年坎曼又丰富了标准成本制度。此后，标准成本制度从美国传入英国、德国、日本和瑞典等国家。20 世纪 70 年代末通过世界性管理会计学术会议传入中国，中国的一些大企业如宝钢等采用了标准成本法，取得了巨大成功，大大地降低了成本，提高了效益，形成了比较科学的标准成本制度。

标准成本法的核心是按标准成本记录和反映产品成本的形成过程和结果，并借以实现对成本的控制。标准成本法包括制定标准成本、计算和分析成本差异、处理成本差异三个环节。物流标准成本的制定主要包括直接材料标准成本、直接人工标准成本和服务费用标准成本的制定。

（三）责任成本法

责任成本是责任单位能对其进行预测、计量和控制的各项可控成本之和。所谓可控成本指在责任中心内，能为该责任中心所控制，并为其工作好坏所影响的成本。确定责任成本的关键是可控性，它不受发生区域的影响。责任成本是按照谁负责谁承担的原则，以责任单位为计算对象来归集的，所反映的是责任单位与各种成本费用的关系。

责任成本法按可控原则把成本归属于不同责任中心，谁能控制谁负责，不仅可控的变动制造费用要分配给责任中心，可控的固定间接费也要分配给责任中心。责任成本法是介于制造成本和变动成本之间的一种成本方法，有人称之为“局部吸收成本法”或“变动成本和吸收成本法结合的成本方法”。

为了明确各单位责任的执行情况，必须对其定期进行责任成本的计算与考核，以便对各责任单位的工作作出正确的评价。责任成本的计算方法包括直接计算法和间接计算法。直接计算法是将责任单位的各项责任成本直接加和汇总，以求得该单位责任成本总额的方法。其计算方法为：某责任单位责任成本＝该单位各项责任成本之和。间接计算法是以本责任单位的物流成本为基础，扣除该责任单位的不可控成本，再加上从其他责任单位转来的责任成本的计算方法。其计算公式为：某责任单位责任成本＝该责任单位发生的全部成本－该单位不可控成本＋其他单位转来的责任成本。

（四）偏差控制法

偏差控制法是在计划成本的基础上，通过成本分析方法找出计划成本与实际成本间的偏差并分析产生偏差的原因与变化发展趋势，进而采取措施以减少或消除偏差，实现目标成本的科学管理方法。

（五）定额成本控制法

定额成本控制法是以定额成本作为控制和分析成本的依据，通过事前制定定额成本、事中按定额成本实施控制、事后计算和分析定额差异，对成本形成过程进行全面控制，

从而将成本计划、成本计算和成本控制融为一体。采用定额成本控制方法可使项目管理者及时发现各种费用的节约和超支情况，从而采取措施，有效控制费用的发生。

（六）进度—成本同步控制法

在项目管理中，成本、进度和技术三者是密不可分的。成本控制与计划管理、成本与进度之间有着必然的同步关系，即项目到什么阶段，就应该发生相应的成本费用。如果成本与进度不对应，就要作为“不正常”现象进行分析，找出原因，并加以纠正。

（七）成本累计曲线法

成本累计曲线又称为时间累计成本图。它是反映整个项目或项目中某个相对独立的部分开支状况的图形。它可以从成本计划中直接导出，也可以利用网络图、条形图等单独建立。

（八）香蕉曲线法

香蕉曲线是利用各工序的最早开始时间和最迟开始时间制作的成本累计曲线。香蕉曲线表明了项目成本变化的安全区间和实际发生成本的变化，若在两条曲线限定的范围内，都属于正常的变化，可以通过调整开始和结束的时间使成本控制在计划的范围内。如果实际成本超出这一范围，就要引起重视、查清情况、分析出现的原因。如果有必要，应迅速采取措施进行纠正。

（九）挣值法

挣值法实际上是一种分析目标实施与目标期望之间差异的方法，因而它又常被称为偏差分析法。挣值法之名来自于分析方法中用到的一个关键——挣值（指已完成工作的预算），它通过测量和计算已完成工作的预算费用、以完成工作的实际费用和计划工作的预算费用得到有关计划实施的进度和费用偏差，从而达到判断项目预算和进度计划执行情况的目的。因而它的独特之处在于以预算和费用来衡量工程的进度。

一、实施工具

利用互联网检索与实际调查相结合的方式，撰写一份关于第三方物流成本管理的案例调研分析报告。信息检索的媒介可以选择第三方物流服务企业官方网站、相关物流专业网站以及物流论坛等获取所需要的信息和资料并进行归纳和总结。

二、实施方法

撰写调查报告，并填写相应的调研表格，回答所给出的思考题，最后以小组为单位上交所要求数量的实训报告。

三、实施步骤

步骤一：案例介绍。

某企业是某第三方物流企业集团下属的专业子公司，其主营业务包括跨区域长途运输、区域内配送、仓储管理、零担专线运营、能源运输等物流服务。所有业务归入项目操作和快运专线两种方式经营。该公司有欧洲轮胎、韩国轮胎、欧牌机油三个大型客户，公司财务进行独立核算。

步骤二：成本计算。

1. 成本分析

通过传统的成本核算方法计算案例公司的物流成本，其总成本计算如表 7－16 所示。

表 7－16　　某第三方物流集团下属专业子公司成本核算　　单位：元

<table>
<tr><th colspan="4" rowspan="2">成本项目</th><th rowspan="2">总成本</th><th colspan="3">欧洲轮胎项目</th><th rowspan="2">零担快运</th></tr>
<tr><th>项目组</th><th>快运分摊</th><th>合计</th></tr>
<tr><td rowspan="10">直接业务成本</td><td rowspan="3">项目组</td><td colspan="2">仓储</td><td>240093</td><td>0</td><td>0</td><td>0</td><td>0</td></tr>
<tr><td colspan="2">配送成本</td><td>11844</td><td>2179</td><td>0</td><td>2180</td><td>0</td></tr>
<tr><td colspan="2">长途运输（汽运）</td><td>4875316</td><td>1436452</td><td>0</td><td>1436452</td><td>0</td></tr>
<tr><td rowspan="5">快运部</td><td rowspan="2">网外</td><td>运输</td><td>217378</td><td>0</td><td>50707</td><td>50707</td><td>130726</td></tr>
<tr><td>配送</td><td>36884</td><td>0</td><td>8604</td><td>8604</td><td>22181</td></tr>
<tr><td rowspan="3">网内</td><td>干线车成本</td><td>301749</td><td>0</td><td>70388</td><td>70388</td><td>181465</td></tr>
<tr><td>支线车成本</td><td>112290</td><td>0</td><td>26193</td><td>26193</td><td>67528</td></tr>
<tr><td>配送成本</td><td>35113</td><td>0</td><td>8190</td><td>8191</td><td>21116</td></tr>
<tr><td colspan="3">小计</td><td>5830667</td><td>1438631</td><td>164082</td><td>1602715</td><td>423016</td></tr>
<tr><td colspan="3">占总成本比例</td><td>92.91%</td><td></td><td></td><td></td><td></td></tr>
<tr><td rowspan="8">操作费用</td><td colspan="3">职工薪酬</td><td>122629</td><td>16455</td><td>18349</td><td>34804</td><td>47306</td></tr>
<tr><td colspan="3">业务招待费</td><td>3186</td><td>0</td><td>400</td><td>400</td><td>1032</td></tr>
<tr><td colspan="3">差旅费</td><td>2052</td><td>1317</td><td>87</td><td>1404</td><td>224</td></tr>
<tr><td colspan="3">邮电通信费</td><td>8384</td><td>645</td><td>727</td><td>1372</td><td>1874</td></tr>
<tr><td colspan="3">办公费用</td><td>3263</td><td>118</td><td>166</td><td>285</td><td>429</td></tr>
<tr><td colspan="3">车辆费用</td><td>65419</td><td>28186</td><td>4088</td><td>32274</td><td>10540</td></tr>
<tr><td colspan="3">市场交通费</td><td>122</td><td>0</td><td>0</td><td>0</td><td>0</td></tr>
<tr><td colspan="3">折旧费</td><td>14777</td><td>13237</td><td>193</td><td>13430</td><td>481</td></tr>
</table>

续　表

成本项目		总成本	欧洲轮胎项目			零担快运
			项目组	快运分摊	合计	
操作费用	低值易耗品摊销	10332	0	2410	2410	6213
	房屋及场地费	2226	0	492	492	1269
	税费（非业务税金）	13401	12504	183	12688	471
	小计	398691	191462	28795	220259	74239
	占总成本比例	6.35%				
业务税金	营业税	43046	18184	4957	23141	12780
	城建税	3013	1273	347	1620	895
	教育费附加	1722	727	198	926	511
	其他	-1604	-12001	2120	-9881	5466
	小计	46177	8183	7622	15806	19652
	占总成本比例	0.74%				
合计		6275535	1638276	200466	1838780	516907
占总成本比例		100.00%	26.11%	3.19%	29.30%	8.24%

（1）成本构成分析

从表7-16可以看出，该公司的成本分类主要包括直接业务成本、操作费用和税费三种。公司总成本中绝大部分为直接成本，占总成本比例为92.91%，其中，项目组合计的成本占87.93%（81.70%/92.91%），快运专线业务成本占12.07%（11.21%/92.87%）。此比例与其收入比例大致相同，即项目物流收入占85.97%，快运专线业务收入占14.03%。从业务角度讲，欧洲轮胎项目成本和零担快运成本分别占公司总成本的29.30%和8.24%。其中，欧洲轮胎外派项目组成本占整个项目成本的89.11%（26.11%/29.30%），快运部为欧洲轮胎项目提供快运服务分摊的成本占整个项目成本的10.89%（3.19%/29.30%）。

操作费用主要是项目组及快运部直接服务于物流业务的人员、设备等相关的费用，占总物流成本比例为6.35%。操作费用可以进一步分为与人员相关的费用、与设备相关的费用、与业务相关的费用。分摊后可知，公司的操作费用与人员、设备、业务基本均衡相关，占总操作费用的比例分别为32.86%、46.03%、21.11%。业务税金占总成本比例为0.74%，包括营业税、城建税、教育费附加。该公司的城建税为营业税总额的7%，教育费附加为营业税总额的4%。该公司在具体操作过程中，有大量代开发票业务，下月互相冲减调整，但是并不影响公司整体税负大小。

（2）成本趋势分析

该公司前四年发生的物流成本情况如表 7－17 所示。

表 7－17　　某第三方物流集团下属专业子公司近四年成本核算成果

成本项目	第一年		第二年		第三年		第四年	
	金额（元）	比例（%）	金额（元）	比例（%）	金额（元）	比例（%）	金额（元）	比例（%）
业务成本	7112663	93.30	8330388	91.05	10613751	96.31	5830669	92.91
操作费用	425355	5.58	431.188	4.71	306.181	2.78	398.692	6.35
业务税金	85.244	1.12	387.565	4.24	100.213	0.91	46.177	0.74
合计	7623262	100	9149141	100	11020145	100	6275538	100

从表 7－17 可知，该公司近四年来成本构成几乎未变，成本构成比例大致相同，直接业务成本占公司总成本比例一直高于 90%。从绝对数看，前三年一直呈上升趋势，从近两年开始下滑。究其原因，该公司于两年前在辖区内其他子公司新设了两个快运专线部，新设的两个区域快运专线部使得其操作费用即间接成本增加。

（3）成本中心成本分析

成本和利润中心主要包括欧洲轮胎、韩国轮胎、欧牌机油项目、零担快运业务。由于该公司为区域中心公司，其区域内除本公司快运部外还下辖其他几个快运部，区域内成本归公司统一核算。其直接成本通过三个层次实现：①依据干线收入将成本分摊至各干线；②依据物流量分摊至区域内的各快运部；③按照项目物流量将公司快运部的成本分摊至各项目。

由表 7－18 可知，欧洲轮胎、韩国轮胎、欧牌机油项目、及零担快运业务成本分别占公司总成本的 29.30%、12.00%、50.46% 和 8.24%，各项目直接成本、操作费用、业务税金占各自总成本比例大致与总成本构成比例相当。值得指出的是：该公司欧洲轮胎项目和零担快运业务直接成本低于 90%。对于全部由快运部负责的零担快运业务，具有客户数目多且单个业务规模小的特点，通常需要拼车，多个项目通常由一人负责，而快运部的职工薪酬、折旧费、信息费等服务于所有客户，故操作费用较多也是比较合理的。对于欧洲轮胎项目，则大部分由外派的欧洲轮胎项目组完成，直接成本主要是运输车辆费用。针对间接费用，欧洲轮胎项目操作费用主要是职工薪酬和折旧费用，分别占欧洲轮胎项目总成本的 1.89% 和 7.29%。此处车辆折旧费用比较高，这是由于欧洲轮胎项目大部分业务由项目操作管理部的自有车辆完成。相应的，因为使用外采车辆运输费用高，故欧洲轮胎项目的直接成本较低。所以，公司应该计量外采车辆引起的高直接费用与自有车辆引起的高管理间接费用效益。

表 7－18　**成本中心成本核算结果**　单位：元

<table>
<tr><th colspan="3">成本项目</th><th>欧洲轮胎项目</th><th>韩国轮胎项目</th><th>欧牌机油项目</th><th>零担快运</th></tr>
<tr><td rowspan="4">直接成本</td><td rowspan="3">金额</td><td>项目物流</td><td>1438631.71</td><td>586489.401</td><td>3102131.82</td><td>0.00</td></tr>
<tr><td>快运部分摊销</td><td>164082.70</td><td>116316.37</td><td>0.00</td><td>423016.54</td></tr>
<tr><td>小计</td><td>1602714.42</td><td>702805.77</td><td>3102131.82</td><td>423016.54</td></tr>
<tr><td colspan="2">占项目总成本比例</td><td>87.16%</td><td>93.29%</td><td>97.97%</td><td>81.84%</td></tr>
<tr><td rowspan="2">操作费用</td><td colspan="2">金额</td><td>220260.03</td><td>28988.70</td><td>75201.29</td><td>74241.68</td></tr>
<tr><td colspan="2">占项目总成本比例</td><td>11.98%</td><td>3.85%</td><td>2.37%</td><td>14.36%</td></tr>
<tr><td rowspan="2">操作费用</td><td colspan="2">金额</td><td>15806.18</td><td>21565.56</td><td>－10849.61</td><td>19651.77</td></tr>
<tr><td colspan="2">占项目总成本比例</td><td>0.86%</td><td>2.86%</td><td>－0.34%</td><td>3.80%</td></tr>
<tr><td></td><td colspan="2">合计</td><td>1838780.63</td><td>753360.03</td><td>3166486.51</td><td>516909.99</td></tr>
<tr><td colspan="3">占总总成本比例</td><td>29.30%</td><td>12.00%</td><td>50.46%</td><td>8.24%</td></tr>
</table>

（4）成本中心利润分析

根据对公司总收入和总成本再次分摊核算的结果，按照成本中心核算利润，结果如表 7－19 所示。

表 7－19　**快运部成本分摊前成本中心利润核算结果**

项目	欧洲轮胎项目	韩国轮胎项目	欧牌机油项目	零担快运
收入（元）	1909133.80	1153845.67	3966803.89	647841.68
成本（元）	1638277.85	611225.89	3166486.51	859546.91
利润（元）	270855.95	542619.78	800317.38	－211705.23
毛利率（%）	14.19	47.03	20.18	－32.68

由表 7－19 可知，韩国轮胎项目毛利率最高，零担快运毛利率最低，而欧牌机油项目和欧洲轮胎项目毛利率居中。这种分析结果显示出欧洲轮胎项目实际盈利性较差，与公司的相关陈述不相符合。在将快运部发生的成本分摊至各项目前，各项目的利润核算结果如表 7－20 所示。

根据表 7－20，在快运部成本分摊前，公司认为欧洲轮胎项目和欧牌机油项目的盈利情况比较接近，但是公司忽略了两点：

①欧牌机油项目不需要快运专线部提供承运服务，而欧洲轮胎项目需要。公司在核算过程中已经将快运部收取的承运价款计人欧洲轮胎项目收入中，但未将其成本分摊至欧洲轮胎项目，即收入已经全额计算，但成本未全额核计；而欧牌机油项目的收入和成

本已经全额计算；

表7-20　成本中心利润核算结果

项目	欧洲轮胎项目	韩国轮胎项目	欧牌机油项目	零担快运
收入（元）	1909133.80	1153845.67	3966803.89	647841.68
成本（元）	1838780.63	753360.03	3166486.51	516909.99
利润（元）	70353.18	400485.63	800317.39	130931.68
毛利率（%）	3.69	34.71	20.18	20.21

②在分摊快运部成本前，欧洲轮胎较欧牌机油项目的操作费用比较高。欧洲轮胎和欧牌机油项目的操作费用占其利润的比例分别为70.69%和9.40%。其中，二者差别最大是折旧费，对欧洲轮胎项目是车辆折旧费，对欧牌机油项目是仓库折旧费。

2. 第三方物流企业降低物流成本的思考

（1）规范公司财务核算体系

案例公司成立不久，运营已初上轨道，但是财务核算尚未完善，目前只能计算公司整体的盈利状况，不能对各项目的盈利进行计量。因此，第三方物流企业应该规范公司财务核算体系，按照项目进行收入和成本核算，准确了解项目盈利能力，合理分配公司现有资源，提高公司综合竞争力。

（2）搭建完善的配送网络，降低空载率

配送是第三方物流企业的主营业务，也是第三方物流企业降低物流成本、增强核心竞争力的重要方面。配送通常通过集中、配货等环节，将不同供应商和众多品种的货物进行统一运送，利用规模优势以较低的单位运作成本来开发利润空间。很多大型第三方物流企业均存在返程时因到货地没有合适货源空载而返，在空返过程中发生的固定费用，如车辆折旧费、养路费、油费等不可避免，因而没有收人只有成本的情况时有发生。因此，在配送过程中，企业应该充分利用运力，尽可能提高车辆在容积和载重两方面的载货量。公司一方面需要搭建完善的配送网络和完整的信息系统，建立关联企业及客户信息簿，增强与其他第三方物流企业及客户的联系。另一方面，增加在设计配送路线方面的投入，根据相关信息设计更加合理的配送路线，降低回程过程中的空载率。这样，不仅可以增加企业收入，还可以充分利用运力降低运营成本，提高企业的综合盈利能力和社会物流利用率。

（3）建立和完善企业物流内部控制体系

有一些企业还没有建立内部控制体系，而完善的内部控制将会有效地降低物流成本增加企业利润，为此，对公司的项目物流和快运专线的内部控制分别进行了设计。因此，该第三方物流集团下属专业子公司内部控制主要从以下几个方面进行：营造内部控制环境，运输管理、车辆管理、库存管理、装卸搬运管理、信息统计管理。项目物流和快运

业务是公司的主营业务，公司应针对该业务流程中可能出现的风险进行合理控制，保证其运营规范性。

随着第三方物流业务的蓬勃发展，企业对于第三方物流成本控制日趋精细化，降低物流成本可以提升企业的市场竞争力，已经成为物流管理的首要任务。因此，第三方物流成本控制成为第三方物流企业管理的核心内容。

任务拓展

1. 简述第三方物流成本预测的分类。
2. 试述第三方物流成本预测的步骤。
3. 简述第三方物流成本决策的方法及内容。
4. 简述第三方物流成本预算的步骤。
5. 简述第三方物流成本核算的成本体系。
6. 试述第三方物流作业成本法核算的具体步骤。
7. 简述物流成本控制按时间的分类方式。
8. 简述第三方物流成本控制的程序。
9. 试述目标成本控制法的内容。

模块八 不同行业第三方物流应用

1. 了解邮政业第三方物流应用；
2. 了解零售业第三方物流应用；
3. 了解餐饮连锁业第三方物流应用；
4. 了解医药业第三方物流应用；
5. 了解汽车行业第三方物流应用；
6. 了解家电业第三方物流应用。

1. 通过调研，能够明确不同行业第三方物流应用存在的问题；
2. 针对不同行业特点和需求，提出不同行业第三方物流的改进措施。

任务一 邮政业第三方物流应用

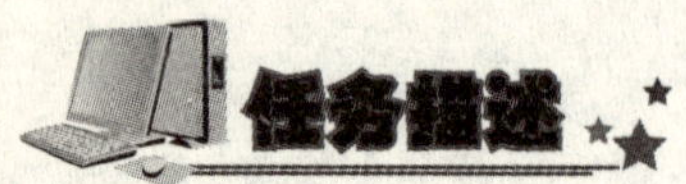

中邮物流有限责任公司（简称中邮物流公司）是一家集仓储、封装、配送、加工、理货、运输和信息服务于一体的现代化综合性物流企业。中邮物流公司以一体化精益物流、区域配送、货运代理、分销与邮购四大板块为主要业务发展方向，依托和发挥中国邮政“三网三流”的资源优势和“百年邮政”的良好信誉，坚持“至诚至信、精益求

精”的经营理念，以精益物流为市场定位；以客户为中心，采用先进物流运作模式和技术手段，努力为客户提供个性化、专业化、一体化的物流服务；提升客户价值和核心竞争力，同时把中邮物流建设成为中国一流的物流企业。

中邮物流公司运用第三方物流的经营理念、管理模式和技术方法，发挥中国邮政品牌与资源优势，整合邮政物流资源及必要的社会物流资源，以市场为导向，以科技为支撑，建立与国际物流网络对接、覆盖全国的物流网络和先进、高效的物流信息平台，形成一体化物流服务体系，实现物流、信息流与资金流的融合，为客户提供供应链解决方案和综合物流服务，并将邮政物流发展成为中国规模最大、具有国际竞争力的第三方物流企业。

一、邮政业发展第三方物流的优势

（一）完善的网络支持体系

中国邮政开发第三方物流具有得天独厚的网络优势，具体表现为“三网合一”和“三流合一”，即邮政集信息网、物流网和金融网于一身，实现了信息流、物流和资金流合一。此外，邮政系统还拥有自己的物流网，在参与和发展电子商务物流配送方面也具有独特优势。

（二）强大的物流基础设施和投递队伍

中国邮政拥有覆盖全国、沟通城乡、连接世界，集水、路、空等多种运输手段和投递方式的集散式立体实物传递网；形成了由绿卡网络、电子汇兑、网上支付、代理业务平台四大体系。再者，邮政系统拥有一支训练有素的投递队伍，在电子商务物流配送上可以发挥十分重要的作用。

（三）严格的传递时限

企业具有严格的时限标准，全程全网的特性使每个企业在相应的传递链中都必须按规定的阶段时限完成相应的处理、运输、交投任务，进而保证在全程时限内完成对客户承诺的实践标准，在任何环节的逾限和稽延都要受到严厉的处罚。中国邮政这种迅速、准确、安全、方便的质量准则，严格的运递管理，可靠的信誉保障，正是现代第三方物流所要求的。

（四）政策优势

国家已把信息化产业作为重点发展的支柱产业加以培养，邮政业作为信息化产业的一个重要组成部分，也得到了大力支持和扶植，国家给予邮政“8531”政策，并将物流运输平台为第一内容的“电子邮政”列为国家电子商务示范工程。

（五）专业优势

邮政具有天然的第三方物流提供者的属性。从本质上说，邮政提供实物信息传递服务，这种服务与现代物流所提供的服务基本一致，因此，与其他行业企业相比，邮政发展现代物流具有更大的优势。

（六）品牌优势

在广大用户中“中国邮政”的服务品牌和企业信誉已产生极大的影响，其优良的服务已得到广大民众的认可。优良品牌意味着邮政服务的及时性、可靠性、安全性和便捷性，这些服务品质正是物流服务的本质要求。因此，品牌成为邮政发展物流的核心竞争力之一。一方面对供方来说有安全感，减少资讯风险；另一方面能够借助邮政的声誉及品牌优势增强需方的交易信心，促进业务发展。

二、邮政业发展第三方物流存在的问题

（一）刚性服务与柔性主动服务的差距

邮政服务是典型的以自我为中心的服务，即使有主动服务也是一种随机行为。而第三方物流的提供者一切都是以顾客为中心，通过量体裁衣式的设计，采取各种灵活方式，提供具有个性化的价格、个性化的物流渠道和方式、个性化的时限要求以及信息服务等物流服务，制定出以客户为导向、低成本、高效率的一体化物流解决方案，完全是一种柔性的主动服务。

（二）邮政管理模式与物流管理方式的差距

邮政传递包裹业务中，客户邮寄的包裹完全是随机的，客户与邮政的关系是一次性的委托合同关系，运递结束便是合同终止。而第三方物流则是以若干企业为服务对象，建立长期、稳定的合作伙伴关系。从利润来源看，邮政传统业务主要从对客户的服务中获取收益，普遍服务的特性使得一些经营项目在某些地区是亏损的。而第三方物流则完全是市场化的增值服务，除了为客户提供服务的收益外，还常常与客户分享物流合理化带来的收益。

（三）普遍性服务网络与个性化服务网络的差距

邮政为社会公众普遍服务的特性，使其长期承受政策性亏损的困扰。而第三方物流配送要求承担者必须选择最优路线、最快速度、最低成本送达使用者，完全是一种商业化运作的市场行为，自身不但能从物流配送中获得赢利，而且也为其使用者节省开支。

三、邮政业发展第三方物流的对策

（一）提高服务质量

提高服务质量必须从转变观念出发，从根本上实现服务质量的提高。中国邮政虽然成立了专门的物流公司，但其员工基本没有大的调整，一些服务习惯和工作观念尚在。

这就要求对员工加强意识培训，以提高服务质量，树立“以客户为中心、为客户提供高效优质物流服务”的经营理念。在市场经济条件下，必须以市场为导向，有市场意识，遵循“适应人民需求的变化、适应科技进步的要求”的思想，逐步摸索出一条适合国情的邮政发展的管理创新道路。邮政业行业性相对较强，长期以来与行业外的交往不多，与用户“合作共赢”发展的观念较为淡薄。应主动关心不同用户的用邮需求，成为用户值得信赖的“信息、资金和物品的传递使者”。在开展电子商务物流服务方面，必须彻底摒弃“以我为中心”的“封闭办邮”思想，应以“用户满意不满意”作为检验邮政服务水平的根本标准。

（二）优化网络资源

邮政要大举进军物流行业，还需要把以往以传送邮件为主的邮政网改造成为适合提供高效物流服务的新型综合网络。这就需要调整总体的投资方向，优先发展现代物流所需的基础设施和服务系统。应加强物流硬件和技术的建设与改造升级，配置服务于包装、装卸、运输、储存、流通、加工、配送等物流活动所需的各种机械设备、运输工具、仓库建筑、场站设备和先进的计算机与通信网络等。在对外业务方面，邮政应该加速实现三网合一的目标，应该加速为客户提供完善的解决方案：通过网上绿卡银行提供网上支付服务，利用特快专递代收货款和邮政汇款提供网下支付服务，利用183网提供网上交易服务，用185呼叫中心提供电话订货服务，通过邮政CA认证和邮政品牌解决厂商信用和质量、品牌与售后服务保障问题，利用综合计算机网解决交易的安全可靠性问题等。

（三）强化品牌加强宣传

中国邮政品牌不仅是一个强大的整体品牌，也是一个由无数像EMS、物流配送、邮政储蓄、电子汇兑等个体品牌组成的知名品牌。这些独立性较强的个体品牌，既是邮政未来的效益型业务，也是用户可信赖的邮政“产品”。品牌也需要管理和不断强化。制作企业形象宣传册下发到每个员工手中，组织学习企业经营理念，形成与品牌对应的企业文化。在市场竞争环境下，宣传是必要的。首先，将邮政的标识粉刷一新，把邮政的门面形象做大的改观，给人一种大气有活力的形象；其次，在中央电视台做企业的整体形象广告，树立新的邮政形象；再次，针对企业做好第三方物流的专项宣传。

（四）人才战略形成专家团

对于物流业务来说，第三方物流不只是一个简单的仓储、装卸、运输和配送；它还有附加值业务：订单处理、货物验收、仓库再包装/加工、代理货物保险、送货代收款、货物回收/替换以及高级物流服务：库存分析报告、库存控制、建立分销中心、设计供应链。而后者则需要高级物流人才来设计，执行。做好第三方物流，就要一切从客户实际需求出发，提供个性化服务。在一系列的需求调研、方案设计、过程控制执行方面都必须有专业的物流、管理、技术人才，这就需要有一个专门的第三方物流服务专家团。较好的办法是加强物流企业与科研院所合作，使理论研究和实际应用相结合，加快物流专业技术人才和管理人才的培养，造就一大批熟悉物流运作规律、并有开拓精神的人才队伍。另外，也可以通过兼并专业的物流公司来获得有经验的人才。但从长远来看，还是要不断引进人才，从公司内部培养健全起来，以提高企业的整体素质，并形成创新人才培养机制、人才引进和激励机制、人才选拔使用机制、人才考核评价机制。

（五）强强联合、形成联盟

随着社会的发展，客户对第三方物流的要求越来越高，单个企业的资源已不能很好地满足客户需求；再者，加强各方面的联合，能够优化资源，实现共赢。加强联合是多层次的，一方面与客户之间加强合作；另一方面与其他物流提供商合作，结成联盟。比如与中铁运的合作，中国邮政可以利用低成本和运转效率的铁路，中铁运也能享受邮政健全的网络，使双方的效率提高，实现共赢。另外，中国邮政也应加强与国外物流企业的合作，学习国外物流企业优秀的理念和科学的管理方法。

一、实施工具

完善的网络支撑体系，强大的物流基础设施和投递队伍，第三方物流配送体系。

二、实施方法

收集配送客户资料，利用网络平台和物流基础设施，由投递队伍进行 B—B、B—C、C—C 的第三方物流服务。

三、实施步骤

步骤一：提供完善的物流配送功能。

传统储运为了完善功能，按现代物流的特征要求，也可能提供一些外延有所延伸、内涵有所深化的配套性、系列性代理服务，其中有些服务已属物流范畴。但由物流经营者提供的诸如代买卖双方结算货款、进行市场调查与预测、提供采购信息及咨询服务、代理供应商承担一定的商品促销和店铺商品陈列等活动，是现代物流应大力提供的服务。这些只是物流的辅助活动，物流商并没有运用大量流动资金从事实际的商品买卖，这与批发商或经营其他业务的服务商向现代物流转化有很大区别。

步骤二：建立物流中心与配送中心。

可采取五种形式：与厂商共建；与批发商共建；与零售商共建；与其他机构共建；物流商自己独立建立。

邮政部门建立的物流中心和配送中心与传统储运企业的经营管理不同，需要的设施设备条件也不同。

步骤三：加强网络组织建设。

从网络组织和运营上，相对剥离了服务业务和竞争型业务在网络资源使用上的经济关系。现代物流要求配送企业有能力在最短的时间内完成任何区域内的物流任务，同时物流成本还应合理。要完成这种任务，必须建立全程全网的物流配送网络。

分析了邮政业发展第三方物流的优势所在，剖析了邮政业发展第三方物流存在的问题，提出了邮政业发展第三方物流的对策。

任务二　零售业第三方物流应用

2002 年 3 月，民营企业华普超市与和黄天百公司签订了物流服务合作协议，华普超市委托和黄天百公司负责其全国的物流配送业务。

随着企业的快速发展，华普超市的决策层越来越认识到超市要生存和发展，就必须快速提高自身的竞争能力，而达到此目的的捷径就是借助国际先进技术和经验，走专业化发展之路。华普超市认为，与和黄天百公司的结盟将是一个多赢的合作。第一，借助国际化、专业化的物流服务体系，华普超市将进一步提高顾客服务水平，更好地满足消费者需求；第二，先进而强大的物流支撑体系将减少连锁开店选址方面的限制，谋求在更广泛地区的商铺开发，加快开店进程，形成更大规模，同时也相应地拓宽了合作供应商的市场领域；第三，通过与第三方物流的紧密配合，整个供应链的物流成本得以下降，集中配送减轻了供应商的送货负担和成本，大幅降低超市的物流成本乃至综合经营成本；第四，有利于零售客户集中精力于自己的核心业务（采购、营运和管理），提高运作水平，增强核心竞争力。

总之，双方的合作使供应链得到优化，使供应链上的各方、消费者及社会各得其所；专业物流公司也通过技术服务获得管理收入，提高了整个社会资源的配置效率。

一、零售及零售业的概念

“零售”一词源自法语“retailler”，意思是“切碎”，是一种基本的零售活动，即大批量买进并小批量卖出。实际上，批发商也可以大批买进并向消费者小批售出。零售企业的特征是向最终消费者出售，而批发商则是向零售企业或是其他商业组织出售。1998年，Baker将零售企业定义为“任何向个人或家庭消费出售商品并提供售后服务的机构”。

零售业区别于其他行业的主要特征是：零售商平均每笔销售量比制造商少得多；最终消费者常常无计划购买，而制造业产品的购买者或开展经营而购买的购物者更有计划性。

二、零售业物流的含义和特点

现代零售业物流就是零售商计划、执行与控制商品从产地到消费者移动的实际流程，完成商品的采购、运输、仓储、流通加工以及相关的信息处理等功能，以达到顾客满意的目标。

零售业物流主要有以下几方面的特点：

（一）信息技术是零售业物流的向导

POS系统、EDI、网络及通信技术的发展使得各零售店铺和生产商实现实时信息共享，最大程度降低零售店的库存积压或者缺货率高等物流问题。

（二）物流活动比较集中

连锁零售企业的配送把各连锁店的采购、仓储、运输等活动集中起来，按照各门店的需要对商品进行分类、整理、配装后，再送交各门店。

（三）配送批量、频率、时间要求较严格

零售企业的销售量受季节因素、人为因素以及随机因素等影响较大，造成门店的配送量波动大。对于仓储空间等资源有限的门店，一般要依靠提高配送频率来满足需求，而且配送过程有时间限制，如限定某个时段到货。

（四）配送和仓储要求多样化

连锁零售企业销售的商品品种繁多，对配送和仓储的要求呈现多样化趋势。如对于冷冻食品在运输和仓储过程中要有严格的卫生和保温措施，对于易碎易压物品在仓储和运输过程中也要有专业的操作和运输要求。

（五）要具备拆零、分拣、包装和简单加工等功能

连锁零售企业实行集中采购和批量进货，每次进货量大，一般供货商都以大包装供

货，而连锁门店销售时需要拆零，有时还需要对货物进行简单加工。因此，连锁零售企业的物流系统要具备拆零、分拣、包装和简单加工等功能。

（六）商品退货、更换比较频繁

在销售过程中，由于损坏、变质、过期、过季，或者增加新品淘汰旧品，门店都可能与供应商联系退货或者更换，造成大量的退货和更换。这些特点使得连锁零售企业物流要求有更快的反应、更复杂全面的技术和信息支持。

三、我国连锁零售业物流存在的问题

随着配送中心的建设，现代化仓储系统和企业资源计划系统（ERP）等信息系统的应用，标准化托盘、自动化拣选设备、条码和 RFID 等先进物流设备和技术的应用，我国零售业物流取得了长足的发展。但就我国整个连锁零售业来说，物流水平仍比较低。与外资零售业先进的物流运作系统相比，我国零售业物流无论在资金、技术还是在知识和观念上都存在很多问题。将各种问题概括起来，主要有以下几个方面：

（一）缺乏对物流的深层次认识，物流管理思想落后

尽管我国连锁零售企业已经意识到物流在企业中的重要地位，正尝试着进行物流系统变革，但成效甚微，它们对资源的整合能力还是不高。再者物流是综合性概念，不少企业只关注某环节的物流情况，缺乏通盘考虑。

（二）配送中心未达到经济规模，统一配送率低，经济效益差

目前，我国连锁经营企业平均一个配送中心负责 20 个店铺的送货，平均一辆车承担 2 ~3 个店铺的送货。而国外平均一个配送中心负责 70 个店铺的送货，且只需要 4 ~5 辆车。另外，我国连锁企业配送中心对分店经营商品的统一配送比例一般为 60%，最好的也不过是 70% ~80%，与国外相比这个比例还有待提高。

（三）硬件设施落后，物流现代化程度低、信息化水平不高

我国连锁零售企业对仓库、车辆、装卸搬运设备等投入不足，物流配送作业仍以人工操作为主，缺乏现代物流的仓储、分拣设施，运作效率很低。调查显示，目前我国实行商品配送的零售企业中，有超过 58% 的企业至今几乎没有采用过信息技术或信息系统来进行商品配送作业，而在已经采用信息技术进行商品统一配送的零售企业中，72% 的企业仍然以传统手工作业为主，信息技术只作为其辅助性的管理手段，对于供应链管理、企业资源计划系统的应用还处于起步阶段，信息化运用层次很低。

（四）物流人员结构不合理，物流人才缺乏

我国连锁零售企业配送中心普遍存在物流人员结构不合理的现象。一方面，物流人员过剩，配送中心 60% 左右的人员出现闲置和重复配置现象；另一方面，一些具有经济、管理、技术知识，通晓现代物流配送高效运作的高层次复合型人才又很缺乏。这种现象直接影响了配送中心的经营管理水平。

（五）零售商与供应商之间进行利益博弈，物流关系恶化现象严重

随着零售市场的饱和，现代零售商已进入微利时代。在销售毛利率不断下降的情况下，零售商与供应商进行价格博弈，都把对方作为利润来源。而在信息上，双方都将自己掌握的信息视为私有财产，信息不能共享，渠道不够透明。此外，零售商与供货商还对商品的配送权进行争夺。但是在双方都有物流系统的情况下，不管由谁来配送，总会造成一方的物流设施闲置，导致资源浪费。零售商与供应商之间不能建立互相信赖的合作伙伴关系，无法进行物流合作。

另外，我国连锁零售业物流还存在物流社会化程度不高、系统化的配送技巧不足、物流流程设计不合理、物流运作模式与功能单一、配送柔性和应急能力差、标准化程度低、物流成本居高不下、未能实现统一的存货和库存管理、第三方物流规模不足，结构不合理、国家物流基础设施有待改善等企业内外部问题。

四、第三方物流进入连锁零售业的机遇

（一）第三方物流的产生是零售业物流复杂化、专业化分工的必然结果

由于连锁零售企业的快速扩张、布点以及其特有的产品经营策略，它们一般呈现了商品的多品种、小批量化、高配送频率、多配送点、快速配送要求以及需要完善的信息系统支撑等物流配送特征，使得整个物流活动更加复杂。而经济全球化的进程大大延伸了供应链的空间分布，全球采购、全球销售、全球服务、多基地协同生产等将供应链延伸到全球范围，相应的物流配送也要在全球开展，物流在空间的复杂性日益增加。物流系统的延伸，物流系统策划的复杂性使其成为一个只有专家才能涉足的领域。因此，随着连锁零售企业的高速发展，产生了对利用专业化、个性化物流服务，以提高物流服务的质量和效率的需求。基于此需求环境，第三方物流企业获得切入连锁零售业的机遇。

（二）零售企业从单独向销售要利润，转为向整条供应链要利润

连锁零售业竞争的加剧，使其销售毛利大幅度下降。于是，连锁零售企业在努力实现从单独向销售要利润，转为向整条供应链要利润。一方面，它们利用自己庞大的网络资源和对终端的主导地位，通过市场信息和品牌影响力向生产厂家渗透，加强了自有品牌的开发，争夺一部分生产利润；另一方面，它们也特别重视物流体系的改善，朝着能以低成本、高效率的物流配送运作模式提高物流服务质量，以满足消费者个性化、多样化的需求目标而努力，从而向“第三利润源”挖掘潜在利润。由于第三方物流自身存在的比较优势，第三方物流企业自身的实力和水平得以进一步提高和完善，其在连锁零售业恰逢良机。

（三）连锁零售业发展的战略考虑

连锁零售业使用第三方物流服务，除了能获得专业服务能力、技术和成本优势外，还可以获得战略层面的利益。首先，能集中核心业务。连锁企业的核心是如何选址开设门店、拓展销售网络、促销、商品布置和采购，在后勤服务的物流配送方面没有优势。

因此，随着社会专业化分工越来越细，实行物流外包将是连锁经营发展的趋势。只有这样，连锁零售企业才能将有限的资源配置到自己的核心业务上去。其次，连锁零售业使用第三方物流服务能减少投资，降低风险。现代物流领域的设施、设备、信息系统等的投入巨大，而且由于物流需求的不确定性和复杂性，导致投资存在巨大风险。采用第三方物流能避免投资风险。

一、实施工具

第三方物流企业合作伙伴，仓储与配送管理系统协作平台。

二、实施方法

零售商应当与供应商和第三方物流企业共同协商一套解决方案。

三、实施步骤

步骤一：零售商在确定物流外包之前应当制订整体供应链计划。零售商应当理清自身当前在供应链管理方面存在的主要问题，如物流成本偏高、缺乏供应商的协作与规模采购优势、欠缺库存与品类管理能力、急需加强策略性定位与服务等。应针对这些问题，与第三方物流企业共同协商一套解决方案。

步骤二：零售商应专门设立一个供应链管理部门与第三方物流企业进行对接。没有一个统一协调的计划，面对采购、营运、物流部门分别下达的指标，第三方物流企业无法获取全面准确的数据和信息。

步骤三：零售商应当与供应商和第三方物流企业协同建立高效的仓储与配送管理系统，进行深度的数据挖掘，建立更开放的协作平台，以便很好地部署专业物流软件系统与硬件设备。

国内从事零售业物流的大部分是民营第三方物流企业，这种情况对许多第三方物流公司来说既是机遇，又是挑战。

任务三　餐饮连锁企业第三方物流应用

物流在麦当劳品牌的成长中扮演着一个不可或缺的角色。许多人还没听过“物流”这一名词时，麦当劳就已将世界上最先进的物流模式带进了中国。一整天的繁华喧嚣过后，来自麦当劳物流中心的大型白色冷藏车悄然停泊在店门前，卸下货物后又很快开走。尽管一切近在眼前，但很少有人能透过这个场景，窥视到麦当劳每天所需原料所经历的复杂旅程，这些产品究竟如何保持新鲜，在整条冷链中又是怎样实现平滑无隙的流转呢？

谈到麦当劳的冷链物流，必须说到夏晖公司。麦当劳和夏晖之间独特的外包模式使其不仅扮演了第三方物流公司的角色，而且还承担着供应商的责任。一方面可以说是麦当劳采用委托第三方物流代理的方式为其制造、库存、配送及管理；另一方面，它完全采用供应商代理的形式，由供应商掌握麦当劳的库存，采购也是由夏晖公司来完成，而麦当劳和其供应商夏晖公司的关系也就完全成为了伙伴型的，不管夏晖是作为第三方物流公司也好，还是作为供应商也好，在整个物流运作过程中都起到了不可忽视的作用。

一、餐饮业第三方物流配送现状

随着人民生活水平的提高及生活节奏的加快，“洋快餐”大举进军国内市场，使我国传统餐饮业受到严重冲击。连锁经营改变了传统的小生产经营方式，有效降低经营成本，扩大市场占有率，给企业带来了巨大的规模效益。我国的连锁餐饮业也在竞争中得到了发展，如北京全聚德烤鸭集团、东安饮食集团、天津狗不理集团等都走在国内餐饮业连锁经营的前列，推动了餐饮行业的规模发展。

近年来，我国农产品价格大幅度上涨，餐饮企业成本越来越高；但餐馆数量多，竞争激烈，使得餐饮业的平均利润降低。在现代企业竞争强调供应链物流管理时，餐饮业

更需在供应链采购、第三方物流配送创新着手，降低中间成本。餐饮业第三方物流配送具体表现为以下几方面：

（一）物流配送缺乏重视

很长一段时间以来，许多连锁餐饮企业被“大而全，小而全”的传统观念束缚，自营物流现象非常普遍，物流不仅没有成为餐饮企业竞争优势和利润源，反而成为连锁餐饮企业节约成本、提高宾客满意度的障碍。连锁餐饮企业对物流配送认识不够，是其在餐饮业中长期得不到快速发展的重要原因。

（二）物流配送服务差强人意

大部分物流配送供应商提供的服务主要是仓储保管代理、运输代理等功能性物流服务，配送成本高，专业化程度低，缺乏竞争力，很多物流配送供应商提供的服务不能满足连锁餐饮企业需求。

（三）配送设备比较落后

我国的餐饮产品物流以常温物流或自然物流形式为主，在餐饮产品的包装、配货和运输过程中，缺乏科学的冷链物流技术与设备，没有完善的卫生标准和检验检疫规程，餐饮产品在物流配送过程中的损失很大，餐饮产品安全问题非常突出。

（四）信息化程度不高

在信息化管理方面，餐饮业与新兴产业有很大差距。在合作关系上，餐饮企业和物流供应商还普遍存在信任问题，使得物流供应商对餐饮企业的信息掌握有限，决策层不能及时了解配送、库存等情况的动态变化，无法执行科学合理的运输、财务计划；缺乏相应数据的统计和分析报表，无法为决策提供参考依据。

（五）复合型人才缺乏

人才一直是制约物流配送在连锁餐饮行业中发展的瓶颈。餐饮行业的管理人员不懂物流，从事物流行业的人员对餐饮行业没有很深的认识。高等院校的课程设置还不能满足企业需求，物流在职人员的职业教育更是贫乏。

二、餐饮业的物流管理目标

餐饮业物流管理的总目标是以低成本或可接受的成本提供高质量物流服务，实现顾客满意，即让顾客在恰当的时间、合适的地点，从正确的供应源，以上乘的质量、合理的价格，得到满意的产品。其功能目标主要有：

（一）敏捷与精益

精益是指用较少的人力、空间、设备和时间等资源进行各种操作，有效组织原材料的运动，杜绝浪费。敏捷是指对不同的或变化的环境迅速作出反应，向客户提供高品质服务的能力。它有两方面的含义：第一是反应的速度，即能否及时满足客户的服务需求的能力；第二是根据不同的客户需求量身定做的能力。

（二）保障供应与最低库存

餐饮物流系统的有效运行必须能够保质保量，并及时将物资供应到餐饮加工生产的需求点；与此同时，因存货所占资金是餐饮物流作业较大的经济负担，库存过多则需较多的保管场所，产生库存资金积压，造成浪费。因此，必须按照生产和流通的需求变化控制库存，提高周转率，把存货配置减少到与客户服务目标相一致的最低水平。

（三）价值增加和质量改善

从顾客角度考虑，可通过增加时间和空间的使用，或对产品和服务进行更多的加工来增加价值；同时物流本身必须履行质量标准，持续改善质量。

（四）提高生产率和降低成本

餐饮业的物流活动是物流实体的流动，费时、费事、费钱。在保障供应、生产和服务顺利进行的前提下，有效的物流活动要做到效率最高、成本最低，这要求在承载力范围内，最大可能地利用资源和设备。

三、连锁餐饮企业第三方物流应用策略

（一）树立第三方物流配送理念

我国已出台了一系列发展现代物流的产业政策，但第三方物流的发展水平仍然难以满足企业发展经营的需要，第三方物流的改善进度亟需加快。只有这样，我国的餐饮连锁企业在与其合作的过程中才能进一步大幅度降低成本。麦当劳将物流外包给夏晖公司，专心致力于快餐的原料品质、产品种类和服务质量，使其得以专注于企业核心能力的培育，同时大大降低了企业的整体运作成本。所以，连锁餐饮业的管理者必须进一步更新观念，认可与第三方物流企业合作带来的优势。

（二）树立以客户为中心的服务理念

随着物流企业之间的竞争加剧，在服务理念上第三方物流企业应以客户为中心。从广义上讲，第三方物流提供的服务内容有两个层次：一是物流配送基本功能，二是根据客户需要提供的各种延伸业务活动。如为连锁餐饮业温度敏感产品提供快速可靠的服务以及相关的记录报告；运输设备的清洁或消毒等卫生服务；利用积累和整理的数据预测客户需求，提供咨询支持；运用网络技术向客户提供在线的数据查询和在线帮助服务等。

（三）配备餐饮产品的冷冻保鲜设备

第三方物流企业必须配备餐饮产品物流所需的冷冻保鲜设备，开发餐饮产品物流的冷冻保鲜技术，建立餐饮产品冷藏链，发展冷链物流，使餐饮产品一直处于产品生理需要的低温状态，并形成一条冷链：餐饮产品原材料、半成品—冷藏车运输—餐饮企业冷柜—厨房。只有这样，才能提高餐饮产品物流配送效率，保证餐饮产品质量，减少餐饮产品损耗。

（四）加强信息化建设

连锁餐饮企业要加强信息化建设，不断引入信息技术，包括电子自动订货系统（EOS）、物流条码技术（BARCODE）、销售时点系统（POS）、电了数据交换系统（EDI）、预先发货清单技术（ASN）、电子支付系统（EFT）、连续补充库存方式（CRP）和信息反馈系统等。信息化平台建设不仅可以为餐饮连锁企业提供一个科学的管理平台，而且只有第三方物流企业和连锁餐饮企业之间的信息充分共享，才能取得良好的效果。

（五）加强复合型人才培养

加快物流配送在连锁餐饮业中的发展，要加强既懂餐饮又懂物流的人才培养和引进。一是旅游专业、烹饪专业、物流专业学校要对专业做相应调整，让懂餐饮管理的人通晓物流管理，让懂物流管理的人才懂餐饮管理，培养复合型人才，满足企业的需求。二是形成比较合理的物流配送人才教育培训系统，企业内部要有明确的员工培训目标与计划。

一、实施工具

与具有常温物流和冷链物流设施设备的第三方物流企业合作，建立现代化的信息平台等。

二、实施方法

通过双方共同协作，针对不同情况制定应对方案。

三、实施步骤

步骤一：确定第三方物流营运流程和方案。根据餐饮连锁业特点，量身定做一套合理完善的物流营运流程和方案。在麦当劳案例中可以发现夏晖的成功之处。餐厅只需将订单以电子邮件方式传至配送中心客户服务部，客户服务部收到邮件。将餐厅订单导入DIMS系统。存货控制部提前计算餐厅未来营运所需货品数量，并向供应商下订单。仓储部依据DIMS中心各餐厅所需货物的备货单，进行备货及装车工作，运输部依据DIMS中心各餐厅送货单，安排车辆和行车路线。运输部将货物运往餐厅，餐厅接收货品并签署相应送货单。供应商按照配送中心的订单要求将货品送至配送中心，或由配送中心运输部到供应商取货。

步骤二：制定第三方物流服务标准。夏晖公司为了给麦当劳餐厅提供最优质的服务，更好地配合麦当劳发展，制定了以下工作标准。

99.7%的服务水平。服务水平是指由餐厅签收准确无误的送货单数量占送货单总量之比。准确无误的送货单是指没有出现多送、少送、错送、破损等情况出现的送货单。

99%的到店准时率。到店准时率是指运输货物准时到达的次数与运输货物总次数之比。运输货物到店时间由运输部与各餐厅共同协商制定，一般情况下货车在规定到店时间的正负30分钟范围之内到达属于准点到达。

6天的存货控制。存货控制是指由于每一种货品在配送中心都有一定数量的库存，但为了避免过多货品造成资金积压，用一天的存货来衡量营运水平。

430箱/小时的仓储效率。仓储效率是指仓储部员工进出货品总箱数与工时之比，用来衡量员工每小时为餐厅及备货收货的效率。

步骤三：培训双方员工。通过培训使各方的操作能够按照指定的程序和时间要求来有序地进行。

目前我国第三方物流水平较低，导致餐饮企业自身配送中心的比重较高。许多特许经营餐饮企业将部分物料委托第三方物流企业配送，但不少运输企业运作和收费不规范，常常出现配送物料遗失、不及时等问题，餐饮连锁企业第三方物流水平亟待提高。

任务四　医药业第三方物流应用

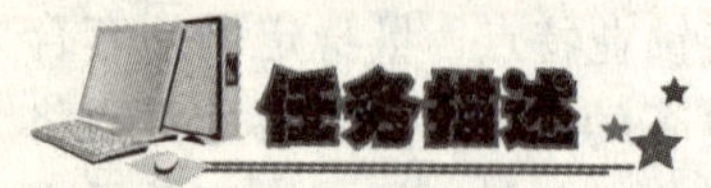

为了降低配送成本，浙江英特药业储运公司将物流业务全部外包给杭州邦达物流公司。作为一家专业的医药物流公司，邦达物流在五个方面做得很到位：一是时效性强，效率高；二是能帮助退货；三是信息反馈及时；四是能签收回单；五是以“门到门”方式为公司带来其他增值服务。与邦达物流签订配送合同至今，英特药业的销售额逐年剧增，资金回笼率大幅提高，经营风险大幅下降。此外，邦达物流的“零库存”配送也为英特药业增加了与分销商谈判的砝码。

除此之外，像康恩贝、京新药业、金华医药、永宁制药、青春宝、浙江医药、亚太

药业、回音必、三江医药、天施康中药股份、仙居制药、国药控股等企业，也先后选择与邦达第三方物流公司合作。但不是所有的医药企业都适合选择第三方物流。选择第三方物流的先决条件是医药企业必须有一定的销售规模、产品覆盖面以及渗透力。

一、第三方医药物流概念

第三方医药物流是一种专业化、社会化的物流体系，是医药流通领域中供方和需方实体以外企业提供物流服务的业务模式。

第三方医药物流为医药企业的部分或全部药品提供运输、仓储代理服务；为医药企业进行区域配送，代收货款、代签协议，提供相应的增值服务；负责管理医药企业的仓库，管理企业的药品运输、配送；承担制药企业物流部门的职能；和医药企业合作发展现代化医药物流，整合物资资源，进行医药物流运作；为医药企业进行物流过程管理，物流系统设计、优化；区域配送中心的规划、实施、运作管理。

目前我国医药行业第三方物流尚处于萌芽阶段，真正意义上的第三方医药物流企业还很少，只在广州、杭州、海南等地有医药专业物流服务公司。

二、我国医药企业第三方物流的需求分析

我国医药经济持续、平稳、快速的增长促进了物流业的稳定发展，为医药物流提供了更为广阔的发展空间；同时对现代物流业也提出了更高、更新的要求，特别是对第三方物流服务的需求更为迫切。

（一）医药生产企业对第三方物流的需求

为了控制销售终端，药品生产企业采用由药品生产厂商直接到医院和药品零售商的流通方式，参与药品销售，并亲自组织药品运输配送。此外，为了保证原材料供应，大部分医药生产企业又有自己的采购物流体系。这种管理模式和经营思想使越来越多的医药生产企业感到人力、财力和经验的不足。加入 WTO 后，药品生产企业更感到自身在药品创新、技术开发和管理等生产性核心业务上与跨国医药企业的巨大差距。目前，不少药品生产企业认识到依靠第三方物流公司专业的装卸、拣选、包装设备，现代化的信息管理系统和高效快捷的运送力，可以降低物流成本，实现随时监控药品流动情况，改善物流服务水平，提高企业核心竞争力。因此，药品生产企业对第三方物流的服务需求必将与日俱增。

（二）医药批发企业对第三方物流的需求

药品从生产企业经过多级批发商再到零售商和医疗机构的流通模式，已远远不能适

应当前经济发展的要求，各级批发商都尽量减少其上下游的流通环节，增加流通效率。但是，由于药品的运输、仓储、配送、信息通信等物流相关业务分属不同的企业、地区，存在体制、管理等方面的差异，一定程度上影响社会物流资源整合，由此造成资源利用率较低，浪费现象严重。通过第三方物流企业运用供应链管理原理和方法，整合各市、县中小型医药批发企业的物流资源，改造和优化物流流程，实现物流资源的优化配置，这是被国内外实践验证的有效途径。中小型医药批发企业对第三方物流的整合需求尤为迫切，更愿意成为医药第三方物流企业的服务终端。随着药品流通业变革的加速，尤其是已经实施的县级以上流通企业的 GSP 认证对于药品仓储要求的提高，国内药品第三方物流市场显示出广阔的市场前景。

（三）医药零售企业对第三方物流的需求

近年来药品零售企业连锁经营发展迅速，但药品零售企业自营配送中心效率低下。根据调查报告显示：平均每个配送中心能够支撑的消费额和销售额，我国分别只是美国的 11.75% 和 40%，而平均处理单项订单的运作成本，我国却是美国的 2.78 倍。配送中心的低效率使药品零售企业物流成本居高不下，同时药品零售企业普遍存在物流设施落后问题。药品零售企业高成本压力和低效率物流运作迫使零售企业把物流业务外包。近年来连锁药店都不断扩展门店数量、零售供应链的“快速反应”压力导致配送频率增加和订单规模减小，迫使供求双方必须加大利用外部物流供应商的力度，以分享服务的形式减少成本。此外，一些跨省经营的连锁药品零售企业跨区域建连锁店，也对专业化、社会化的第三方物流服务有所需求。

（四）医疗机构对第三方物流的需求

医院实行物流外包一方面能够降低医院库房人员支出、降低物流成本、减少药品和资金的积压；另一方面能够降低药品价格和遏制行业的不正之风。我国医药流通体制改革乃至整个卫生制度改革的根本目标就是让医院成为独立的、理性的市场主体。作为市场主体的医院将面临医药分家以后如何提高医疗技术水平、改善服务、争取更多患者等核心领域竞争优势的获取，而对于既会增加医院营运成本又会降低医院运作效率的物流服务必定采取专业物流公司外包的做法。若占药品销售份额 85% 的医院对第三方物流需求形成趋势，医药第三方物流将会得到极大发展。

三、第三方医药物流的优势分析

在社会活动分工日趋细化、市场竞争不断加剧以及企业对提高效率不断追求的情况下，医药行业将自己不熟悉的物流业务外包给第三方物流企业是明智之举。因此，从长远发展来看，第三方医药物流市场具有明显优势。

（一）管理优势

管理技术优势是第三方物流的核心竞争力所在，主要体现在系统策划、个性化服务、信息系统支持、创新与改进能力等方面。

普通的医药制造企业通常没有资金、时间更新资源或技能，而医药零售商可能有不同的、不断变化的配送和信息技术需求，专业的第三方医药物流供应商能不断地更新信息技术和设备，以快速、更具成本优势的方式做出响应来满足医药零售商的需求。而且，第三方医药物流企业还可以为医药销售企业提供先进的物流管理技术，增强其竞争力。

（二）规模效益优势

随着物流活动从生产和流通领域中分化出来，各种物流要素也逐渐成为市场资源，第三方物流企业利用其专业优势和系统最优化原理，根据各种物流活动的要求在全社会范围对各种物流要素进行整体的优化组合和合理配置，迅速扩大物流规模，实现规模化，从而最大限度地发挥各种物流要素的作用，提高物流效率。

第三方医药物流企业通过整合上下游客户，形成规模经济优势，降低物流成本。第三方医药物流企业可以组织医药业客户群体开展共同运输、联合配送；可以利用物流配送网络减少交叉运输以及空车返程的费用；同时还能借助规模运作降低成本，并且实施包括供应链物流在内的全程的或定制化的物流服务，最终提高物资流通速度，实现资源优化配置。

（三）信息化优势

信息化是第三方物流的一个重要方面，信息化对物流产生了革命性影响。在最短的时间内以最低的成本提供最大的价值，这是信息时代的又一种竞争优势。信息化既是现代物流的重要趋势，更是现代物流赖以存在的基础。信息化要以网络为基础，第三方物流公司要有足够大的网络和畅通的信息平台。这样才能使企业具有相应的系统同客户系统进行数据交换，才能保证物流管理的效率性和准确性。

信息处理技术、信息加工和发掘技术，成为企业提高竞争能力的重要手段，也是第三方物流的重要新型服务项目。采用第三方物流服务，可以利用其信息技术、信息分析、管理优化的能力，将原始数据转化为可指导工作的信息。

第三方医药物流可以及时利用先进的信息技术来降低自身成本，通过数据加工和数据挖掘技术来寻找客户的潜在需求，更好地为客户提供全方位的服务。

（四）创新与改进能力优势

创新和持续改进能力是第三方物流的一个显著特点。为了维持市场上竞争优势，第三方物流企业不断地开创新的服务种类，拓展服务内容，引进新技术、新手段、新设备，并不断地改进管理和运作模式，以提高服务并降低成本。

第三方医药物流服务商可以凭借自身的信息优势，发现问题，不断创新和改进，逐步优化医药物流市场。

四、医药企业实行第三方物流存在的问题

目前，我国医药企业在发展第三方物流过程中，还存在以下一些困难和疑惑。

（1）对第三方物流企业能力存在质疑。第三方物流在我国的发展时间短，其擅长的业务领域和经营地域千差万别；并且药品的本身特性，使其对存储、包装、运输等药品流通有特殊要求，这使得客户企业在考虑将其物流业务外包时，很难选定一家合适的第三方物流企业。

（2）运价情报外泄的疑虑。医药企业为了保持正常运价，对某些特殊运价环节不得不采取保密手段，特别是对销售网络等运价要素保持一定的隐秘性。但是引入第三方物流经营其内部物流，则其基本的运价情报不可避免地向第三方物流企业公开。在日益激烈的市场竞争下，核心运营要素的泄露成为医药企业实施第三方物流的又一担忧。

（3）业务流程失控之忧。医药企业在将物流业务外包后，其生产运营在一定程度上依赖于第三方物流企业的绩效。第三方物流在深度介入医药企业的运营后，在某种程度上掌握了医药企业的部分运营权，因此医药企业对物流业务的外包程度均持有一定的心理底线。

（4）承担巨大风险之虑。诸多生产与流通企业本身有较大物流能力，实施第三方物流意味着裁员和资产出售，医药企业管理结构将会发生巨大变化，企业内部管理结构也将面临重大调整。

一、实施工具

独立的医药行业协会，专业化的第三方医药物流企业，现代化的信息平台。

二、实施方法

首先，建立独立的行业协会，沟通医药物流市场供需双方。其次，第三方医药物流企业应从竞争战略出发，整合社会资源，通过战略联盟将医药生产企业、批发企业、零售企业资源整合，统一规划，实现资源互补和共享，建立合作伙伴关系，发挥各自优势，减少流通渠道的摩擦内耗，达到降低成本、提高运作效率，优化内部流程。

三、实施步骤

步骤一：政府牵头，宏观调控。医药市场必须是一个有序、有效的市场，才能保证医药市场的规范经营，政府的支持是医药物流发展的政策基础。

步骤二：实现网络化、信息化。建立物流信息平台，实现物流信息的数字化、网络化、市场化，利用信息技术指导物流流程中的运输、仓储、加工、整理、配送、车辆调度、路径选择等环节；物流信息化同时可对物流过程中的各种决策活动提供决策支持，提高企业决策的科学性和准确性，提高企业市场快速反应能力。

步骤三：建立符合 GSP 标准的第三方医药物流企业。设立 GSP 是国家对于药品特殊性的一种体现。GSP 对仓库选址、库区环境、储存温、湿度条件、储存的基本要求、药品的有效期管理、销后退回药品的管理、药品养护、药品运输管理、危险药品、特殊管理药品的运输管理等都做了严格的规范。只有符合 GSP 规范的要求，才能建立医药流通企业。

步骤四：培养或吸纳物流人才。由于观念落后，相当一部分医药流通从业人员不知道现代物流，更不清楚它所创造的价值，更谈不上现代物流的专业化运作。第一，要进行专业化培训，提高企业整体专业化水平；第二，加强企业文化建设，包括树立人才观念、知识观念、国际化经营观念等，树立以市场为导向的服务理念，加强业务人员的服务意识，改善服务质量；第三，建立完善的管理与激励机制，将竞争激励机制引入业务工作中，调动员工积极性、主动性，提高工作效率，降低运作成本。

步骤五：选择合适的第三方物流模式。医药企业实施第三方物流可以通过完全社会化的和部分社会化两种模式实现。

鉴于医药行业的特殊性，必须由专业的第三方医药物流企业提供配送服务。第三方医药物流企业不具有药品的所有权，只向客户提供所需的物流服务。第三方医药物流企业只是客户供应链上一个环节，医药企业也可以放心地进行物流外包，集中资源去发展企业的核心业务。

任务五　汽车行业第三方物流应用

安吉天地汽车物流有限公司通过对柳州五菱汽车物流业务整合，设计成立柳州五菱物流中心，全面管理柳州五菱汽车物流业务。物流中心下设供应物流部和信息中心，具体负责供应物流的管理和实施。供应物流部又下设计划调度室、运输管理部和供应仓储部。计划调度室，负责将采购信息汇总，制定合理的原材料物流运输和仓储计划；运输管理部负责有效利用物流运输车辆，充分利用第三方物流的网络优势和现代化运输监控手段，合理安排运输路线，降低运输成本；供应仓储部通过采用先进的物流信息系统来改造提升仓库管理水平，有效控制库存零件、材料的种类及数量，统一安排向生产线配送的计划；信息部门负责完成柳州五菱现有信息系统（MRPⅡ）与新的物流管理系统的协调和对接，并负责系统日常运行中的维护和人员培训等工作。

第三方物流企业的参与减少了柳州五菱配套供应管理工作量，生产计划部门通过ERP系统直接与第三方物流的管理信息系统对接，可实现网上下单、查询、信息反馈等功能，形成快速反应的JIT配送系统。供应商通过将物流业务委托给第三方物流公司，可以得到干线运输、接发货、储存、组配、流通加工、配送等全方位的服务，最大限度地减少物流设施、设备的投入和物流人员的占用，从而将其资源集中在核心业务上。

一、汽车行业第三方物流应用现状

随着汽车行业竞争加剧，汽车产销市场进一步细分，各大汽车厂商纷纷精干主业，将物流外包给专业的物流公司。但长期以来，国内汽车厂商产销各成体系，不同企业各自建立了零部件供应基地、销售网络和中转库。零部件的配送和中转库的使用效率普遍较低，而管理费和人员工资等费用却相当的高。汽车整车运输企业各自为战，造成运输车辆空载率高，运输成本高，严重制约了汽车物流市场的专业化发展。

我国汽车第三方物流服务仍处于发展的初级阶段，汽车产业客观的高标准物流需求与物流企业低水平供应的矛盾相当突出。根据目前中国汽车行业物流成本构成来看：整车、零配件等运输成本占总物流成本75%～80%，而仓储成本约占物流成本15%～20%，管理成本5%。物流信息沟通方式仍然落后。整车物流82%以上委托物流公司进行运输，剩余不到18%是由企业集团自身完成的。

生产企业不愿请第三方物流公司进行供应链设计和运作，同时现有的物流公司无力承担专业化、网络化、信息化、全过程的第三方物流服务。

二、第三方汽车物流服务企业的选择要求

第三方汽车物流服务是指以最小的总费用，按用户的需求，将汽车零部件、备件、整车从供给地向需求地转移的过程，主要包括运输、储存、包装、装卸、配送、流通加工、信息处理等活动。汽车物流服务具有明显的时间性，对生产、供货的准时性要求很高。而大多数的汽车制造企业很难在低成本、高柔性的条件下达到以上要求。第三方汽车物流可以协调管理整个供应链的物流，既包括采购、生产和销售物流，也包括退货和废弃品物流等逆向物流，使产品在仓储、运输、分销过程中占用的空间最小、耗用的资

源最少，保证汽车物流的通畅及时、柔性和低成本。与传统的汽车物流相比，第三方汽车物流除了提供低价格的一般性物流服务之外，还能为汽车制造企业提供高附加值的信息服务。这将给汽车企业带来潜在的巨大收益，如降低和控制运营成本、节约资本资金、改善服务水平和质量、分担风险、避免资本重复投入、资源利用率不足、及时享用世界领先科技带来的好处等。

三、第三方物流对汽车制造企业的影响

汽车制造是一个复杂的系统工程，从原材料和零部件的采购、制造到产成品的分销、服务，整个过程要涉及成千上万的供应商和分销商。在汽车制造过程中，物流占据了企业基本活动中的两项——零部件的进货物流和产成品的出货物流，物流成本成为汽车制造企业中除原材料之外的第二大成本来源。因此，降低物流成本、提高物流效率和客户服务质量等就成为汽车制造企业提高核心竞争力的关键。对于汽车制造企业，第三方物流对改善物流环境，提升企业核心竞争力具有显著效果，具体表现在以下几个方面：

（一）有利于提高物流效率

汽车制造具有很强的专业性，需要专业化、个性化的物流服务。第三方物流企业拥有雄厚的物流基础设施和先进的信息平台，具有丰富的物流管理和运作经验以及运营网络，可以帮助汽车制造企业提高物流效率。尤其在零部件采购供应的环节中，通过第三方物流企业的协调功能取消和减少供需双方的库存，改善汽车供应链的服务水平，提高敏捷性、协调性和运作效率。

（二）有利于降低企业物流成本

长期以来，我国汽车制造企业习惯于独立完成物流业务，成本偏高。以轿车为例，我国平均整车物流成本在10～28元/（辆·千米），国外汽车企业则仅为国内汽车企业物流成本的1/3～1/2。有数据显示，欧美汽车企业通过采用第三方物流使其物流成本仅占销售额的8%左右，日本企业甚至可以达到5%，而国内汽车企业普遍在15%以上。

（三）有利于缩减固定资产投资，提高核心业务的竞争力

汽车制造企业如果自建物流，则需要投入巨资兴建基础设施、购买物流设备、支付维护费用和人员开支等。而通过第三方物流，汽车制造企业则可以减少上述投资，集中资源提高核心业务的竞争力。

（四）有利于提高客户服务水平

汽车由上千种零配件组成，面对的是上万的客户，如果自建物流去完成零部件的配送、整车运输和仓储等功能，需要耗费大量的人力、物力和财力。即使如此，也有可能无法满足客户需求。第三方物流企业在汽车包装、运输、控制和分配货物等方面具有较强的专业能力，同时拥有便捷、畅通的运营网络，丰富的物流管理经验，能够根据企业的要求向最终客户提供多样性、个性化的服务，向最终客户提供超过制造企业所能提供

更多的服务品种，提高企业客户服务水平和顾客满意度。

（五）有利于提高社会效益

通过第三方物流企业对产品和零部件等的协调配送，可减少运输车辆，提高配送效率，同时还可缓解交通压力，减少车辆尾气排放。因此，在资源日益紧张的社会经济发展中，第三方物流可以很明显地体现出社会经济效益。

四、中国汽车制造企业第三方物流应用模式

纵观国内汽车制造企业，第三方物流的应用模式主要有以下几种模式：

（一）合资组建综合物流集团

合资组建综合物流集团模式是指汽车企业与专业物流公司合资组建综合物流集团来负责制造企业的物流业务，为制造企业提供原材料的及时运输、产品代理和物流设计等；为经销商和客户全权代理配货配送业务。例如，上海汽车工业销售总公司于 2002 年 6 月和荷兰邮政集团下属的荷兰天地物流控股有限公司投资 4951 万美元组建了国内首家汽车物流合资企业——安吉天地物流公司，独家经营上海大众和上海通用的零部件入厂物流、售后零部件物流和整车物流等。通过安吉汽车物流，为企业开拓市场，提高服务水平提供了保障。合资的综合物流集团可以完成商流、信息流、资金流和物流的传递，但对汽车制造企业在资金、规模、管理等要求较高。

（二）建立战略联盟型运作模式

建立战略联盟型运作模式是指汽车企业与第三方物流企业以契约的形式结成战略联盟，实现信息、技术和业务能力的共享。例如，北京现代汽车有限公司与吉林省长久物流有限公司建立了战略联盟，由长久物流负责北京现代商品的中转业务。长久物流根据北京现代的发展需要，利用其中转库为北京现代品牌商品车提供周到、安全、便捷的仓储服务，从而节约了北京现代的资金投入，使其能够将有限的资金应用到产品的研发和市场的开发以及提高售后服务水平。战略联盟型运作模式对企业资金、规模和管理等要求不高，可以有效地帮助企业降低运营成本，提升竞争力。

（三）部分物流业务外包

部分物流业务外包模式是指汽车企业将部分物流业务以合同的形式外包给专业的物流公司，但物流流程和方案由汽车制造企业设计。对于汽车制造企业来说，外包模式可提高物流业务的专业性，而且投资少、见效快，管理简单。特别是当企业的业务量和产品品种发生变化时，企业可以重新选择新的物流供应商，所以一些实力较弱的企业普遍采用。目前，国内市场上存在大量提供物流服务的企业，包括部分世界著名的物流企业，如 UPS、FedEx、TNT、马士基等物流公司。

五、汽车行业第三方物流应用的障碍及对策

尽管第三方物流是必然的发展趋势，但是国内汽车制造企业在应用第三方物流还存

在许多障碍：

(1) 国内多数汽车制造企业的物流模式还停留在供产销一体化的自营物流。如果完全应用第三方物流，企业自建时投入的资金无法回收，而且还会产生大量的富余人员无法安置，这对于国有资产占主导地位的汽车制造企业来说是一个非常困难的抉择。因此，为了避免资产流失和裁员产生的不稳定局面，决策者轻易不愿意采取第三方物流。

(2) 长期以来，国内企业领导者坚持“肥水不流外人田”的观念，认为采用第三方物流会减少汽车制造企业利润，只有万不得已才将物流业务外包。

(3) 对现在的第三方汽车物流企业能否降低成本、能否提供优质服务缺乏信心，而且汽车制造企业还担心自己的一些内部资料会因业务外包而泄露。

第三方物流的发展和应用，需要企业经营者转变观念，意识到第三方物流能给企业提供超值物流服务，打破现有自产自销的运作模式，将第三方物流模式与企业现有物流模式有机地结合，重新设计和规划汽车制造企业物流：制造商负责企业内部物流，第三方制造企业负责外部供应物流业务。对于汽车产成品的分销物流可以由汽车制造企业与第三方物流企业共同负责，逐步实现第三方物流。

一、实施工具

相互协调的信息平台，第三方物流实施方案，实施方案中涉及的设施设备。

二、实施方法

根据企业要求，明确目标，合理选择第三方汽车物流企业，制定系统规划方案，提出改进措施方案。

三、实施步骤

步骤一：明确物流外包需求。汽车行业在选择第三方物流服务提供商时，首先应明确物流外包需求。物流外包的需求将作为选择物流服务提供商的标准和依据。

步骤二：描述问题。物流外包方案包含企业物流现状和物流外包后的相关目标，如外包成本、服务水平等。

步骤三：构建提供商选择模型。确定服务提供商的选择方法并评价第三方物流服务商是一个复杂的过程。根据汽车物流特点，在选择物流提供商时需要考虑风险、个性化服务、柔性服务等多个因素。

步骤四：实施。在这一阶段，需要一个正式的过渡计划，以考核物流服务商是否完全遵照客户提出的服务实施时间表。书面的过渡计划必须由双方共同起草，详细列明双方的组织结构、关键的接触点、拟配置和共享资源，以及对合约未尽事项的处理机制。

由于双方之间的接触界面涉及许多具体作业的员工，因此有必要设立一个跨组织的协调小组，以对可能出现的问题做出迅速反应。对于指定的物流外包计划需要逐步采纳，逐步过渡。在物流外包的实施阶段，企业可能会发现新的、未曾察觉的物流外包需求，这就需要返回到第一步，重新开始新的外包过程。

步骤五：持续的服务评价。在实施过程中，企业需要对物流服务提供商进行持续的服务评价，确定是否需要重新制订物流外包计划，更换服务商，或者对已经外包的物流活动的重新进行内部化。

我国第三方汽车物流运力资源分散造成严重浪费和高额物流成本，现代信息技术运用还在起步阶段，汽车物流服务水平低，缺乏柔性。

任务六　家电行业第三方物流应用

家电行业大公司要想在竞争中占优势，必须对供应链进行一体化改造，必须从供应链的创新与改造着手，物流外包是行之有效的低成本的手段。小天鹅集团公司依靠广州安泰达物流有限公司使其产业优化，把物流融入国际化、大型化和网络经济化潮流，简化了运作流程，用全流程数据库对仓储和运输配送实行统一管理。安泰达物流通过一个物流信息平台，仓储系统、运输系统两大系统整合，物资流、信息流和资金流的三个流动和四方面的服务监控考核为小天鹅提供物流通服务。小天鹅集团公司原有的车队全部推向市场，通过调仓、换仓、拆小取大，与战略合作方逆向招标，让采购、生产、分销统筹，享受中远的IT管理，信息资源的运用降低了38%的物流成本，同时又使资金的周转速度提高了5%。

一、家电行业第三方物流服务特性

（一）季节性和周期性

家电产品需求受季节性和周期性的影响比较明显。对家电行业第三方物流企业而言，面临的是委托企业对快速物流配送的特殊需求。某电器大卖场在销售高峰时，每天出库量高达60~70车，入库量15~20车，这与淡季日配送仅有3~5车形成鲜明对比。同时，家电产品的假日经济特点也很突出，在“金九银十”和春节前后，彩电、冰箱、洗衣机等家电的销量都会猛增。

（二）库存高

尽管家电产品的零售受季节性和假日经济的影响，其销售幅度变化很大，但仍有规律可循。实际上，经销商向家电企业下的订单变动程度比零售数量的波动要大很多，同时家电企业向供应商下的订单波动程度更大。这就要求第三方物流企业在掌握家电物流正常服务需求的同时，提供更多的柔性化物流服务。

（三）固定投入大

家电销售网络庞大，需要有健全的物流网络与之适应。只要有产品的地方，就存在物流服务需求，而物流体系的搭建与维护，需要投入大量的人力、物力和财力。

二、第三方物流在家电行业中的重要作用

在竞争日益激烈的市场环境中，家电企业可以借助第三方物流企业的优势打造自己的品牌，提升企业竞争力。

（一）有助于家电企业核心竞争力提升，树立品牌

就国内家电市场而言，随着消费水平的提高，消费者的需求已从对单一功能的产品需求演变至目前的适应型需求，人们对产品的质量、品牌知名度和服务越来越重视；就国际环境来看，目前我国的家电企业仍处于世界家电产业价值链的末端，缺乏核心竞争力及对塑造核心能力的投入已成为家电业参与国际竞争的主要障碍。国外品牌家电的入侵，对我国家电产业造成很大冲击。面对新形势，若家电企业仍把过多的精力投入到非核心业务，势必会影响核心竞争力的培养和发展，影响企业的长远发展计划。家电企业将物流业外包，可集中有效资源进行新产品研发、管理创新和新渠道建设，缩短产品进入市场的时间，加大自己的品牌竞争力，集中力量打造核心能力，为家电企业在国际市场的竞争增加筹码。

（二）有助于家电业优化库存，降低成本

库存已经成为家电企业迫切需要解决的问题之一。“牛鞭效应”是家电库存居高不下的一个重要的原因。由于家电产品销售的季节性较强，零售商为了保证销售不断货，往往会夸大订货需求，而二级市场的分销机构为了保证下级零售商的需要又会向上级追加订单，这种逐级的需求放大造成了“牛鞭效应”。目前的家电产品库存周转率较低，大量的产品积压造成家电市场频频引发“价格大战”，以缓解库存的重压。

在物流的实践运作中，订货提前期越短，订货量越准确。因此，缩短订货的提前期是破解“牛鞭效应”的一个好方法。根据沃尔玛的调查，如果提前 26 周进货，需求预测的误差为 40%；如果提前 16 周进货，需求预测的误差为 20%；如果在销售时节进货，需求预测的误差为 10%。第三方物流可以帮助家电企业缩短提前期，借助其良好的信息反馈能力和物流配送能力，跨越中间商直接向商场和零售终端配货，库存周转率通过快速的信息反馈，至少可由目前普遍的 6 次/年，提高到 12 次/年。

（三）有效支持家电产品的配送，降低成本

首先，第三方物流能协调家电产品配送季节的差异性。某些家电产品有销售季节的差异，在节假日的销售量也比平常大一些。这就需要企业能够做到很好地共享库存资源和有效地车辆调配。这种特点对于企业自营物流来说是一件难事，旺季对车辆的需求较高，淡季又势必会闲置过多的企业资源。而第三方物流企业在营销过程中，一般会有意识地选择在季节上互补的客户，通过客户业务量在季节上的互补，合理调度资源和运输车辆，保证物流作业能力的充分利用，从而降低成本。

其次，第三方物流能有效进行货源搭配，均衡货流，降低配送成本。很多家电产品都是比较重的大件产品，如果企业自营物流，在运输中就很难兼顾车辆容积和载重能力，造成车辆容积不能有效利用或是不能满足车辆载重，在无形中增加了运输的成本。而第三方物流可以运用其广泛的信息网络，整合客户的信息，将同路线上不同客户的轻重产品在不影响配载规定的情况下进行合理地搭配。另外，企业自营物流也很难实现来回程货流的均衡，车辆空载率比较高。

（四）协助家电企业开拓市场，扩大市场占有率

据调查研究显示，目前我国家电生产能力过剩达到 50%，城镇市场已基本饱和。若把这些家电产品的过剩生产力消化完全，开发农村家电市场意义重大。但二、三级市场的地域更广阔，需求更分散，物流服务配套更难。

家电企业若要自营农村市场，就必须配备专业的物流管理人员，投入大量的人力、物力深入到农村，开拓市场。就目前而言，仅凭家电制造业内部的人力资源很难满足这个需要。家电企业可以借助第三方物流企业的现代化物流技术、信息技术和完善的配送网络及时地将产品送到各个配送中心，提高产品的覆盖率。

三、家电企业第三方物流服务存在的问题

我国家电企业以各种形式与第三方物流企业合作开展家电行业物流，在促进家电行业第三方物流大发展的同时，也使我国家电物流发展步入了快车道。但我国家电企业第三方物流服务也存在着一些现实的问题。

（一）物流活动仍以企业物流为主

据有关调查，我国工业企业中，原材料物流的36%和46%由企业自身和材料供应商承担，第三方物流企业承担的仅占18%；产成品物流由企业自理或由企业与第三方物流企业共同完成的比例分别是24.1%和59.8%，完全由第三方物流企业承担的仅占16.1%。这种以自我服务为主、自成体系的物流模式，是制约我国物流行业快速发展的“瓶颈”。我国家电企业也不例外，有相当一部分家电企业仍以自理物流为主。

（二）物流服务仍以传统业务和方式为主

我国家电行业的第三方物流服务仍以运输与仓储为主。从服务内容和方式看，大多数从事家电物流的第三方物流企业仍以局部、分段的物流服务为主，能够提供全过程物流服务的企业不多。但随着我国对外开放的不断扩大，进入我国市场的外资物流企业在带来投资和技术的同时，也带来了第三方物流的新理念，为我国专业化、社会化第三方物流培植了第一批需求。国内一些由传统的运输、储运及商贸批发企业转型而来的第三方物流企业，也依托原有的业务基础，拓展和延伸物流服务。值得关注的是，近些年出现了一批新兴的从事家电物流的第三方物流企业，这类企业机制灵活，经营理念先进，管理模式科学，服务手段多样化，在激烈的市场竞争中表现出良好的发展势头。

（三）物流设施的现代化和物流技术的应用水平不高

物流设施的现代化和物流技术的应用水平不高是我国物流服务存在的共性问题，不仅仅体现在家电行业的第三方物流服务中。与发达国家相比，我国物流设施与技术水平仍有很大差距。现代化物流集散和储运设施不足，能够有效连接不同运输方式的大型综合货运枢纽和服务于区域经济或城市内部的各种物流基地、物流中心建设滞后；物流标准化程度低，不同运输方式的装备和物流器具之间的标准不一致，影响各种物流功能和要素之间的有效衔接与协调发展，影响物流效率的提高。

（四）家电企业物流成本高且问题较多

我国家电企业的物流管理水平、运行成本高，这几乎抵消了我国劳动力成本低的比较优势。再者，我国大部分家电企业都面临着以下问题：第一，家电企业局部及总体规划布局中的物流割据不清晰；第二，第三方物流的专业功能不完善。一般我国家电企业的外租库较多，但功能单一仅用于存放，其他的分装、拣选、配送、信息管理等均不完全具备；各外租仓库分散于各处，不便于集中管理；库位的使用率较高，增加了仓储及运输费用。

一、实施工具

选择合适的家电第三方物流企业。

二、实施方法

根据家电企业提出的服务要求，对第三方物流企业进行市场定位分析，制定相应操作流程、服务标准和切实可行的方案。

三、实施步骤

对于选择第三方物流企业，美国企业采取的比较流行的方法是 RFP（Request For Proposal）选择法。企业首先要设定好自己的目标说明书，然后辅之以详细的调查和评价，最终确定第三方物流的人选，一般程序如下：

步骤一：聘请物流专家。

步骤二：收集信息。

步骤三：协助企业制作 RFP。

步骤四：企业寄 RFI（Request For Information）给第三方物流企业。

步骤五：第三方物流企业回复企业的 RFI。

步骤六：企业根据 RFI 对第三方物流企业进行初次评审，缩小范围。

步骤七：向感兴趣的物流企业发出 RFP（Request For Program）。

步骤八：第三方物流企业成立小组评估该 RFP。

步骤九：投标后，成立多功能小组。

步骤十：多功能小组分组研究 RFP。

步骤十一：小组制作出 RFP/Q 回函（Request For Quote）。

步骤十二：第三方物流服务企业向企业发回 RFP/Q 回函。

步骤十三：企业确定最后的合作伙伴。

第三方物流和服务外包形式是家电企业未来的发展方向，家电企业把物流业务委托给第三方物流企业，可以把资源集中在企业自身核心竞争能力上，以获取最大的投资回报。

任务拓展

大连盛川物流有限公司主管生产企业第三方物流业务，是一个为国有大中型企业、合资企业、独资企业的产前、产后提供现代化、专业化的第三方物流服务的物流企业。公司是一汽大连柴油机厂的第三方物流企业，为一汽大连柴油机厂一百多家供应商提供物流服务，同时也是一汽大连柴油机厂密切的合作伙伴。

实训要求一：利用网络进行调查，大连盛川物流有限公司提供哪些具体服务？

实训要求二：大连盛川物流有限公司给一汽大连柴油机厂带来的益处有哪些？

实训要求三：大连盛川物流有限公司作为第三方物流企业为供货方做的事情有哪些？

参考文献

[1] 吴清一．现代物流概论（修订2版）[M]．北京：中国物资出版社，2005.

[2] 焦文范，柴岳．第三方物流理论与案例 [M]．北京：对外经济贸易大学出版社，2003.

[3] 陈文若．第三方物流 [M]．北京：对外经济贸易大学出版社，2004.

[4] 霍红．物流管理学 [M]．北京：中国物资出版社，2004.

[5] 李松庆．第三方物流理论比较与实证分析 [M]．北京：中国物资出版社，2005.

[6] 林慧丹．第三方物流 [M]．上海：上海财经大学出版社，2005.

[7] 骆温平，谷中华．第三方物流教程 [M]．上海：复旦大学出版社，2006.

[8] 胡建波．物流学基础 [M]．成都：西南财经大学出版，2006.

[9] 鲁楠，商金红．现代物流基础 [M]．北京：中国物资出版社，2010.

[10] 喻丽辉，王丽梅．现代物流基础 [M]．2版．北京：清华大学出版社，2013.

[11] 米雅．管理手记：人力资源经理是怎么思考和解决问题的 [M]．北京：清华大学出版社，2012.

[12] 周明．物流管理 [M]．重庆：重庆大学出版社，2009.

[13] 李国峰．第三方物流 [M]．哈尔滨：哈尔滨工业大学出版社，2009.

[14] 李平．第三方物流 [M]．重庆：重庆大学出版社，2012.

[15] 张旭辉，杨勇攀．第三方物流 [M]．北京：北京大学出版社，2010.

[16] GaryDessler，刘昕．人力资源管理 [M]．12版．北京：中国人民大学出版社，2012.

[17] 孙宗虎．人力资源管理职位工作手册 [M]．3版．北京：人民邮电出版社，2012.

[18] 彭剑锋．人力资源管理概论 [M]．2版．上海：复旦大学出版，2011.

[19] 张海花．第三方物流 [M]．北京：中国轻工业出版社，2006.

[20] 刘亮，田春青．第三方物流企业运营管理案例 [M]．北京：人民交通出版，2007.

[21] 刘华．现代物流管理与实务 [M]．北京：清华大学出版社，2008.

[22] 廖素娟．第三方物流服务管理 [M]．北京：中国铁道出版社，2009.

[23] 廖素娟．第三方物流服务管理方略 [M]．北京：中国财富出版社，2009.

[24] 张余华．现代物流管理［M］．北京：清华大学出版社，2010.
[25] 梁金萍．运输管理［M］．北京：机械工业出版社，2010.
[26] 许淑君，尹君．运输管理［M］．上海：复旦大学出版社，2011.
[27] 苗长川，杨爱花．运输管理［M］．北京：北京交通大学出版社，2012.
[28] 王国文．仓储规划与运作［M］．北京：中国物资出版社，2009.
[29] 陈水坤．第三方物流的组织与管理［M］．苏州：苏州大学出版社，2004.
[30] 宋玉．仓储实务［M］．北京：对外经济贸易大学出版社，2004.
[31] 刘艳良，肖绍萍．仓储管理实务［M］．北京：人民交通出版社，2008.
[32] 丁立言，张铎．仓储规划与技术［M］．北京：清华大学出版社，2002.
[33] 张宽海．管理信息系统概论［M］．北京：高等教育出版社，2002.
[34] 王菽兰，谢颖．物流信息技术［M］．北京：清华大学出版社，2007.
[35] 杨穗萍．物流营销实务［M］．北京：中国物资出版社，2004.
[36] 韩庆祥．突破：实用营销［M］．北京：北京科学技术出版社，2005.
[37] 曾志生，陈桂玲．精准营销［M］．北京：中国纺织出版社，2007.
[38] 邵瑞庆．第三方物流企业成本核算与控制论［M］．上海：立信会计出版社，2011.
[39] 田宇．第三方物流项目管理［M］．广州：中山大学出版社，2006.
[40] 宋杨．第三方物流模式与运作［M］．北京：中国物资出版社，2006.
[41] 姜春华．第三方物流［M］．大连：东北财经大学出版社，2012.
[42] 牛鱼龙．中国物流百强案例［M］．重庆：重庆大学出版社，2007.
[43] 任登魁．第三方物流［M］．郑州：黄河水利出版社，2004.